KOLLEG PRAKTISCHE PHILOSOPHIE

Band 1

KOLLEG PRAKTISCHE PHILOSOPHIE

Herausgegeben von Franz Josef Wetz,
Volker Steenblock und Joachim Siebert

Band 1
Ethik zwischen Kultur- und
Naturwissenschaft

Band 2
Grundpositionen und
Anwendungsprobleme der Ethik

Band 3
Zeitdiagnose

Band 4
Recht auf Rechte

Philipp Reclam jun. Stuttgart

KOLLEG PRAKTISCHE PHILOSOPHIE

Band 1

Ethik zwischen Kultur- und Naturwissenschaft

Herausgegeben von Franz Josef Wetz

Philipp Reclam jun. Stuttgart

RECLAMS UNIVERSAL-BIBLIOTHEK Nr. 18550

Gesamtherstellung: Reclam, Ditzingen. Printed in Germany 2008

ISBN 978-3-15-018550-6

www.reclam.de

Inhalt

I. Naturalisierung des Geistes

II. Naturalisierung der Ethik

Zu dieser Reihe

Von Franz Josef Wetz und Volker Steenblock

Was ist Praktische Philosophie? Antworten zu finden auf die Frage, wie wir leben und handeln sollen, sind Gegenstand und Aufgabe der »Praktischen Philosophie«. Dieser Oberbegriff umfasst vor allem die *Ethik*, aber auch *Politische Philosophie*, *Sozial-* und *Rechtsphilosophie* sowie in einem weiteren Sinne *Geschichts-* und *Kulturphilosophie*.

Warum Praktische Philosophie in der Gegenwart? Alle Praktische Philosophie reagiert auf Herausforderungen ihrer Zeit. Gerade gegenwärtig ist in den Gesellschaften des Westens ebenso wie in anderen Ländern eine *Umbruchsituation* festzustellen, wie es sie vielleicht noch nie gab. Wichtige Problemfelder – Menschenrechte, Kriege, Zusammenstöße einander fremder Glaubens- und Lebensformen, Globalisierung der Märkte, Allpräsenz der Medien in der »Informations-« und »Wissensgesellschaft«, ökologische Grenzen der Menschheitsexistenz, neue Möglichkeiten der Gen-, Neuro- und Medizintechnik, aber auch die Debatten um eine Naturalisierung des Geistes, der Ethik und der Kultur in den Wissenschaften und in der Philosophie – werfen Fragen von nie gekannter Tragweite auf. Zusätzlich geraten viele Bereiche unserer Lebenswelt neu in den Fokus des Interesses wie etwa die allgemeine Ästhetisierung des Alltags in der Konsumgesellschaft oder Pop, Drogen, Sport und Sex – die Events der Jungen und Alten mit ihrer ruhelosen Suche nach immer neuen Reizen, körperlichen »Kicks« und »Thrills«. Auch unser Körper spielt in der Gegenwartskultur eine immer größere Rolle: Gesundheitswahn, Leibeskult, Sportversessenheit, Abenteuerlust und Sexsucht zeigen diesen Boom als neue Formen von Sinngebungsversuchen.

In solchen Umbruchzeiten scheint die Orientierungskraft institutionalisierter Sittensysteme in Zweifel gezogen zu sein. Entsprechend verschärft sich der Handlungsdruck und Orientierungsbedarf. Es stellt sich damit die *Kant*'sche Frage: »Was sollen wir tun?« auf ganz neue Weise; damit zusammenhängend zeigt sich eine stärkere Nachfrage nach philosophischer Reflexion über Werte und Normen.

Die Beiträge der vier Bände leuchten deshalb das gesamte alltagskulturelle Spektrum unter dem Aspekt nötiger Sinn- und Wertorientierung neu aus. Dabei kommen die Abhandlungen nicht allein aus den Tiefen der Theorie, sondern fußen auch in der Fülle der Anschauung. Sie wollen einen durchaus nachhaltigen Überblick über zahlreiche Kulturfelder bieten, Felder, von denen aus Bezüge zur Praktischen Philosophie deshalb herzustellen sind, eben weil sie ethische Fragen aufwerfen. Das Kolleg bezieht sich demnach nicht nur auf die Breite kultureller Gegenwartsphänomene, sondern umgekehrt gilt auch: Die Praktische Philosophie wird betrachtet in *kulturellen Kontexten*, vor allem vor dem Hintergrund säkularisierter Gesellschaften, gestalten sich doch die Diskussionsbedingungen zur Ethik gerade in unserer zersplitterten, heterogenen Gegenwart hochkomplex und schwierig.

Warum der besondere Blick auf kulturelle Kontexte? Die Formen und Regelungen des Zusammenlebens, die zunächst vor allem aus verschiedenen religiösen Wurzeln entstanden sind, bilden eine fundamentale Kulturleistung des Menschen. In traditionsgeprägten Gesellschaften bestimmen Normen und Institutionen das Handeln, die weitgehend unhinterfragt Geltung haben. Darüber hinaus wurden einst Lebensdeutung und Lebensorientierung eng miteinander verbunden. Die abendländische Philosophie, die von Platon bis Nietzsche verbindliche Vorstellungen vom allgemeinen Wesen des Menschen entwickelte, verknüpfte stets Aussagen über die allgemeine Wesensnatur des Menschen mit seinem Wesen entsprechenden Aussagen zur Lebensaufgabe und Lebensführung. Daran ließ sich das Verhalten des Einzelnen als der Natur gemäß oder als dieser Natur gegenüber wesenswidrig bestimmen.

In der Moderne haben sich diese Zusammenhänge nach und nach aufgelöst: Die vorherrschenden Menschenbilder unserer Zeit scheinen sich immer stärker naturalistisch oder liberalistisch auszurichten. Auf den ersten Blick scheinen beide Perspektiven miteinander unvereinbar zu sein, wird der Mensch doch von den einen als Produkt subjektloser Naturprozesse im anonymen Spiel blinder Naturkräfte gesehen, von den anderen aber in Fragen der Lebensführung und Wertorientierung gänzlich auf sich selbst gestellt. Bei näherem Hinsehen jedoch stimmen beide Seiten in einem Punkt überein: Es gibt keine metaphysische Wesensnatur des Menschen, aus der sich ableiten ließe, wie der Einzelne zu leben habe. Der Mensch muss sein sorgenvolles Leben selbst führen, seine Existenz selbst deuten und dazu alle Werte setzen, an denen er sich orientieren möchte.

Dieser Ausgangslage möchte das vorliegende Projekt dadurch gerecht werden, dass es sich mit den drängenden Fragen unserer Zeit *nicht* im Gestus eines letztinstanzlichen Rückgriffs auf ein »höheres« Sinnmodell und geschlossenes Weltbild, sei es mythischer, religiöser oder vernunftmetaphysischer Art, befasst. Allerdings bedeutet ein solcher Ansatz weder, dass von solchen Optionen nicht die Rede sein wird, noch, dass die Konzeption der Reihe »weltanschaulich einseitig« wäre; sie ist vielmehr einem Ethos des Pluralismus und der Diskursivität verpflichtet, will dabei aber immer den Fokus in besonderer Weise auf die Probleme in der zeitgenössischen Gesellschaft richten.

Je weniger überschaubar und geschlossen das gesellschaftliche Ganze ist, desto schwieriger gestalten sich alle

Versuche, in einem einheitlichen Wertekanon neuen Halt zu finden. Eine abschließende Klärung und ultimative Lösung von Wertekonflikten scheint in der pluralistischen Gesellschaft mittlerweile immer seltener möglich zu sein. Widersprüche, Gegensätze, auch Konflikte und Kontroversen sowie Ungewissheit und Unsicherheit prägen in nicht geringem Maße den Normalzustand fortgeschrittener Gesellschaften, ein Normalzustand, an den wir uns gewöhnen müssen. Nicht selten fordern sich regelmäßig gegensätzliche Wertevorstellungen argumentativ heraus und zwingen sich wechselseitig zu immer genauerer Stellungnahme und Begründung. Statt in einvernehmliche Lösungen zu münden, gehen derlei politische Wertedebatten nicht selten ins Uferlose, bis sie wegen Erschöpfung aller Beteiligten wenigstens für eine Weile abgelegt oder durch neue offene Fragen verdrängt werden. »Nach der Grundwertediskussion« scheint »vor der Grundwertediskussion« zu sein in einer offenen Gesellschaft ohne einheitliches Sinnzentrum, ohne eindeutig bestimmbaren religiösen, sittlichen und moralischen Identitätskern in ihrer Mitte, von dem aus sich das menschliche Zusammenleben steuern ließe.

Diese Situation macht bewusst, wie sehr wir in Fragen der Selbstdeutung und Wertgewinnung auf unsere *kulturelle Arbeit* angewiesen sind. Ausgangspunkt dieses Grundgedankens ist dabei die Vorstellung des Menschen als eines gleichsam »vergänglichen Stücks um sich selbst bekümmerter Natur« in einer um ihn unbekümmerten Welt. Als Inbegriff und zugleich Medium menschlicher Selbstbehauptung erscheint in diesem Zusammenhang die *Kultur* im weitesten Sinne, zu der außer Religion auch Medizin, Technik, Kunst, Politik, Recht, Ökonomie sowie eben die Praktische Philosophie gehören. Bildhaft formuliert: Natur ist der Zustand, wenn es regnet, Kultur, wenn man einen Regenschirm hat.

Das Ziel der Bände: Ethisch-philosophische Bildung. Ethische Fragen sind in der Gegenwartskultur von und mit Experten zu diskutieren – wie etwa mit den in diesem Band vertretenen, den Angehörigen von Kommissionen, den Mitgliedern eines »deutschen Ethikrats«. Diese Fragen sind aber nicht an Experten zu delegieren. Wir alle müssen – jede(r) Einzelne – uns zu ethischen bzw. moralischen Fragen verhalten, uns über Traditionen, Fragestellungen und Antwortversuche ins Bild setzen.

Eine demokratische Gesellschaft braucht dabei gerade auch die Philosophie. Diese klärt die Begriffe, fragt auf die Konsequenzen bestimmter Annahmen hin nach und bezieht die Probleme der Gegenwart ebenso auf die in der Tradition erarbeiteten Gehalte unserer moralischen und weltanschaulichen Überzeugungen wie auf unsere Vernunftkultur. Philosophie bedeutet, sich argumentativ, mit Gründen einzuschalten in die Urteilsbildung und die Ergebnisse dieser eigenen Vergewisserung auch in öffentlicher Meinungsbildung und demokratischer Debatte zur Geltung zu bringen.

Ohne einen Kernbestand *gemeinsam bewusster, diskutierter und gelebter* Werte kann keine Gesellschaft dauerhaft bestehen. Deshalb muss die angedeutete »leere Mitte« immer wieder von Neuem gefüllt werden – nämlich mit Orientierungen, welche allerdings von uns Menschen selbst zu entwickeln sind. In einer säkularen Gesellschaft lassen sich allgemeinverbindliche Grundwerte nur auf solche Interessen stützen, an denen alle Anteil haben. Darum kann man sagen: Grundwerte und Moralnormen sind allgemeinverbindlich jetzt nur noch intersubjektiv begründbar, und zwar indem wir unsere gemeinsamen Interessen in Aufforderungen zu bestimmten Verhaltensweisen verwandeln. Um sich über solche gemeinsamen Interessen verständigen zu können, müssen alle Möglichkeiten zu argumentativer Auseinandersetzung und ungezwungenem Meinungsaustausch genutzt werden. Denn erst sie ermöglichen ein offenes Gespräch über die Frage, woran wir uns überhaupt orientieren möchten (dieses Gespräch ist übrigens selbst wieder an elementare Voraussetzungen gebunden, bedenkt man nämlich, dass mangelnde Bildung, Hunger oder andere Repressionen von außen die für jedes offene Gespräch notwendige Freiheit, Muße, Aufgeklärtheit und Unerschrockenheit unterbinden können). Für eine solche notwendige Orientierung an den Bildungsorten oder im Selbststudium werden im Folgenden Materialien angeboten. Der Kolleg-Charakter soll die Auseinandersetzung mit Fragen der Praktischen Philosophie in der Kultur der Gegenwart nicht verschulen, aber – vor allem in den Einleitungen zu jedem der vier Einzelbände – einen Lektüre- und Bildungsgang begründen und vorschlagen, auf den hin die Autoren und ihre Beiträge sich zusammengefunden haben.

Einleitung zu Band 1
Ethik zwischen Kultur- und Naturwissenschaft

Von Franz Josef Wetz

Naturalismus – Stellt er einen Auftakt zu einer Epoche dar oder ist er nur Ausdruck für eine Episode? Da niemand die Zukunft mit Sicherheit vorauszusagen vermag, bleibt diese Frage bis auf weiteres offen. Fest steht bislang lediglich, dass der *Naturalismus* die heutige Wissenschaftslandschaft und Populärkultur immer stärker beherrscht. Es mehren sich in der Gegenwart die Anzeichen für einen *Naturalistic turn*. Denn die Naturwissenschaften stoßen immer weiter in Bereiche vor, die noch vor kurzem ausschließlich geistes- oder kulturwissenschaftlichen Disziplinen und Methoden unterstanden, sei es Ästhetik, Ethik oder die Kultur insgesamt. Sie alle werden zunehmend den empirischen Wissenschaften überantwortet. Ethische, ästhetische, politische und rechtliche Werte sollen genauso wenig autonome Größen darstellen wie Vernunft und Geist, weil sie alle angeblich auf naturalen Strukturen neuro- und evolutionsbiologischer Art gründen.

Neben einer solchen *Naturphilosophie der Kultur* herrscht heute aber auch eine *Kulturphilosophie der Natur*, das heißt ein *Kulturalismus*. Dieser hat zwar bereits die spekulative Metaphysik und idealistische Subjektivität verabschiedet, doch setzt der *Kulturalismus* oft an die Stelle der realen Welt und des unermesslichen Weltalls symbolische Formen, geschichtliche Sinnhorizonte, erschlossene Bewandtniszusammenhänge, unterschiedlichste Sprachspiele, flottierende Signifikantenketten, Paradigmen, Begriffsschemata, Diskurse und Interpretationsnetze. Darüber hinaus löst der *Kulturalismus* das menschliche Selbst häufig in subjektlose Geschichts-, Sprach-, Überlieferungs- und Zeichenprozesse auf.

Dagegen lässt der *Naturalismus* an die Stelle weltkonstituierender Sinngebilde das wissenschaftlich erfasste Universum mit seinen Milliarden Galaxien treten, in dem alle den Menschen zugänglichen Wirklichkeitsbereiche – auch die der herkömmlichen Geistes- und Kulturwissenschaften – naturwissenschaftlich erklärbar sein sollen. Der Mensch gilt entsprechend als zufälliges Produkt der biologischen Evolution, dessen geistige Tätigkeiten und bewusstes Ich von anonymen Prozessen seines Organismus abhingen. Tatsächlich erschließen die Hirn-, Hormon- und Genforschung Schritt um Schritt den Menschen als Lebewesen ohne Sonderstellung unter anderen und berauben ihn so seiner ehemals für einmalig gehaltenen Rangstellung.

In den folgenden Beiträgen werden die hohen Ansprüche des Naturalismus auf den Prüfstand gestellt. Überzeugte wie selbstkritische Natur- und Kulturphilosophen geben in ihren Texten Beispiele für die Naturalisierung von Geist, Ethik und Kultur und brechen so mit der alten These von der Irrelevanz der naturwissenschaftlichen Ergebnisse für ethische und kulturelle Fragestellungen. Diese teilweise provokanten Vorschläge bieten ausgezeichnete Grundlagen für kontroverse Diskussionen, in denen der Einzelne seine eigene Position besser finden und genauer profilieren kann.

Einige Autoren machen aber auch geltend, dass bei aller Naturalisierung gleichzeitig spezifisch kulturwissenschaftliche Zugangsweisen zu Ethik und Kultur unersetzbar bleiben. In diesen für den Naturalismus sperrigen Elementen liegt gleichfalls eine Provokation, die kontroverse Debatten anzustoßen vermag. So steht dem *Naturalistic turn* gleichsam ein *Cultural turn* entgegen – und das bedeutet eine unübersehbare Aufwertung des Kulturbegriffs als Statthalter von Sinn im Weltall ohne Sinn.

Über alles Trennende hinweg besteht jedoch ein Konsens zwischen den meisten Autoren in der kritischen Prüfung aller höheren Sinnmodelle mythischer, religiöser und vernunftmetaphysischer Art. Daraus ergibt sich geradezu zwangsläufig die bange Frage: Was ist für menschliche Selbstachtung unverzichtbar? Wie ist ein bewusst und ernsthaft geführtes Leben noch möglich, wenn der Einzelne ein weitgehend ohnmächtiges Lebewesen in einer sinn- und wertfreien Natur ist? Können wir den Menschen als bloßes Naturwesen denken, ohne etwas von dem zu beseitigen oder zu unterdrücken, was für sein Selbstwertgefühl wesentlich ist und bleibt? Lässt sich Biografie mit Biologie logisch widerspruchsfrei und existenziell erträglich verbinden?

Die folgenden Beiträge lassen sich aus Sicht der Herausgeber nach vier Gesichtspunkten (I–IV) ordnen: Texte der Gruppe (I) befassen sich historisch-systematisch mit dem traditionellen Leib-Seele-Problem und der aktuellen Philosophie des Geistes, um schließlich deren Bedeutung für die *Praktische Philosophie der Gegenwartskultur* deutlich zu machen. Texte der Gruppe (II) behandeln historisch-systematisch Kernfragen der *Praktischen Philosophie* und *Ethik in der Gegenwartskultur*. Dabei werden verschiedene Entwürfe einer naturalistischen Ethik zur Diskussion gestellt, die zugleich bestimmte traditionelle Ethikkonzepte als überholt und illusionär verabschieden. Texte der Gruppe (III) beschäftigen sich historisch-systematisch mit naturwissenschaftlichen Erklärungsversuchen der Kultur, um schließlich auf der Grundlage eines befürworteten Naturalismus unentbehrliche *Sinnelemente des praktischen Lebens und der Gegenwartskultur* aufzuzeigen. Texte der Gruppe (IV) bearbeiten historisch-systematisch das Spezifische der Kultur, deren Naturalisierung keineswegs ihre *Kulturalisierung* erübrigt: Kulturwissenschaft, Kulturphilosophie und Kulturkritik haben auch im Zeitalter des Naturalismus eine wichtige Bedeutung für die Gegenwartskultur.

I. Naturalisierung des Geistes

Nach Rekonstruktion traditioneller Ich- und Selbstkonzepte, die für gewöhnlich von einer strikten Trennung von Körper und Geist ausgehen, wendet sich *Bettina Walde* zeitgenössischen Versuchen der Rückführung von Bewusstsein, Wille, Ich und Selbst auf anonyme Naturvorgänge zu. Die höchste Plausibilität besitzt ihrer Auffassung nach der sogenannte nicht-reduktionistische Monismus. Dem zufolge sei der Mensch zwar lediglich Natur, diese werde ihm aber auf zweifache Weise bewusst, nämlich in der subjektiven Perspektive der Ersten-Person und der objektiven Perspektive der Dritten-Person, das heißt hier: auf der einen Seite als bewusstes Fühlen, Denken, Wollen und Handeln, auf der anderen als neurobiologische Sachverhalte. Diese Naturalisierung des Geistes stellt, so Walde, sowohl eine existenzielle als auch ethische Herausforderung dar: Zum einen berührt es das Selbstverständnis des Menschen, bloß ein Naturwesen unter anderen zu sein, zum anderen muss – abhängig vom Grad der Determination des bewussten Lebens von neurophysiologischen Zuständen – über die daraus folgenden Konsequenzen für soziale Praktiken, Ethik und Recht ernsthaft nachgedacht werden: Wie sinnvoll bleiben solche Begriffe wie Selbstbestimmung, Zurechnungsfähigkeit, Schuld und Verantwortung, um nur einige zu nennen?

II. Naturalisierung der Ethik

Die Auseinandersetzung mit der Philosophie des Geistes mündet direkt in die *Praktische Philosophie / Ethik*, zu deren Grundbegriffen seit zwei Jahrtausenden das Böse gehört. *Friedrich Hermanni* zeichnet die vier wichtigsten Stationen der abendländischen Theoriegeschichte des Bösen von Augustinus bis Schopenhauer nach: Das Böse wurde verstanden als Beraubung des Guten, dann als irreales Nichts, ferner als eine dem Guten widerstreitende Macht und schließlich als Inbegriff der Wirklichkeit überhaupt. Später wurde ein positiver gewendetes Verständnis des Bösen in der Romantik bis in die Gegenwart eingegangen: In diesem Zusammenhang wird das Böse oft als ästhetisches Stimulans zur Intensivierung des sonst eher als banal empfundenen Lebens gepriesen. Doch weit davon entfernt, ein geeignetes Gegenmittel gegen die Banalität des Bürgerlichen zu sein, erscheint das Böse zumeist selbst als banal. Seit dem 19. Jh. mehren sich in den Humanwissenschaften sogar Zweifel, ob es das Böse überhaupt gebe.

Mit dieser die Ausführungen von Hermanni abschließenden Frage beginnt der Beitrag von *Michael Schmidt-Salomon* und *Eckart Voland*, um sie sogleich eindeutig mit Nein zu beantworten. Aus soziobiologischer Sicht gibt es ebenso wenig das Böse wie das Gute oder irgendeine andere Wesenheit. Die Idee des Bösen gilt als überflüssige Fiktion, die – so die beiden Autoren – nur in unseren Köpfen existiert und reale Zusammenhänge eher verdeckt, als dass sie diese freilegt. Außerdem sei die Idee des Bösen überaus gefährlich. Denn sie führte in der Geschichte öfter zur menschenverachtenden Identifizierung ganzer Menschengruppen mit dem Bösen und unterminierte so die menschliche Fähigkeit zur Empathie. Allerdings stehen auch hinter menschlicher Grausamkeit evolutionär erworbene biologische Prozesse, die Selektionsvorteile in der Vergangenheit boten. Nach Auffassung der Soziobiologen bildet eigennütziges Streben nach Vorteilen im Kampf um Ressourcen und um Fortpflanzungserfolge die Grundlage allen grausamen wie auch jedes selbstlosen bzw. altruistischen Verhaltens. Dennoch bleibt eine wichtige Forderung der naturalistischen Ethik, die Idee des Bösen preiszugeben – zum einen deshalb, weil es das Böse nicht gibt, zum anderen aber, weil sich nach dem Verzicht auf das Böse die menschliche Fähigkeit zur Empathie, die letztlich auf hirnphysiologischen Vorgängen bzw. auf feuernden Spiegelneuronen gründe, wirkungsvoller entfalten und so zur Humanisierung der Gesellschaft beitragen kann.

In seiner naturalistisch orientierten Evolutionären Ethik geht es *Gerhard Vollmer* ebenfalls um die Frage, wie eine Humanisierung der Gesellschaft möglich sein kann. Ausgehend von verschiedenen Formen der Ethik hebt er als eine ihnen allen gemeinsame Forderung hervor, dass die Menschen nicht nur ihren Egoismus teilweise brechen, sondern auch über ihre stammesgeschichtliche Mitgift hinausgehen sollen. Dazu gehört, so Vollmer, eine doppelte Moral: Gegen Außenstehende sind Menschen von Natur aus misstrauisch, feindlich, unkooperativ, gegen Gruppenmitglieder dagegen vertrauensselig, freundlich und hilfsbereit eingestellt. Stammesgeschichtlich gesehen ist ihr humanes Verhalten demnach auf einen sozialen Mesokosmos beschränkt. Doch so sehr das Sozialverhalten auch biologisch-genetische Wurzeln hat, ist es dennoch nicht vollständig genetisch determiniert. Grundsätzlich ist es möglich, so der Autor, den Kreis der Begünstigten menschlichen Sozialverhaltens auszudehnen; andernfalls sind Moral und Ethik sinnlos. Dennoch steht die genetisch bedingte Orientierung menschlicher Nächstenliebe der ethischen Forderung nach Fernstenliebe im Wege. Nur durch List lässt sich also dieses biologisch-genetische Erbe teilweise zurückdrängen, indem etwa Film und Fernsehen – um hier nur ein Beispiel Vollmers zu nennen – Hilfsbedürftige aus aller Welt uns räumlich näher bringen: Das Bild von einem hungernden Kind berührt die Menschen mehr als abstrakte Zahlenangaben über verhungerte Kinder.

Auch *Bernulf Kanitscheiders* Untersuchung hat eine Ethik auf biologischer Grundlage zum Ziel, welche zugleich die herkömmlichen Gräben zwischen Natur- und Kulturwissenschaften zu überbrücken versucht. Hierbei wendet er sich in zweifacher Weise gegen die traditionelle Vernunftphilosophie: Zum einen bestreitet er – deskriptiv – die Existenz einer vom menschlichen Körper unabhängigen Vernunft- und Wertsphäre. Werte sind, so Kanitscheider, vorrangig im limbischen System des menschlichen Gehirns verortet. Zum anderen verwirft er – normativ – die tendenzielle Sinnenfeindlichkeit der Vernunftethik und befürwortet eine Lustethik, nämlich den Hedonismus, dessen Geschichte er nachzeichnet: Alle Menschen strebten von Natur aus nach Lust. Aus diesem Grund sollte Lust als oberster Wert oder als das Gute anerkannt werden. Hierbei bezieht Kanitscheider den Begriff Lust (*hedone*) gleichermaßen auf sinnliche Vergnügen wie auch auf geistige Einsichten. Die Ethik soll das natürliche Luststreben der Menschen berücksichtigen, Werte und Normen also nicht gegen die menschliche Natur durchzusetzen versuchen, solange jene sozialverträglich bleiben und nicht zu Leid oder Schädigung anderer führen. Naturalistische Ethik bedeutet für Kanitscheider erstens, Werte und Normen in der Natur des Menschen biologisch zu lokalisieren, zweitens, Bedürfnisse und Wünsche der Menschen bei der Entwicklung von Werten oder Normen sozialverträglich zu berücksichtigen und, drittens, das Lustprinzip dabei besonders zu bedenken.

III. Naturalisierung der Kultur

Eine Überbrückung der Gräben zwischen Natur- und Kulturwissenschaften stellt ebenfalls das Anliegen von *Franz Josef Wetz* dar, der sowohl die wichtigsten Stationen des abendländischen Naturalismus als auch den kulturwissenschaftlichen Antinaturalismus seit dem 19. Jh. nachzeichnet. Dabei übernimmt er einerseits die naturalistische Lebens- und Weltsicht, andererseits bleibt er skeptisch gegen den naturalistischen Anspruch, Kultur, Ethik und Alltagsleben widerspruchsfrei und restlos in die naturwissenschaftliche Lebens- und Weltauffassung einordnen zu können. Zwar sollen die theoretischen Befunde der Neuro- und Evolutionsbiologie berücksichtigt werden, aber es dürfen dabei die praktischen Fragen der Kultur und Lebenswelt nicht vernachlässigt werden. Vermutlich bleibt, so Wetz, die Naturalisierung der Kultur selbst als möglicherweise vollendbares Projekt dennoch in einer Beziehung unvollendet: Wie stark auch immer die Menschen in ihrem Fühlen, Denken und Handeln von anonymen Naturprozessen bestimmt werden und hierauf bei der Aufstellung von Werte- und Normsystemen Rücksicht nehmen sollen, im konkreten Alltag bleiben sie in den Fragen der Daseinsführung, Selbstverständigung, Lebensorientierung und Wertsetzung weitgehend auf sich allein gestellt. Jedenfalls schreiben Gene und Neuronen, die für das bewusste Leben nicht unmittelbar erfahrbar sind und so für es dunkel bzw. opak bleiben, dem Einzelnen nicht vor, wie er sein Dasein gestalten soll, selbst dann nicht, wenn sie es vollständig determinieren würden. So entlastet die Entmachtung des Menschen zu einem ohnmächtigen Anhängsel zufallsblinder Naturprozesse weder den Einzelnen von der Sorge um sich noch die Gesellschaft von der Sorge um mehr Freiheit, Gerechtigkeit und Wohlfahrt.

IV. Kulturalisierung der Kultur

Ähnlich bleibt, so *Volker Steenblock*, der Mensch auch unter den Bedingungen des Naturalismus zur Kulturbildung verurteilt. Zwar muss laut Steenblock die Kultur auf die Natur des Menschen rückbezogen werden, aus der heraus sie sich entwickelt. Die Naturalisierung des Menschen macht jedoch nicht dessen Humanisierung durch Bildung und Kultur überflüssig. Hinzu kommt, dass die naturwissenschaftliche Erforschung der Kultur keineswegs den kulturwissenschaftlichen Zugriff auf die Kultur abschafft bzw. suspendiert. Wie bereits Johann Gottfried Herder (1744–1803) gezeigt hat, ist Kultur weder von Natur aus einfach vorhanden noch sei sie Dokument höherer Sinnbildung, sondern Ergebnis harter Arbeit, die der Mensch im Kampf ums Überleben und Glück gleichsam aus sich selbst heraus zu leisten hat. Ausgeliefert an die Kontingenzen seines Daseins und der Welt, ist der Mensch ausnahmslos in allen Lebensfragen ganz auf sich gestellt, und das heißt: Er ist zur kulturellen Selbstbehauptung gezwungen. Besonderes Augenmerk richtet Steenblock auf die Komplexität und Reflexivität kultureller Prozesse: Für diese ist, so der Autor, eine gewisse Eigendynamik charakteristisch, die sich nur mit in der Kultur erarbeiteten Maßstäben beurteilen lässt. In diesem Zusammenhang konstatiert Steenblock, dass die aus Menschenhand geschaffene Kultur zunehmend von Ökonomie und Technologie beherrscht wird, also Markt und Technik sich die kulturelle Arbeit in zunehmendem Maße unterwerfen.

Gleichfalls betont *Birgit Recki* den produktiven Charakter der Kultur, zu der sie alle Formen menschlicher Lebens- und Weltgestaltung zählt. Diese kann man, so Recki, grundsätzlich positiv oder negativ bewerten. Ob Michel de Montaigne oder Martin Luther – wie viele andere auch haben sie die Kultur als lebensnotwendig und lebensbereichernd bejaht. Dagegen hat Rousseau als erster namhafter Kulturkritiker der Neuzeit den ruhelosen, verweichlichten Kulturmenschen im Namen eines in sich ruhenden, wilden Naturmenschen abgelehnt. Sigmund Freuds und Georg Simmels Verhältnis zur Kultur blieb dagegen zwiespältig, weil noch die beste und gerechteste Kultur den Menschen Triebverzicht abverlangen oder mit ihren Regeln und Institutionen, die notwendigerweise mit der Zeit erstarrten, das pulsierende Leben einengen muss.

Dies gilt auch dann, wenn jene Gebilde diesem pulsierenden Leben entstammten. Darin besteht, so Recki, die Tragödie der Kultur oder das Unbehagen in der Kultur. Allerdings haben Recki zufolge Immanuel Kant und dann vor allem Ernst Cassirer gezeigt, dass die Kultur als Ausdruck menschlicher Selbstauslegung, Lebens- und Weltgestaltung weniger ein Ort tragischen Unbehagens als vielmehr ein Ort kreativer Freiheit ist. Daher ist mit Ernst Cassirer die Kultur im Sinne der tätigen Selbstauslegung des Menschen als eigenständige Größe zu bejahen, die – von der Natur abgehoben – sich nicht auf Natur reduzieren lässt.

I. Naturalisierung des Geistes

Die Naturalisierung von Ich und Selbst

Von Bettina Walde

1. Ich, Selbst und Willensfreiheit als Illusionen? Herausforderungen und Schwierigkeiten des modernen, menschlichen Selbstbildes

Der große Fortschritt, der in den letzten Jahrzehnten in den Kognitions- und Neurowissenschaften zu verzeichnen ist, wirft viele Fragen philosophischer Natur (zum Teil erneut) auf: Diese Fragen beziehen sich auf das Menschenbild, das tatsächlich oder zum Teil auch nur vermutlich aus den neu gewonnenen Einsichten resultiert. Hierzu gehören Fragen wie die Frage danach, welchen Stellenwert das Selbst oder Ich einer Person noch hat, also ob es womöglich überhaupt keinen Sinn mehr macht, angesichts der neueren Erkenntnisse davon zu sprechen, dass Personen ein Selbst oder Ich haben. Denn möglicherweise lässt sich das *Selbst* oder *Ich* einer Person *vollständig auf neuronale Vorgänge reduzieren.* Dabei wird nun vermehrt die These vertreten, dass die Perspektive der Person auf sich selbst ein *falsches* Bild der charakteristischen Merkmale von Personen zeichne. Aber kann das Selbst oder Ich einer Person tatsächlich vollständig auf neuronale Vorgänge reduziert werden? Oder gibt es möglicherweise Aspekte des Selbst oder des Ichs von Personen, die sich einem solchen Reduktionsversuch widersetzen?

Die Frage nach der Natur und dem ontologischen Status des Selbst oder Ichs von Personen ist in der Geschichte der Philosophie keineswegs neu, vielmehr befassen sich Philosophen und auch Naturforscher seit der Antike immer wieder mit ihr. Diese lange währende Auseinandersetzung hat im Wesentlichen zu drei Hauptauffassungen des Selbst geführt, die von verschiedenen Philosophen in unterschiedlichen Spielarten ausformuliert und entwickelt wurden. Im Sinne einer solchen kategorisierenden Darstellung lassen sich zumindest die folgenden Auffassungen des Selbst oder des Ichs von Personen unterscheiden:

(1) Das Selbst oder Ich ist im Sinne einer unveränderlichen Substanz zu verstehen, die die Identität einer Person über die Zeit hinweg gewährleistet.
(2) Das Selbst oder Ich von Personen konstituiert sich aus einem durchaus veränderlichen Bündel von Merkmalen, Vorgängen und Funktionen, die für eine Person charakteristisch sind. Dabei können einerseits geistige Vollzüge oder (im Rahmen eines naturalistischen Erklärungsansatzes des Selbst) hirnphysiologische Vorgänge herangezogen werden.
(3) Ein Selbst oder Ich von Personen gibt es überhaupt nicht – vielmehr handelt es sich hierbei um eine Illusion.

Vorstellungen und Ansätze zur Erklärung des Selbst, die dieses im Sinne einer unveränderlichen Substanz oder aber im Sinne eines veränderlichen Bündels von Merkmalen, Vorgängen und Funktionen auffassen, basieren – mehr oder weniger explizit – auf der *Perspektive der ersten Person* und dem eigenen, *bewussten Erleben* von Personen. Dies trifft selbst auf solche Ansätze des Selbst zu, die dieses (in einem weiteren Schritt) vollständig auf neurophysiologische Vorgänge zurückführen möchten. Dies gilt nämlich insoweit, als diese Ansätze zunächst einmal neuronale Vorgänge finden müssen, die mit den entsprechenden Daten aus der Perspektive der ersten Person, die sich auf das Selbst oder Ich der Person beziehen, korrelieren. Dazu aber benötigt man erst einmal solche Daten und Aussagen aus der Perspektive der ersten Person.

Erklärungsansätze des Selbst oder des Ichs von Personen, die das Selbst oder Ich nicht zur Illusion erklären und leugnen, solche Ansätze also, die sich unter Fall (1) oder (2) fassen lassen, können wiederum danach unterschieden werden, von welcher *ontologischen Grundkonzeption des Geistigen* sie ausgehen: Hier lassen sich *monistische* und *dualistische* Ansätze unterscheiden. *Monistische* Ansätze behaupten, dass es nur eine einzige Art von Entitäten gibt, die erforderlich ist, um alle Naturphänomene – einschließlich Geist und Bewusstsein – zu erklären. Zumeist geht man im Rahmen solcher Ansätze und vor dem Hintergrund eines naturwissenschaftlichen Weltbildes davon aus, dass es sich bei den von den meisten Menschen akzeptierten Entitäten um *physikalische* Entitäten handeln müsse. Überträgt man diese ontologische Grundhaltung auf die Frage nach dem Selbst, so läuft dies auf die These hinaus, dass auch das Selbst oder Ich von Personen letztlich auf im weitesten Sinne physikalische Vorgänge, also beispielsweise neuronale Vorgänge, zurückführbar ist – und dies gilt gleichermaßen für die oben erwähnte These (1), entsprechend der das Selbst eine unveränderliche, über die Zeit hinweg stabile Substanz ist, als auch für These (2), entsprechend der das Selbst aus einem veränderlichen Bündel von Merkmalen, Vorgängen und Funktionen besteht, die für eine Person charakteristisch sind. *Dualistische* Ansätze gehen demgegenüber davon aus, dass es neben den grundsätzlich physikalischen Entitäten auch *nicht*-physikalische Entitäten gibt. Die intuitiv überzeugende Auffassung, dass Personen neben ihrem Körper auch über ein *Selbst* verfügen, das über den im weitesten Sinne physikalischen Bereich *hinausgeht*, und das auch nicht den dort maßgeblichen gesetzesartigen Zusammenhängen unterliegt, muss letztlich mit einer solchen dualistischen Grundhaltung vertreten werden. Anders könnte der mit einem solchen Ansatz verbundene ontologische Status des Selbst oder Ichs von Personen nicht erklärt werden.

Während eine dualistische Grundhaltung vor allem für eine *alltagspsychologische* Auffassung von Geist und Bewusstsein (und damit auch für die entsprechende Auffassung von Selbst und Ich) charakteristisch ist, wie auch für einen der wichtigsten historischen Ansätze, nämlich denjenigen René Descartes' (1596–1650), dominierte die monistische Grundhaltung die Erklärungsansätze des 20. Jahrhunderts in besonderem Maße, wenn auch nicht ausschließlich. So lassen sich im 20. Jahrhundert und zu Beginn des 21. Jahrhunderts zwei Hauptströmungen ausmachen, die die Erklärung des Selbst oder Ichs von Personen, von Geist und Bewusstsein bestimmen – dies ist zum einen die Tendenz zur *Naturalisierung des Geistigen* im Sinne einer vollständigen Rückführung auf neurophysiologische Vorgänge, und dies ist zum anderen die Hinwendung zum *Epiphänomenalismus* – eine Leib-Seele-Theorie, die davon ausgeht, dass alle bewussten mentalen Zustände und Vorgänge ein bloßes »Anhängsel« oder »Nebenprodukt« der im weitesten Sinne physikalischen Zustände und Vorgänge sind, das keinerlei Auswirkungen auf andere Zustände und Vorgänge hat –, teils aufgrund theoretischer Überlegungen, teils aufgrund empirischer Studien und teils aufgrund der Unzulänglichkeiten bisheriger reduktionistischer Naturalisierungsversuche des Geistigen.

Menschen beschreiben und verstehen sich selbst und wechselseitig als Wesen, die Überzeugungen, Wünsche, Absichten und Gefühle haben, die sich auch im absichtsvollen Handeln der Personen zeigen. Besonders das zuletzt genannte Merkmal, die Fähigkeit, absichtsvoll und intentional zu handeln, und daher auch für solche Handlungen verantwortlich zu sein, wirft die Frage auf, welche Eigenschaften oder Merkmale von Personen dies erlauben. Denn in vielerlei Hinsicht lassen sich Personen auf dieselbe Art beschreiben wie Dinge, die der *Körperwelt* angehören, sie lassen sich beschreiben wie gewöhnliche, raumzeitliche Gegenstände also. Dies trifft jedoch nur solange zu, wie es um den *Körper* geht, der zu einer Person gehört. Darüber hinaus scheinen Personen aber Merkmale aufzuweisen, die über im weitesten Sinne physikalische Merkmale hinausgehen und die es ihnen – anders als gewöhnlichen raum-zeitlichen Gegenständen – erlauben, absichtsvoll und intentional zu handeln. Personen können sich dabei über bestehende Determinanten der physikalischen Welt hinweg setzen und sich insofern *autonom* verhalten. Dieses Merkmal legt nahe, dass Personen neben ihrem Körper über ein *Selbst* verfügen, das nicht der physikalischen Welt angehört.

Doch gerade diese Annahme wird neuerdings in Frage gestellt: Zwar sei es sicherlich so, dass sich Personen in ihrer eigenen, subjektiven Perspektive als mit einem Selbst ausgestattet erleben, das ihnen den Eindruck vermittelt, über die Zeit hinweg eine mehr oder weniger unveränderliche Identität zu besitzen, aber das sei nichts weiter als eine Illusion.[1] Oder: Zwar erlebten sich Personen in ihrer eigenen, subjektiven Perspektive als mit einem freien Willen ausgestattet, der es erlaube, sich autonom zu verhalten, aber auch das sei nichts weiter als eine Illusion,[2] Willensfreiheit nämlich gebe es nicht. Die hier aufeinander treffenden Sichtweisen auf das Selbst und den Menschen insgesamt verlangen nach einer genaueren Untersuchung, um die Hintergründe und Ursachen des Problems besser verstehen zu können. Neben der Darstellung unterschiedlicher Sichtweisen auf das Selbst oder Ich von Personen (etwa der alltagspsychologischen, der cartesianischen, der naturalistischen und der epiphänomenalistischen) soll hier auch die These untersucht werden, dass Selbst oder Ich von Personen genau oder nur insoweit auf neurophysiologische Vorgänge reduzierbar sind, wie das auch für Geist und Bewusstsein möglich ist. Ausschlaggebend ist dabei besonders die Frage nach der vollständigen Reduzierbarkeit oder Übersetzbarkeit der Perspektive der ersten Per-

1 Eine solche These wird beispielsweise in Metzinger (2003) vertreten.
2 Für die Illusionsthese mit Bezug auf den Willen wird etwa in Wegner (2002) argumentiert.

son in eine mehr oder weniger objektive Perspektive der dritten Person. So könnte sich zeigen, dass die (ontologische) Grundlage dafür, dass Personen ein Selbst oder Ich entwickeln und dieses als einheitlich und über die Zeit hinweg beständig erleben, zwar selbstverständlich in bestimmten neurophysiologischen Vorgängen besteht, gleichwohl aber könnte sich herausstellen, dass das Erleben und die Perspektive der ersten Person in *epistemischer* Hinsicht nicht weiter erläuterbar, *irreduzibel* sind.

2. Historische und zeitgenössische Ich- und Selbst-Konzepte

a) *Die alltagspsychologische Erklärung von Ich und Selbst*

Ist von der *»alltagspsychologischen«* Erklärung des Selbst oder der *»Alltagstheorie«* des Selbst die Rede, geht es vor allem um eine Auffassung des Selbst, die sich mehr oder weniger stark dem *phänomenalen Realismus* verschreibt, jener Auffassung des Selbst also, nach der der Perspektive der ersten Person eine besondere Rolle zukommt. Zu den charakteristischen und konstituierenden Merkmalen von Personen gehört demnach ganz wesentlich die individuelle, epistemische (also die sich auf die Erkenntnisfähigkeit beziehende) Perspektive, in der Personen die Welt wahrnehmen. Die Perspektive des Subjekts basiert auf dem *Erleben* und dem mit ihm verbundenen *Bewusstsein von Erlebnisinhalten*, wie etwa dem Erleben der Farbqualität rot, wenn man einen roten Gegenstand betrachtet (»Wissen-wie-es-ist«). Die mit dieser Perspektive gegebene Subjektivität resultiert dabei daraus, dass die im Bewusstsein gegebenen Erlebnisse nur der einen Person, nur dem einen kognitiven System verfügbar und zugänglich sind, die (oder das) sich in dem fraglichen Zustand befindet. Und umgekehrt sind die in der Perspektive des Subjekts zugänglichen Erlebnisse ohne das Gebundensein an eine bestimmte Person und ein bestimmtes Ich als Träger überhaupt nicht vorhanden. Die Perspektive der (ersten) Person charakterisiert daher wesentlich, dass sie über alles *objektiv Zugängliche* und alles durch intersubjektiv austauschbare Beschreibungen Erfassbare *hinausgeht.*

Dieses Hinausgehen über objektiv und intersubjektiv Zugängliches ist dabei zunächst einmal nur in einem *epistemischen* Sinne zu verstehen: Zwar scheint jedem einzelnen Subjekt etwas epistemisch (als Wissen also) zugänglich zu sein, das phänomenale Erleben nämlich, das eben nur ihm selbst zugänglich ist, aber ob es sich dabei auch um eine epistemische Zugangsweise zu *neuen Tatsachen* (also Wissen über neue, nicht-physikalische Tatsachen) handelt, ist damit noch nicht entschieden.

Diese zunächst nur epistemische Besonderheit zieht in der Betrachtungsweise von Personen auch eine quasi-*ontologische* Konsequenz nach sich: Von der Erscheinungsweise bewusster Erlebnisse in der subjektiven Perspektive der Person wird darauf geschlossen, dass es auch Vorgänge, Zustände oder Ereignisse *gibt*, die genau so sind, wie sie im Erleben wahrgenommen werden. Aus der Perspektive des Subjekts gesehen besteht kein Unterschied zwischen dem, *wie* Erlebnisse *wahrgenommen werden*, und dem, *was sie sind.* Erlebnisse scheinen genau das zu sein, als das sie erlebt werden. Bezüglich bewusster Erlebnisse scheint es für erlebende Subjekte nicht wie bei gewöhnlichen physischen Gegenständen wie etwa einem Tisch etwas Objektives zu geben, das unabhängig von dem, wie Erlebnisse beschaffen zu sein scheinen, fassbar ist. Damit liegt offenkundig eine Vermischung der Epistemologie und der Ontologie des Erlebens *auf Seiten des erlebenden Subjekts* vor.

Sowohl die Auffassung, dass Personen ein Selbst oder Ich besitzen, das über die Zeit hinweg fortbesteht und die Identität der Person gewährleistet, als auch die Auffassung, dass Personen zumindest manchmal freie Willensentscheidungen treffen, basiert zu einem großen Teil auf der Perspektive der Person auf sich selbst und einer Übertragung der darin zugänglichen Einsichten auf andere Personen. Das Ineinanderfallen von Epistemologie und Ontologie des Erlebens liegt letztlich auch der *dualistischen* Sichtweise auf Personen und deren Selbst zugrunde: Schließt man vom *subjektiven Erleben direkt* auf die *Existenz* der entsprechenden *subjektiven Vorgänge, Zustände und Ereignisse*, so erhält man *subjektive Tatsachen*. Und diese Tatsachen gehen über das hinaus, was im Rahmen einer im weitesten Sinne naturalistischen Ontologie, die nur eine Art von Entitäten anerkennt, nämlich im weitesten Sinne physikalische Entitäten, erfassbar zu sein scheint. Dieser Schluss lässt sich auch auf das Erleben der eigenen Ich- und Selbstidentität übertragen: Das *Selbst* einer Person scheint dann etwas zu sein, was außerhalb der physikalischen Welt anzusiedeln ist beziehungsweise, was nicht zu den konstituierenden Entitäten der physikalischen Welt gehört. Dennoch greifen Personen aber in das Geschehen der physikalischen Welt ein. Die Alltagstheorie entwirft ein ganz charakteristisches Bild davon, wie Personen über ihr Selbst in der Welt agieren und mit anderen interagieren. Entsprechend diesem Bild treffen Personen vermittels bewusster Abwägungsprozesse Willensentscheidungen und setzen sie in entsprechende Handlungen um. Sofern Personen Handlungen durchführen, *weil* sie entsprechende Entscheidungen getroffen haben, verursachen sie mit ihrem Geist offenbar Vorgänge, die eindeutig in den Bereich der physikalischen Welt fallen. Es scheint also zu einer geistig-physischen Interaktion zu kommen.

Charakteristisch für die alltagspsychologische Erklärung des Willens und der Willensfreiheit ist (wie schon zuvor in Bezug auf das Selbst) die Akzeptanz dualistischer Beschreibungen, die in einem nächsten Schritt mit einer dualistischen Ontologie verbunden werden. Eine Ontologisierung der Dualismen führt aber schließlich dazu, dass der bestimmende Faktor einer Entscheidung oder einer Handlung nur das Selbst einer Person oder davon verschiedene Faktoren sein können, zu denen dann auch neuronale Vorgänge des zur Person gehörenden Körpers gehören (vorausgesetzt, man vertritt eine dualistische Auffassung der Person). Dass die Alltagstheorie so plausibel erscheint, dass man sich auch angesichts der derzeit aktuellen empirischen Herausforderungen kaum von ihr verabschieden will, liegt vermutlich daran, dass sie auf den ersten Blick die Datenlage (gemeint sind nun die »Daten« aus der Perspektive der *ersten Person*) angemessen erklärt. Die Theorie passt gut zu den Intuitionen, und das macht sie überzeugend. Einige Autoren haben auch darauf hingewiesen, dass die Schwächen der Alltagstheorie gerade aufgrund ihrer intuitiven Plausibilität und der kulturellen Verankerung versteckt bleiben. Denn die kulturelle Verankerung (beispielsweise im Rechtssystem und in der sozialen Praxis) beeinflusst die Wahrnehmung. So argumentiert etwa Claxton (1999), dass für Kulturen, die sich innerhalb eines bestimmten Überzeugungssystems befinden, dessen Fehler selbst gar nicht sichtbar seien. Erst von einem Außenstandpunkt aus gesehen oder durch Untersuchung von wenig offensichtlichen (versteckten oder zu trivialen) Details könne man aus einem etablierten Überzeugungssystem ausbrechen.

b) *Ich und Selbst in der philosophischen Tradition: Ich und Selbst als Ausgangspunkt allen Wissens*

Scheint die Sichtweise des phänomenalen Realismus intuitiv gesehen auch ansprechend zu sein, ist sie doch auch mit einigen der schwierigsten Fragen der Philosophie verbunden: Es handelt sich dabei um Fragen, die sich um das

Leib-Seele-Problem bewegen. Die Herausforderung des klassischen Leib-Seele-Problems besteht darin, die folgenden drei Thesen miteinander in Einklang zu bringen:

(1) Das Selbst oder Ich von Personen (oder noch allgemeiner: bewusste, geistige Vorgänge) gehört nicht der physikalischen Welt an.
(2) Gleichwohl beeinflusst das Selbst oder Ich von Personen Vorgänge der physikalischen Welt, etwa dann, wenn Personen handeln.
(3) Die physikalische Welt selbst ist in dem Sinne kausal geschlossen, dass jedes physikalische Ereignis durch andere physikalische Ereignisse verursacht wird und allein durch Bezugnahme auf diese erklärt werden kann.[3]

Die Philosophie hat im Laufe der Zeit unterschiedliche Ansätze zur Lösung dieses Problems entwickelt, und auch die zuvor skizzierte alltagspsychologische Auffassung von Selbst oder Ich und des Geistes allgemein legt eine spezifische Auflösung des Trilemmas nahe: Sie bevorzugt eine dualistische Erklärung, wie sich gezeigt hatte. Die Alltagstheorie, wie sie in unserem Rechtssystem und der gesellschaftlichen Praxis verankert ist, ist sicherlich stark von älteren philosophischen Ansätzen zur Erklärung des Geistes und des Selbst geprägt, auch wenn diese fast nie explizit erwähnt werden. Und so geht auch das Trilemma des Leib-Seele-Problems – zumindest was die moderne Philosophie betrifft – auf einen früheren Versuch der Erklärung des Geistes zurück: Es geht um René Descartes' Ansatz.

René Descartes' Philosophie des Geistes, wie er sie in den *Meditationes* und einigen anderen Schriften entwickelt hat, beeinflusste und beeinflusst bis heute die moder-

3 Diese drei Thesen stellen eine Variante des klassischen Leib-Seele-Trilemmas dar. Siehe hierzu z. B. Bieri (1981).

ne Philosophie des Geistes, indem sie in der modernen Philosophie erstmals ganz explizit für einen dualistischen Erklärungsansatz des Zusammenhangs von Geist und Körper argumentierte. Descartes charakterisierte den Menschen in den *Meditationes* und den *Principia* als »denkendes Ding«. Er unterscheidet dabei auch zwischen dem Geist einerseits und dem Bewusstsein andererseits: Während der Geist als *res cogitans* den ontologischen Status einer Substanz hat und den Ort der Denkakte bildet, ist *Bewusstsein ein Attribut*, das dem Geist zukommt: Es nimmt am Geschehen im Geist teil, nimmt wahr bzw. perzipiert. Dabei zeichnet sich Bewusstsein als Wahrnehmung der eigenen Gedanken und Denkinhalte dadurch aus, dass solche Denkakte unmittelbar gegeben und (aufgrund der Unmittelbarkeit) zudem irrtumsfrei zugänglich sind – ich kann mich zumindest nicht darüber täuschen, dass ich gerade denke, »Ego sum, ego existo; certum est«,[4] wie Descartes es formuliert. Oder prägnanter in den *Principia*, »Ego cogito, ergo sum«.[5] Bewusstsein dagegen, versteht man es als Attribut des Geistes und als (innere) Wahrnehmung (Introspektion) der eigenen Gedanken, entspricht einem Reflexionsakt, in dem ein Gedanke oder ein Denkakt zum Objekt oder Gegenstand des Bewusstseins gemacht wird.

Descartes setzte mit seinem »Ego sum, ego existo« bzw. seinem »Ego cogito, ergo sum« den Ausgangspunkt für eine lange Reihe von Erklärungsversuchen des Ich und des Selbst, die bis in die Gegenwart reichen. Descartes' Ansatz ist dabei jedoch nicht nur mit dem charakteristischen Substanzdualismus verbunden, der neben der *res extensa* eben auch eine *res cogitans* als ontologische Kategorie akzeptiert, sondern Descartes räumt mit dieser Zweiteilung der Ontologie zugleich auch dem Bereich des Geistigen ein

4 Descartes, *Meditationes* 2,6, S. 82/83.
5 Descartes (1996/1897), Bd. VIII,1,7.

erkenntnistheoretisches Primat ein! Denn Descartes' Erklärungsansatz macht das Ich oder Selbst einer Person zum einzig *zweifelsfrei existenten* Gegenstand und im Anschluss daran zum *Ausgangspunkt eines gesicherten Wissenssystems*, das sowohl mathematische Wahrheiten, als auch empirisch gewonnene Wahrheiten umfasst. Ein Selbst oder Ich einer Person, wie immer dies dann weiter zu charakterisieren ist, bildet also gleichsam einen archimedischen Punkt, von dem aus alles Weitere zu betrachten ist und hinter den selbst in keiner Weise zurückgegangen werden kann. Obwohl sich wichtige Merkmale der cartesianischen Auffassung nach wie vor in der alltagspsychologischen Erklärung von Selbst oder Ich und in der alltagspsychologischen Auffassung des Geistes finden, scheint die gegenwärtige, empirisch angestoßene Diskussion um den ontologischen Status des Selbst oder Ichs von Personen, um Geist und Bewusstsein, doch mit einer genauen *Umkehrung* des cartesianischen Verhältnisses von *res cogitans* zu *res extensa* und den entsprechenden Erklärungszusammenhängen zu enden. Denn ein Selbst oder Ich oder auch das sinnhafte Handeln von Personen soll nun vollständig auf neurophysiologische Vorgänge (oder im weitesten Sinne physikalische Vorgänge) zurückgeführt werden, den Bereich also, der in Descartes' Terminologie unter die *res extensa* fällt. Offenkundig ist es hier zu einem Wechsel der Beschreibungsperspektiven gekommen: Während die Entwicklung mit der subjektiven Perspektive der ersten Person und dem Ich oder Selbst beginnt, scheint sie bei der objektiven Perspektive der dritten Person zu enden, aus der das Ich oder Selbst nun *vollständig herauszufallen* droht.

Nach Descartes' charakteristischer *Zweiteilung der Ontologie* gehört Bewusstsein als wesentliches Merkmal und Attribut des Geistes dem Bereich der *res cogitans* an: Bewusstsein ist kategorial verschieden von dem Bereich der *res extensa*, dem Bereich der raum-zeitlich situierten und ausgedehnten Dinge (der bekannte Leib-Seele- bzw. Körper-Geist-Dualismus). Dieser Dualismus bildet jenen Punkt in Descartes' Philosophie des Geistes, an dem für die Moderne erstmals das Leib-Seele-Problem drängend wurde. Denn angesichts des cartesianischen Substanzdualismus stellt sich unmittelbar die Frage, wie man eine Wechselwirkung zwischen den zwei ontologischen Seinsbereichen erklären kann: Sind Geist und Körper zwei wesentlich voneinander verschiedene Dinge, stehen aber miteinander in einem wechselseitigen Austausch, so scheint offensichtlich, dass man nicht mehr an der Annahme festhalten kann, dass sich jedes physische Ereignis durch andere physische Ereignisse erklären lässt. Doch gerade diese Annahme gehört mit zu den Voraussetzungen der naturwissenschaftlichen Forschung und Erklärung (sie drückt sich etwa in den physikalischen Erhaltungssätzen aus) – und dies gilt auch schon zu Descartes' Zeiten.

Dieses von Descartes herrührende Problem ist immer noch ungeklärt. Es wird in der aktuellen Debatte um die Erklärung von Geist und Bewusstsein in einem naturwissenschaftlichen Weltbild wieder aufgegriffen und dominiert diese nach wie vor – nun zumeist unter der Bezeichnung des Problems der mentalen Verursachung. Gelegentlich wird argumentiert, dass es Descartes' Eintreten für den Leib-Seele-Dualismus zu verdanken sei, dass sich der Dualismus bis heute gehalten hat und sogar so tief in der alltagspsychologischen Erklärung von Selbst und Person verankert ist, dass er die soziale und gesellschaftliche Praxis bestimmt. Solche Überlegungen finden sich insbesondere in Gilbert Ryles Kritik am cartesianischen Paradigma, wie er sie in *The Concept of Mind* (1949) formuliert hat. Viel wichtiger bzw. primär ist jedoch womöglich das Erleben des eigenen Selbst oder Ichs als Ausgangspunkt und Quelle des Leib-Seele-Dualismus. Schließlich diente es auch Descartes als Ausgangspunkt für seine Überlegungen – ohne das Erleben als Ausgangspunkt hätte Descartes sein Argument für ein dualistisches Verständnis von Körper und Geist, also für ein dualistisches Konzept der Person, nicht formulieren können.

c) *Die empirische Hinterfragung des bewusst und willentlich handelnden Subjekts*

Die neuen Erkenntnisse und Methoden, die in den Kognitions- und Neurowissenschaften derzeit entwickelt werden, haben nun der Diskussion um die Frage nach einer angemessenen Erklärung von Geist und Bewusstsein eine neue Richtung gegeben, und dies betrifft natürlich auch die Auffassung des Selbst oder Ichs von Personen als etwas, das auf der Grundlage geistiger Vorgänge entsteht. Im Hinblick auf die Erklärung des Geistes, des Selbst oder Ichs von Personen durch Heranziehung hirnphysiologischer Vorgänge sind dabei hauptsächlich zwei Richtungen maßgeblich: Dies ist einerseits der Versuch, ausgehend von einer *monistischen Ontologie* (der Annahme also, dass es nur eine einzige Art oder Kategorie von Gegenständen und Eigenschaften in der Welt gibt, nämlich physikalische), das substantielle Selbst oder Ich von Personen oder das im Sinne eines veränderlichen Bündels von Merkmalen und Funktionen zu verstehende Selbst *vollständig auf hirnphysiologische Vorgänge zurückzuführen* und so das (stabile oder aber auch veränderliche) *materielle Substrat* des Selbst zu finden. Und dies ist andererseits der Versuch, ausgehend von empirischen Studien, einer dualistischen Ontologie sowie aufgrund philosophisch-theoretischer Überlegungen, für die These zu argumentieren, dass Geist und Bewusstsein im Verhältnis zu den Vorgängen der physikalischen Welt nur eine *epiphänomenale* (d. h. also, dass alle bewussten, geistigen Zustände und Vorgänge ein wirkungsloses Anhängsel der physikalischen Vorgänge sind) Rolle spielen. Während sich das Selbst im ersten Fall in bestimmten charakteristischen physiologischen Vorgängen materialisiert, hätte es im zweiten Fall nur den Status einer Illusion. Und während Versuche der ersten Art das 20. Jahrhundert dominierten, scheint sich nunmehr eine Hinwendung zu Versuchen der zweiten Art anzubahnen.

Werden in der gegenwärtigen Debatte um die Veränderung des Menschenbildes Behauptungen vorgebracht wie »Wir sollten aufhören, von Freiheit zu sprechen« (Singer, 2004, S. 30), »Wir sind determiniert. Die Hirnforschung befreit von Illusionen« (Roth, 2004, S. 218), oder ist davon die Rede, dass der bewusste Wille (Wegner, 2002) oder sogar das Selbst einer Person (Metzinger, 2003) eine Illusion sei, so geht es dabei immer auch um die These, dass bewusste, mentale Zustände und Vorgänge sich *epiphänomenal* gegenüber neuronalen Zuständen und Vorgängen (oder im weitesten Sinne physikalischen Zuständen und Vorgängen) verhalten. Während sowohl Descartes' Ansatz als auch die alltagspsychologische Sichtweise davon ausgehen, dass das dualistisch verstandene Ich oder Selbst in kausaler Wechselwirkung mit der im weitesten Sinne physikalischen Welt steht, gibt die zeitgenössische Ausformulierung des Dualismus im Sinne des Epiphänomenalismus die These der Interaktion gerade auf: Zwar wird auch hier eine dualistische Ontologie vorausgesetzt. Es wird jedoch, um zugleich an einem naturwissenschaftlichen Weltbild und der damit verbundenen These der kausalen Geschlossenheit der physikalischen Welt festhalten zu können, die kausale Relevanz des Mentalen im Bereich der physikalischen Welt aufgegeben. Kausale Zusammenhänge würde es demnach nur in einer Richtung geben – nämlich von der physikalischen Seite hin zur Seite des Geistes, nicht aber umgekehrt. Das, was im Geist einer Person vor sich geht, was immer das Subjekt abwägt, wahrnimmt, überlegt, hätte keine Auswirkungen auf das, was im Anschluss getan wird und in der physikalischen Welt stattfindet. Der Eindruck hingegen, dass Personen mit ihrem Selbst auf der Grundlage bewusster Willensentscheidungen in das kausal geschlossene Geschehen der physikalischen Welt eingreifen, wäre – genauso wie die Willensfreiheit (Wegner, 2002) – nichts weiter als eine vom kognitiven System einer Person selbst geschaffene Illusion.

Welche empirischen Resultate sind es nun genau, die derzeit im Sinne einer epiphänomenalistischen Auffassung interpretiert werden? Ganz allgemein handelt es sich dabei um verschiedene Studien zur unbewussten Steuerung und Initiierung von Handlungen, die zu zeigen scheinen, dass die Vorgänge der bewussten, geistigen Ebene nicht die Rolle spielen, die wir ihnen gewöhnlich zuschreiben. So werden beispielsweise Studien angeführt, die empirisch zu belegen scheinen, dass Entscheidungen und Handlungen von Personen bereits unbewusst vorbereitet und initiiert werden, *bevor* die Personen sich *bewusst* entscheiden und entsprechend handeln.[6] Der bewusste, mentale Zustand käme demnach zeitlich gesehen zu spät, um noch einen Einfluss auf das Handeln der Person zu haben. Auch wird in diesem Zusammenhang häufig darauf verwiesen, dass eine ganze Reihe anderer Studien zeige, dass von einer Person *unbewusst* aufgenommene Reize das Entscheiden und Handeln der Personen beeinflussen. Personen *erleben* hier ihre Entscheidungen und das auf diese folgende Handeln zwar als bewusst gewollt und herbeigeführt, tatsächlich aber treten bewusste Entscheidungen und die entsprechenden Handlungen deutlich häufiger auf, wenn zuvor geeignete Reize *unbewusst* dargeboten wurden.[7] Wiederum scheinen die bewussten, mentalen Zustände und Vorgänge also gerade *nicht der kausal entscheidende Faktor*

6 Auf diese Weise argumentieren beispielsweise Libet (1985) sowie Haggard/Eimer (1999).

7 Siehe hierzu die Aufsätze von Bargh/Barndollar (1996) sowie Wendt-Kürschner/Goschke (in Vorb.).

zu sein, wenn es darum geht, dass Personen Entscheidungen treffen und entsprechend handeln.

Wieder andere Studien sollen das epiphänomenalistische Bild von Geist und Subjekt untermauern, weil sie zeigen, dass sich der *bewusste Eindruck der Willentlichkeit* eigener Entscheidungen und Handlungen auch einstellt, wenn die Durchführung von Handlungen tatsächlich *von außen* vorgegeben wurde.[8] So kann man etwa Personen, die unter Hypnose sind, dazu bringen, später, wenn sie sich wieder in ihrem »normalen« Bewusstseinszustand befinden, einen bestimmten Gegenstand wie etwa ein Buch aus dem Regal zu nehmen. Und tatsächlich schreiben sich diese Personen dann die Entscheidung zur Durchführung dieser Handlung selbst zu, obwohl tatsächlich ein Versuchsleiter einen entsprechenden Auftrag erteilt hatte. Es scheint also so zu sein, als würde der *bewusste* Eindruck der Urheberschaft von Entscheidungen und Handlungen von der tatsächlichen Urheberschaft abweichen. Bewusste Willentlichkeit wäre so gesehen eine Kausal*attribution* (also bloß eine Zuschreibung), nicht aber ein tatsächlich kausal relevanter Faktor, der die Entscheidung und Handlung unmittelbar beeinflusst.

Studien wie die eben skizzierten werden in der aktuellen Diskussion nahezu ausschließlich mit der Debatte um die Willensfreiheit in Zusammenhang gebracht. Sie werden häufig so interpretiert, als würden sie nachweisen, dass es so etwas wie Willensfreiheit nicht geben könne. Gerade die weiter ausholende Interpretation, die die kausale Relevanz des Mentalen *generell* in Zweifel zieht,[9] hat aber noch sehr viel weiter führende Konsequenzen: Denn sie stellt einerseits das Konzept des Selbst von Personen in

8 Um solche Resultate geht es in dem Aufsatz von Wegner/Wheatley (1999) und in dem Buch von Wegner (2002), insbesondere Kapitel 3.

9 Für eine solche weiterführende Interpretation argumentiert in der aktuellen Debatte vor allem Pockett (2004); zahlreiche weitere Versuche dieser Richtung finden sich in dem Sammelband Pockett (2006).

Frage, dieses habe maßgeblichen Einfluss auf das Handeln von Personen und ihre Interaktion mit der Umwelt. Und sie scheint außerdem in einem offensichtlichen Widerspruch dazu zu stehen, wie sich handelnde und entscheidende Subjekte *selbst erleben* und *selbst verstehen*. Offensichtlich liegen mit solchen empirischen Studien einerseits und dem von diesen Studien in Zweifel gezogenen Selbstbild entscheidender und handelnder Personen andererseits zwei ganz *unterschiedliche Perspektiven auf das Selbst* vor. Aber muss man angesichts derartiger empirischer Studien zur unbewussten Handlungssteuerung tatsächlich schließen, dass bewusste, mentale Vorgänge keinerlei kausale Rolle mehr haben und nur mehr *epiphänomenal* sind? Täuschen wir uns tatsächlich in so deutlicher Weise über uns selbst und darüber, welchen Platz wir in der (physikalischen) Welt einnehmen? Oder lassen sich die in den letzten Jahren häufig vorgebrachten Thesen, das Ich sei eine Illusion, womöglich dadurch aufheben, dass die angeführten empirischen Studien anders interpretiert werden? Und woher kommt die jüngste Hinwendung zum Epiphänomenalismus, die am Ende eines ganzen Jahrhunderts der Naturalisierungsversuche steht?

3. Die Naturalisierung von Ich und Selbst – Physikalismus oder Epiphänomenalismus?

a) *Die Naturalisierung des Geistes im 20. Jahrhundert*

Sowohl die alltagspsychologische Auffassung des Selbst, als auch die gegenwärtige, wissenschaftliche Diskussion um ein zeitgemäßes Menschenbild prägt eine dualistische Grundhaltung. Während in der Alltagstheorie und auch nach Descartes' Ansatz davon ausgegangen wird, dass das dualistisch zu verstehende Selbst durch seine bewussten, geistigen Zustände und Vorgänge verändernd in die physikalische Welt eingreifen kann, ist die zeitgenössische Hinwendung zu einer epiphänomenalistischen (dualistischen) Auffassung von bewussten, geistigen Vorgängen gerade mit der Ablehnung dieser Annahme eines Austauschs bzw. von Interaktion verbunden.

Stellt der *Epiphänomenalismus* selbst eine dualistische Theorie dar, so ist die zeitgenössische Hinwendung zu solchen Ansätzen doch nur vor dem Hintergrund der Geschichte der *Naturalisierungsversuche des Geistes* zu verstehen. Die Naturalisierung des Geistes (und mithin auch des Selbst) hat nahezu alle Erklärungsansätze des Geistes, die im 20. Jahrhundert unternommen wurden, bestimmt. Fast alle Ansätze, die sich im 20. Jahrhundert dem Naturalisierungsprojekt verschrieben hatten, gingen von der Prämisse aus, dass der menschliche Geist insgesamt und also auch das Bewusstsein, der Wille, Ich und Selbst einer Person, letztlich *vollständig* auf Naturvorgänge, genauer gesagt, neuronale Vorgänge, zurückführbar sein müssten.

So wurde argumentiert, dass im Grunde nur dann verstehbar und erklärbar ist, wie Personen mit ihren bewussten, mentalen Vorgängen und Zuständen in das physikalische Geschehen eingreifen, wenn man annimmt, dass bewusste, mentale Vorgänge, Zustände und Ereignisse selbst nichts weiter seien als eine *Teilklasse der physikalischen Vorgänge, Zustände und Ereignisse*. Auch das Ich oder Selbst einer Person würde sich dann nicht mehr aus nichtphysikalischen Vorkommnissen und Vorgängen, sondern aus physikalischen aufbauen, und müsste demnach vollständig durch diese erklärbar sein. Alles das, was in der subjektiven Perspektive zugänglich ist, müsste also auch aus einer objektiven Perspektive der dritten Person zugänglich sein. Ausgangspunkt der unterschiedlichen naturalistischen Erklärungsansätze des Geistes und der Person ist die Beschreibung derselben aus einer übergeordneten Beobachterperspektive. Geist und Selbst von Personen werden dabei als *Bestandteile* der physikalischen Welt verstanden und als solche in Abhängigkeit von den anderen Bestandteilen des komplexen Gesamtgefüges beschrieben und erklärt. Die Tatsache aber, dass keiner dieser Naturalisierungsversuche bislang tatsächlich den menschlichen Geist umfassend erklären konnte, hat nun zu der in den letzten Jahren offensichtlich werdenden Hinwendung zum *Epiphänomenalismus* geführt. Die Fragwürdigkeit bisheriger monistischer Naturalisierungsversuche des Geistes führt damit offenkundig zum Dualismus zurück, wenn auch in seiner zweifellos am wenigsten wünschenswerten Variante. Doch woran und weshalb scheitern die bisherigen monistischen Erklärungsansätze und Naturalisierungsversuche?

Seit dem Wiederaufflammen der Debatte um eine angemessene Lösung des Leib-Seele-Problems im 20. Jahrhundert wurden verschiedene behavioristische Ansätze, Identitätstheorien und funktionalistische Ansätze entwickelt. Allen diesen Ansätzen ist aber eine *monistische, naturalistische Ontologie* gemeinsam. Und sie gehen auch von einem gemeinsamen Ausgangspunkt aus, nämlich der Beobachtung bestimmter Korrelationen zwischen bewussten, mentalen Zuständen und Vorgängen sowie neurophysiologischen Zuständen und Vorgängen. *Behavioristische Theorien*[10] des Geistes identifizieren dabei jeden mentalen Typ M (wie zum Beispiel Zahnschmerz) mit einem Typ von verschiedenen Verhaltensweisen und Dispositionen (wie etwa zum Zahnarzt zu gehen oder ein Schmerzmittel zu besorgen). Der behavioristischen Variante des Naturalismus nach befindet sich ein System *genau dann* in M, *wenn* es den relevanten Verhaltenstyp und dispositionalen

10 Der Behaviorismus wurde zu Beginn dieses Jahrhunderts als Alternative zum Dualismus von den Psychologen J. B. Watson (1928; 1930) und B. F. Skinner (1953; 1957) entwickelt. Watson und Skinner ging es darum zu zeigen, dass die Psychologie auch ohne Bezugnahme auf mentale Phänomene alles erklären kann, was sie erklären will. Zu den behavioristischen Ansätzen zählen der logische Behaviorismus (Ryle, 1949) und der semantische Behaviorismus. Behavioristische Ideen finden sich in der aktuellen Debatte im analytischen Funktionalismus wieder (Lewis, 1972).

Typ tatsächlich realisiert. Um menschliches Verhalten zu erklären und um Motive und Ursachen für Verhalten zu verstehen, muss man sich nun nicht mehr auf mentale Zustände und Vorgänge beziehen, sondern man kann ein Reiz-Reaktions-Schema anwenden: Verhalten folgt nicht aus bestimmten Wünschen und Überzeugungen, sondern wäre als Reaktion auf bestimmte Reize zu verstehen, die als die tatsächlichen Ursachen von Verhalten gelten. Mit der Analyse von Verhalten durch ein Reiz-Reaktions-Schema umgeht der Behaviorismus das Problem, *psychophysische Kausalität* erklären zu müssen: Wenn alle Formen von Verhalten, die bisher durch mentale Ursachen erklärt wurden, als Reaktionen auf bestimmte Reize aufgefasst werden können, ist es nicht mehr notwendig, mentale oder psychische Verursachung anzunehmen.

Theorien der Typenidentität, d. h. Theorien, zu deren ersten Vertretern David M. Armstrong (1968; 1970), Ullin T. Place (1956) und John J. C. Smart (1959; 1965; 1970) gehörten, identifizieren – anders als behavioristische Ansätze – jeden mentalen Typ M mit einem *neurophysiologischen Typ*. Solchen Ansätzen zufolge befindet sich ein System *genau dann* in M, *wenn* es sich in dem maßgeblichen neurophysiologischen Typ befindet. Durch die Identifikation mentaler Zustände und Vorgänge mit neurophysiologischen Zuständen und Vorgängen vermeidet die Identitätstheorie die Schwierigkeit, psychophysische Kausalität erklären zu müssen: Denn psychophysische Kausalität ist nichts anderes als Kausalität zwischen verschiedenen, im weitesten Sinne physikalischen Zuständen und Vorgängen, wenn sich neurophysiologische Zustände und Vorgänge auf physikalische Weise erklären lassen; und davon ist auszugehen.

Funktionalistische Ansätze[11] schließlich identifizierten (zumindest in ihren wichtigsten Varianten) jeden mentalen

11 Die ersten dieser Ansätze gehen auf Jerry Fodor und Hilary Putnam zurück; siehe hierzu Fodor (1968), Putnam (1960 und 1967).

Typ mit einem funktionalen Typ, so dass ein System *genau dann* einen mentalen Typ M instantiiert, *wenn* es sich in dem maßgeblichen funktionalen Typ befindet. Den Ausgangspunkt bildet dabei das Prinzip der *funktionalen Invarianz*, das selbst ontologisch neutral ist. Ein solches Prinzip besagt nichts anderes, als dass geistige Zustände gegenüber der funktionalen Organisation eines Systems invariant sind, oder anders formuliert: Systeme, die exakt den gleichen funktionalen Aufbau aufweisen, müssten auch die gleichen phänomenalen Zustände oder Bewusstseinszustände, also beispielsweise das Gefühl, eine bestimmte Handlung, verursacht oder ausgeführt zu haben, erleben.

Dieses Prinzip ist für alle Spielarten des Funktionalismus charakteristisch. Eine funktionale Charakterisierung erlaubt es, dass mentale Zustände als funktional charakterisierte Zustände von verschiedenen physikalischen Zuständen realisiert werden können.[12] Die einzige Bedingung für eine Realisierung besteht darin, die in der funktionalen Charakterisierung genannten *Funktionen* zu erfüllen. Die (bewussten) mentalen Vorgänge und Zustände eines Individuums, die sich funktional charakterisieren lassen, werden genau dann von den neurophysiologischen (allgemeiner: physikalischen) Zuständen $P_1, \ldots, P_n$ eines Systems realisiert, wenn gilt: P_i tritt in dem fraglichen Individuum auf und weist alle Eigenschaften auf, die für den fraglichen mentalen Vorgang oder Zustand charakteristisch sind.

b) *Eine Alternative zum Epiphänomenalismus: nicht-reduktive, monistische Ansätze*

Im Verlauf des 20. Jahrhunderts wurde eine ganze Reihe von naturalistischen Ansätzen entwickelt, die alle erklären sollen, wie geistige Vorgänge Einfluss auf die physikali-

12 Weitere Details zur multiplen Realisierbarkeit finden sich z. B. in Beckermann (1999), Bieri (1981), Brüntrup (1996).

sche Welt nehmen können. Doch konnte keiner dieser Naturalisierungsversuche überzeugend darlegen, auf welche Weise geistige Vorgänge (und mithin also auch das Selbst der Person) ihre *Autonomie* und ihre charakteristische *Qualität* bewahren können, wenn sie als Naturvorgänge (oder im weitesten Sinne physikalische Vorgänge) doch den dort maßgeblichen gesetzesartigen Zusammenhängen unterliegen sollen.

In der philosophischen Debatte haben diese Zweifel am Erfolg des Projektes der Naturalisierung von Geist, Selbst und Ich ihren Ausdruck vor allem in der Debatte um die reduktive Erklärbarkeit des Bewusstseins gefunden. So wurde mit Hilfe unterschiedlicher Gedankenexperimente immer wieder deutlich gemacht, dass es intuitiv zutiefst unplausibel ist, dass bewusste, mentale Zustände vollständig durch physikalisches Vokabular deskriptiv erfassbar sein sollen. Genau dies ist aber die Voraussetzung reduktiver, naturalistischer Erklärungsansätze des Geistes.

Solche Gedankenexperimente[13] folgen stets einem ähnlichen Argumentationsschema. Als Gedankenexperimente entwerfen alle diese Einwände eine Vorstellung davon, wie die Unabhängigkeit zwischen dem Bereich des Mentalen und dem Bereich des Physikalischen sich zeigen könnte. Die Argumente greifen letztlich alle die *begriffliche* Unabhängigkeit zwischen dem Bereich bewusster, geistiger Zustände und Vorgänge und dem Bereich des Physikalischen auf, und versuchen aus der begrifflichen Unabhängigkeit *ontologische* Konsequenzen im Hinblick auf das Selbst, Ich und Bewusstsein abzuleiten. Diese begriffliche Unabhängigkeit zeigt sich darin, dass Begriffe, die je-

13 Die Rede ist hier von Frank Jacksons Argument des unvollständigen Wissens (Jackson, 1986), den verschiedenen Argumenten der abwesenden Qualia (Block, 1978; Block/Fodor, 1972) und der vertauschten Qualia (beispielsweise Block, 1990; Block/Fodor, 1972; Locke 1990 [1690]; Nida-Rümelin, 1996), und auch von Saul Kripkes (Kripke, 1972) und David Chalmers' (Chalmers, 1996) Modalargumenten.

weils auf die verschiedenen Bereiche Bezug nehmen, nicht *a priori* (also ausschließlich aus der Bedeutung der verwendeten Begriffe) ineinander überführbar sind oder übersetzbar sind. Daher scheint es beispielsweise möglich zu sein, dass ein vollkommen identisches, physikalisches Duplikat einer gewöhnlichen, bewusstseinsfähigen Person *kein Bewusstsein* hat. Ein solches Duplikat dürfte sich einem reduktionistischen, naturalistischen Erklärungsansatz zufolge noch nicht einmal im Verhalten (auch Sprachverhalten) vom bewussten Original aus unserer Welt unterscheiden. Kann aber die Möglichkeit solcher Duplikate durch einen naturalistischen Erklärungsansatz des Geistes nicht ausgeschlossen werden (unabhängig davon, ob man hier nun eine Variante des Behaviorismus, eine Theorie der Typenidentität oder eine Spielart des Funktionalismus einsetzt), dann zeigt dies, dass der fragliche Ansatz eben doch gerade *keine hinreichenden Bedingungen* für das Auftreten bewusster, geistiger Zustände und Vorgänge gefunden hat. Diese Einsicht verhalf zu Beginn des 21. Jahrhunderts dem Epiphänomenalismus zu wachsender Popularität, wie etwa Pockett (2006) zeigt.

Möchte man keinen *interaktionistischen* Dualismus vertreten, so nimmt eine monistische Ontologie bei der Frage nach der Naturalisierung des Selbst offensichtlich einen hohen Stellenwert ein. Denn kann man erklären, *wie* bewusste, mentale Zustände wie Willensentscheidungen und Überzeugungen von Personen über sich selbst in einem monistischen Rahmen kausale Relevanz haben, so besteht kein unmittelbarer Grund mehr dafür, einen epiphänomenalistischen Ansatz zu akzeptieren, der das Selbst von Personen und die ihm zugeschriebenen Überzeugungen, Wünsche und Werte zur Illusion erklärt oder als kausal irrelevant auffasst.

In diesem Sinne lohnt ein zweiter Blick auf monistische Erklärungsansätze des Geistes, denn die Naturalisierungsversuche, die das 20. Jahrhundert bei Weitem dominierten, sind alle *reduktionistischer* Art. Dabei sind gerade *nicht-reduktionistische, monistische* Ansätze[14] vermutlich viel aussichtsreicher in Bezug auf die Erklärungskraft hinsichtlich geistiger Vorgänge, des Selbst und der mentalen Verursachung. Nicht-reduktionistische, monistische Ansätze gehen zwar davon aus, dass es nur *eine einzige Art von Vorgängen und Zuständen* gibt, auf die aber in der *Perspektive der ersten Person* oder in der *Perspektive der dritten Person* Bezug genommen wird. Dennoch, also trotz eines ontologischen Monismus, akzeptieren solche Ansätze aber eine *epistemische Irreduzibilität* bewusster, geistiger Zustände und Vorgänge. Sie gehen also davon aus, dass sich die Perspektive der ersten Person *prinzipiell nicht* auf die Perspektive der dritten Person *reduzieren* lässt, und nehmen an, dass gerade die These einer solchen Übersetzbarkeit der Perspektive der ersten Person in die (naturwissenschaftliche) Perspektive der dritten Person, die man auf Selbst, Ich und Bewusstsein einnehmen kann, zum Scheitern bisheriger reduktiver Naturalisierungsversuche führen musste.

Nicht-reduktionistische Erklärungsversuche bringen sowohl gegenüber dualistischen Ansätzen als auch gegenüber reduktiven, monistischen Ansätzen Vorteile mit sich: Durch sie wird etwa gewährleistet, dass bewusste, mentale Zustände und Vorgänge wie Willensentscheidungen prinzipiell im Bereich des Physikalischen kausal wirksam sein können. Das liegt allein schon daran, dass man in einem monistischen Rahmen davon ausgeht, dass mentale Zustände nichts anderes als eben eine bestimmte Art von physikalischen Zuständen sind. Der zweite große Vorzug nicht-reduktionistischer Ansätze des Geistes besteht darin, dass solche Ansätze einerseits den dualistischen Intuitionen gerecht werden, indem sie die epistemische (also

14 Den sicherlich bekanntesten und meist diskutierten Ansatz dieser Art stellt Donald Davidsons *Anomaler Monismus* dar, wie er etwa in dem Aufsatz »Mental Events« in Davidson (1980) vertreten wird.

auf die Erkenntnismöglichkeiten bezogene) Irreduzibilität bewusster mentaler Zustände akzeptieren und andererseits mit einer monistischen, physikalistischen Ontologie verträglich sind, da sie auf ontologischer Ebene eben doch den Monismus beibehalten.[15]

Doch natürlich stellt sich die Frage, ob nicht-reduktionistische Ansätze angesichts der sog. *»empirischen Beweise«* für den Epiphänomenalismus (siehe Pockett 2004, 2006) nicht überflüssig geworden sind. Die Antwort auf diese Frage liegt auf der Hand: Die naturwissenschaftliche, empirisch vorgehende Forschung kann zunächst nur *Korrelationen* zwischen zwei Arten von Daten oder Aussagen *empirisch feststellen* – sie setzt Berichte aus der Perspektive der ersten Person, die Versuchspersonen über ihr geistiges Innenleben abgeben, mit den Daten und Aussagen in Beziehung, die im Rahmen neurophysiologischer Untersuchungen erhoben werden, und formuliert so *Korrelationen*. Das Aufzeigen solcher Korrelationen stellt zweifelsohne ein wichtiges Unternehmen dar, um irgendwann einmal zu verstehen, wie Geist und Gehirn miteinander zusammenhängen. Ungeklärt bleibt jedoch durch die Formulierung von Korrelationsthesen, *wie man die vorgefundenen Korrelationen erklärt*, etwa durch eine Identitätsthese oder durch einen epiphänomenalistischen Ansatz. An dieser Stelle wird nämlich *philosophisch-wissenschaftstheoretische Reflexion* unabdingbar, um einer Lösung des Rätsels um Selbst, Ich, Bewusstsein und Hirnfunktionen näher zu kommen. Erst dann, wenn man hinsichtlich der Erklärung solcher empirischen Korrelationen bestimmte philosophisch-wissenschaftstheoretische Thesen über den ontologischen Status von Gehirn und Geist *voraussetzt*, lassen sich mit Hilfe empirischer Studien auch weitere Aussagen ableiten. Geht man davon aus, dass be-

15 Eine umfangreiche deutschsprachige Diskussion des Aposteriori-Materialismus bietet Schütte (2004).

wusste, mentale Zustände und Vorgänge wie etwa Willensentscheidungen (und in der Folge davon auch das Selbst von Personen) einen nur *epiphänomenalen* Status innerhalb der physikalischen Welt haben, so muss man im Zusammenhang einer solchen Behauptung bereits einen ontologischen Dualismus voraussetzen – nur dann lassen sich ausgehend von empirischen Untersuchungen die geistige Ebene und die physiologische Ebene entsprechend gegeneinander ausspielen (eine gesonderte Diskussion verlangen natürlich die *philosophisch-theoretischen* Argumente für den Epiphänomenalismus, wie sie etwa in Kim, 2005, diskutiert werden).

Was aber lässt sich von den empirischen Gründen für den Epiphänomenalismus bewusster, geistiger Zustände und Vorgänge beibehalten, wenn man die ontologische Prämisse des Dualismus nicht teilt? In diesem Fall wird man davon ausgehen müssen, dass bewusste, mentale Zustände und Vorgänge eine Teilmenge der einzigen Sorte von Entitäten sind, die es gibt (unabhängig davon, wie man diese dann genauer charakterisiert – man muss der Ebene des Physikalischen kein ontologisches Primat bzw. keine bevorzugten Stellen einräumen, wie Ansätze des *neutralen Monismus*[16] zeigen). Geht man von dieser ontologischen Voraussetzung aus, so folgt aus den derzeit verfügbaren empirischen Studien keineswegs, dass bewusste, mentale Zustände und Vorgänge kausal irrelevant sind. Vielmehr bilden sie nun eine Teilmenge der einzigen Art von Entitäten, die es gibt (beispielsweise physikalische). Diese Zustände können im Bereich des Physikalischen daher auch Einfluss ausüben. Nach dem Verhältnis zwischen bewussten und nicht-bewussten Zuständen und Vorgängen lässt sich nun fragen, indem man unterschiedliche Teilmengen neuronaler Zustände und Vorgänge betrach-

16 Ansätze des neutralen Monismus halten zwar an einer monistischen Ontologie fest, charakterisieren diese aber nicht physikalisch, vgl. beispielsweise Russell (2003) und Chalmers (1996).

tet, nämlich zum einen solche, die prinzipiell nicht bewusst sind, und zum anderen solche, die eben zugleich auch bewusste, mentale Zustände und Vorgänge sind. Erst dann, wenn sich nun die Teilmenge der neuronalen Zustände und Vorgänge, die zugleich auch bewusste Zustände und Vorgänge sind, als vollständig kausal irrelevant im Hinblick auf andere neuronale Zustände und Vorgänge erweisen ließe, könnte man von einem empirischen Beleg für den Epiphänomenalismus sprechen. Folgt man einer solchen kritischen Lesart der empirischen Studien, so lässt sich leicht dafür argumentieren, dass die unterschiedlichen empirischen Studien *nur ein neues Licht auf die Art und Weise des Zusammenhangs* zwischen bewussten, mentalen Zuständen und nicht-bewussten Zuständen und Vorgängen werfen, nicht aber ihre kausale Rolle generell ad absurdum führen.

4. Ethische und praktische Folgen der veränderten Sichtweise auf Ich und Selbst

Der fortschreitende Wissenszuwachs der modernen Hirnforschung wird vermutlich nicht zu derart *dramatischen* Umbrüchen im menschlichen Selbstverständnis führen, wie manchmal prophezeit wird (ganz einfach deshalb, weil die verfügbaren Studien häufig irreführend interpretiert werden). Dennoch wird er aber wohl doch zu einer veränderten Sichtweise von Selbst und Ich, Geist und Bewusstsein führen. Daher stellt sich die Frage, welche Konsequenzen ein solcher Umbruch möglicherweise nach sich zieht. In diesem Zusammenhang empfiehlt es sich, klar zu unterscheiden, genau *welche* veränderte Sichtweise auf den Menschen gemeint ist: Geht es um die Naturalisierung des Geistigen (und mithin des Selbst oder Ichs von Personen) im engeren Sinne, oder geht es bereits um eine Hinwendung zu einer epiphänomenalistischen Sichtweise des Geistes? Denn mit Sicherheit würden die Konsequenzen sehr viel drastischer ausfallen, sollte sich tatsächlich ein Menschenbild durchsetzen, das mit einer epiphänomenalistischen Sichtweise des Geistes einhergeht. Zu den offensichtlichsten Veränderungen werden dabei in beiden Fällen neue Kriterien dafür gehören, was eigentlich Personen sind. Führt man wie im ersten Fall das Selbst oder Ich einer Person, also abgesehen davon, ob man es nun in einem stabilen und substantiellen Sinne versteht, oder ob man es als Bündel veränderlicher Merkmale und Funktionen auffasst, vollständig auf hirnphysiologische und im weitesten Sinne physikalische Vorgänge zurück, so müssen in der Folge davon auch die *Kriterien* für den Personenstatus entsprechend *hirnphysiologische und im weitesten Sinne physikalische Kriterien* sein. Etwas anders würde es sich verhalten, wenn man zwar weder das Selbst oder Ich von Personen noch Geist und Bewusstsein auf neurophysiologische Vorgänge reduzieren würde, sie dafür aber als *wirkungslos* im Hinblick auf das Geschehen im Bereich des Physikalischen, insbesondere auf das Handeln von Personen betrachtet: Zwar könnte man in diesem Fall an nicht-physiologischen Zuschreibungskriterien festhalten, die den Status der Person unter anderem an Bewusstseinsmerkmalen und geistigen Merkmalen und Fähigkeiten festmachen, aber dieses Ergebnis wäre insofern fragwürdig, als alles, was mit Bewusstsein verbunden ist, einen nur mehr epiphänomenalen Status im Vergleich zu den physikalischen Vorgängen hätte.

Das bedeutet, dass man zwar den bloßen Status des Personseins auch im Rahmen einer epiphänomenalistischen Sichtweise an Bewusstseinsmerkmalen und so fort festmachen könnte. Sobald es jedoch um die Frage geht, ob eine bestimmte Person etwa in der Lage ist (und die erforderlichen Fähigkeiten besitzt), Normen zu erkennen und zu befolgen, Handlungsfolgen abzuschätzen und in ihr Entscheiden und Tun einzubeziehen, wären solche Merkmale gerade irrelevant. Denn nimmt man die epiphänomenalistische Prämisse ernst, so wären allein noch physikalische beziehungsweise hier nun neurophysiologische Merkmale und Vorgänge maßgeblich dafür, welche Fähigkeiten und Kompetenzen Personen haben. Wie schon erwähnt, wären also auch hier wesentliche Merkmale, die wir mit dem Personsein verbinden, *rein physiologischer* Art. Die Frage, ob Personen Normen erkennen und befolgen können, ist also wiederum entscheidend, wenn es um die Verantwortungszuschreibung geht – oder allgemeiner, um die sozialen und gesellschaftlichen Kontexte, in denen Personen miteinander agieren. Sowohl die Verantwortungszuschreibung in juristischen Kontexten als auch die Befolgung sozial-gesellschaftlicher Übereinkünfte und Normen seitens von Personen setzt nämlich voraus, dass die Personen die fraglichen Übereinkünfte und Normen überhaupt erkennen und befolgen *können*.

Doch genau an dieser Stelle zeigt sich ein besonders schwerwiegendes Problem, wenn man von einer epiphänomenalistischen Prämisse und nicht nur von einer Naturalisierung bewusster mentaler Vorgänge ausgeht: Denn im Gegensatz zu Naturalisierungsversuchen des Geistigen, die bewusste, mentale Vorgänge einfach auf physiologische Vorgänge zurückführen, kann ein epiphänomenalistischer Ansatz nicht an einer wie auch immer gearteten kausalen Relevanz bewusster, mentaler Vorgänge festhalten. Damit aber werden nicht einfach nur die Kriterien für den Personenstatus in den Bereich des Physiologischen verschoben, sondern es wird sehr fraglich, auf welche Weise überhaupt noch von Verantwortungszuschreibung die Rede sein kann, wenn Personen mit ihren bewussten, mentalen Zuständen und Vorgängen ihr tatsächliches Verhalten in keiner Weise beeinflussen können. Kann man Personen für etwas verantwortlich machen, was sich der Kontrolle ihrer Bewusstseinsprozesse *vollständig* und aus *prinzipiellen* Gründen entzieht und stattdessen mehr oder weniger vollständig von nicht-bewussten Vorgängen und Faktoren bestimmt wird?

In der gegenwärtigen Diskussion werden in diesem Zusammenhang vor allem immer wieder die Folgen für das Rechtssystem thematisiert. Doch die Konsequenzen reichen bei genauer Betrachtung viel weiter: Denn auch gewöhnliche Kontexte in der Gesellschaft und soziale Praktiken, in denen Personen miteinander handeln, werden davon getragen, dass Personen einander wechselseitig bewusste Absichten und Ziele, Wünsche und Überzeugungen, Erwartungen und normgerechte Handlungsplanung zuschreiben, mit deren Hilfe die Personen dann auch entscheiden und handeln können. Die Grundlage vieler gesellschaftlicher Kontexte und sozialer Praktiken, in denen Personen miteinander zu tun haben, besteht in der Annahme, dass Personen ihr Entscheiden und Tun selbst – sozusagen intern – kontrollieren können. Und gerade diese Grundlage wird durch die epiphänomenalistische Ausgangsthese verworfen – mit der (mutmaßlichen) Folge, dass sich auch die entsprechenden sozialen Praktiken der Personen langfristig verändern werden. Soziale Praktiken, die darauf basieren, dass Personen ihr Verhalten durch Bewusstseinsvorgänge intern kontrollieren und steuern können, könnten aber womöglich solchen Praktiken weichen, die grundsätzlich von einem externen Ort der Kontrolle ausgehen.

5. Literaturhinweise

Weiterführende Aufsätze und Bücher, die die Thematik Ich, Selbst, Willensfreiheit und Herausforderungen der modernen Neurowissenschaften vertiefen:

Bennett, Max R. / Hacker, Peter M. S.: Philosophical Foundations of Neuroscience. Malden, Mass., 2005.

Bieri, Peter: Das Handwerk der Freiheit. Über die Entdeckung des eigenen Willens. München 2001.
Breidbach, Olaf: Die Materialisierung des Ichs. Frankfurt a. M. 1997.
Engels, Eve-Marie (Hrsg.): Neurowissenschaften und Menschenbild. Paderborn 2005.
Gallagher, Shaun / Shear, Jonathan (Hrsg.): Models of The Self. London 1999.
Newen, Albert / Vogeley, Kai (Hrsg.): Selbst und Gehirn. Menschliches Selbstbewußtsein und seine neurobiologischen Grundlagen. Paderborn 2000.
Pauen, Michael (Hrsg.): Neurowissenschaften und Philosophie – Eine Einführung. München 2001.
Reichertz, Jo / Zaboura, Nadja (Hrsg.): Akteur Gehirn oder das vermeintliche Ende des handelnden Subjekts. Wiesbaden 2006.
Sturma, Dieter (Hrsg.): Philosophie und Neurowissenschaft. Frankfurt a. M. 2006.
Walde, Bettina: Metaphysik des Bewusstseins. Paderborn 2002.
– Willensfreiheit und Hirnforschung – Das Freiheitsmodell des epistemischen Libertarismus. Paderborn 2006.

Referenzen zum Text:

Armstrong, David M.: A Materialist Theory of the Mind. New York 1968.
– The Nature of Mind. In: Borst, Clive Vernon (Hrsg.): The Mind-Brain Identity Theory. London 1970.
Bargh, John A. / Barndollar, Kimberly: Automaticity in action: The unconscious as repository of chronic goals and motives. In: Bargh, John / Gollwitzer, Peter (Hrsg.): The Psychology of Action. New York 1996.
Beckermann, Ansgar: Analytische Einführung in die Philosophie des Geistes. Berlin 1999.
Bieri, Peter (Hrsg.): Analytische Philosophie des Geistes. Bodenheim 1981.
Block, Ned: Troubles with functionalism. Perception and Cognition. Issues in the Foundations of Psychology. In: Minnesota Studies in the Philosophy of Science 9 (1978) S. 261–325.
– Inverted earth. In: Philosophical Perspectives 4 (1990) S. 53–79.
– / Fodor, Jerry: What psychological states are not. In: Philosophical Review 81 (1972) S. 159–181.

Brüntrup, Godehard: Das Leib-Seele-Problem. Eine Einführung. Stuttgart 1996.

Chalmers, David: The Conscious Mind. In Search of a Fundamental Theory. New York 1996.

Churchland, Paul M.: Matter and Consciousness. Cambridge, MA, 1984.

– Reduction, qualia, and the direct introspection of brain states. In: Journal of Philosophy 82 (1985) S. 8–28.

Claxton, G.: Whodunnit? In: Libet, Benjamin / Freeman, Anthony / Sutherland, Keith (Hrsg.): The Volitional Brain – Towards a Neuroscience of Free Will. Thorverton, UK, 1999.

Davidson, Donald: Mental events. In: Essays on Actions and Events. Oxford 1980.

Descartes, René: Meditationes de Prima Philosophia / Meditationen über die Erste Philosophie. Übers. und hrsg. von Gerhart Schmidt. Stuttgart 1986 [u. ö.].

– Principia Philosophiae 1996/1897ff. – Zit. nach: R. Descartes: Die Prinzipien der Philosophie. Übers. von H. Buchenau. Hamburg [8]1992.

Fodor, Jerry: Psychological Explanation. New York 1968.

Haggard, Patrick / Eimer, Marita: On the relation between brain potentials and the awareness of voluntary movements. In: Experimental Brain Research 126 (1999) S. 128–133.

Jackson, Frank: What Mary didn't know. In: The Journal of Philosophy 83 (1986) S. 291–295.

Kim, Jaegwon: Physicalism or Something Near Enough. Princeton 2005.

Kornhuber, Hans Helmut / Deecke, Lüder: Hirnpotentialänderungen bei Willkürbewegungen und passiven Bewegungen des Menschen. Bereitschaftspotential und reafferente Potentiale. In: Pflügers Arch 284 (1965) S. 1–17.

Kripke, Saul: Naming and necessity. In: Harman, Gilbert / Davidson, Donald (Hrsg.): Semantics of Natural Language. Dordrecht 1972.

Lewis, David: Psychophysical and theoretical identifications. In: Australasian Journal of Philosophy 50 (1972) S. 249–258.

Libet, Benjamin: Unconscious cerebral initiative and the role of conscious will in voluntary action. In: The Behavioral and Brain Sciences 8 (1985) S. 529–539.

Locke, John: An Essay Concerning Human Understanding (1690). Hrsg. von P. H. Nidditch. Oxford 1990.

Metzinger, Thomas: Being No One. Cambridge, MA, 2003.
Nida-Rümelin, Martine: Pseudonormal vision: An actual case of qualia inversion? In: Philosophical Studies 82 (1996) S. 145–157.
Place, Ullin T.: Is consciousness a brain process? In: British Journal of Psychology 47 (1956) S. 44–50.
Pockett, Susan: Does consciousness cause behaviour? In: Journal of Consciousness Studies 11 (2004) S. 23–40.
– (Hrsg.): Does Consciousness Cause Behavior? Cambridge, MA, 2006.
Prinz, Wolfgang: Explaining voluntary action: The role of mental content. In: Carrier, Martin / Machamer, Peter K. (Hrsg.): Mindscapes. Philosophy, Science, and the Mind. Konstanz 1997.
Putnam, Hilary: Minds and machines. In: Hook, Sidney (Hrsg.): Dimensions of Mind. New York 1960.
– The mental life of some machines. In: Castaneda, Hector-Neri (Hrsg.): Intentionality, Mind, and Perception. Detroit 1967.
Roth, Gerhard: Wir sind determiniert. Die Hirnforschung befreit von Illusionen. In: Geyer, Christian (Hrsg.): Hirnforschung und Willensfreiheit. Frankfurt a. M. 2004.
Russell, Bertrand: The Analysis of Mind. Nachdr. der Ausg. von 1921. Virginia 2003.
Ryle, Gilbert: The Concept of Mind. London 1949.
Schütte, Michael: Reduktion ohne Erklärung. Phänomenale Eigenschaften aus der Perspektive des Aposteriori-Physikalismus. Paderborn 2004.
Singer, Wolf: Verschaltungen legen uns fest: Wir sollten aufhören, von Freiheit zu sprechen. In: Geyer, Christiane (Hrsg.): Hirnforschung und Willensfreiheit. Frankfurt a. M. 2004.
Skinner, Burrhus Frederick: Science and Human Behavior. New York 1953.
– Verbal Behavior. New York 1957.
Smart, John Jamieson Carswell: Sensations and Brain Processes. In: Philosophical Review 68 (1959) S. 141–156.
– The Identity Thesis. In: Australasian Journal of Philosophy 43 (1965) S. 82–83.
– Materialism. In: Borst, Clive Vernon (Hrsg.): The Mind-Brain Identity Theory. London 1970.
Watson, John B.: The Ways of Behaviorism. New York 1928.
– Behaviorism. Chicago 1930.

Wegner, Daniel M.: The Illusion of Conscious Will. Cambridge, MA, 2002.
– / Wheatley, Thalia: Apparent mental causation: Sources of the experience of will. American Psychologist 54 (1999) S. 480–491.
Wendt-Kürschner, Juliane / Goschke, Thomas: Unconscious priming of effect anticipations modulates »free« choices between actions. (In Vorb.)

II. Naturalisierung der Ethik

Das Böse – Eine Theoriegeschichte

Von Friedrich Hermanni

Für Thomas Buchheim
zum 50. Geburtstag

1. Einführung

»Es fallen also übern haufen alle Kobolds [und] Poltergeister [...], alle Zauber- und Hexengeschichten, Verschwörung mit den Teufeln«, notiert Johann Gottfried Herder (1744–1803) in Kants Pneumatologievorlesung.[1] Der Teufel und seine höllischen Gesellen waren der Aufklärung nicht mehr heilig. Der außermenschlich Böse wurde seiner Existenz beraubt und stattdessen als »das Böse« in die menschliche Natur verlegt. »Den Bösen sind sie los, das Böse ist geblieben«,[2] fasst Georg Wilhelm Friedrich Hegel (1770–1831) diese Entwicklung zusammen. Ist es geblieben? In der vollends aufgeklärten Welt schien selbst für »das Böse« kein Platz mehr zu sein. Seit dem 19. Jahrhundert bringen die Humanwissenschaften das Böse zum Verschwinden, indem sie es milieu- oder triebtheoretisch auf Faktoren zurückführen, die das einzelne Subjekt nicht mehr zu verantworten hat. Der Theodizee ging es nicht besser. Bereits 1791 konstatiert Immanuel Kant (1724–1804) das Scheitern aller Theodizeeversuche, und spätestens seit Arthur Schopenhauer (1788–1860) scheinen Theodizeen als »wahrhaft *ruchlose* Denkungsart [...], als ein bitterer Hohn über die namenlosen Leiden

1 *Kant's gesammelte Schriften*, hrsg. von der Deutschen Akademie der Wissenschaften zu Berlin, Bd. 28, Abt. IV: *Vorlesungen*, Bd. 5: *Vorlesungen über Metaphysik und Rationaltheologie*, Erste Hälfte, Berlin 1968, S. 148 f.

2 G. W. F. Hegel, *Werke in zwanzig Bänden*, Redaktion: E. Moldenhauer, K. M. Michel, Frankfurt a. M. 1969–71, hier: Bd. 8, S. 16.

der Menschheit«[3] auch moralisch diskreditiert zu sein. Der übeltheoretische Ertrag von Aufklärung und Moderne war: Theodizee gescheitert, der Böse tot und das Böse wissenschaftlich so erfolgreich begraben und vergessen, dass in Ritters *Historischem Wörterbuch der Philosophie* ein Artikel »Böses« fehlt – eine Panne, die Odo Marquard (geb. 1928) jenem neuzeitlich entwirklichten Teufel zuschreibt, der – ins Detail verflüchtigt – dort sein Unwesen treibt.[4]

Indes: Totgesagte leben länger. Seit einigen Jahren jedenfalls stößt das Böse erneut auf reges Interesse. Welche Gründe könnten dafür verantwortlich sein, und wie sind sie zu bewerten? Handelt es sich um eine notwendige theoretische Bewältigung der neuerlichen Barbarisierung unserer Kultur, der Ethnisierung der Politik und des Wiedereintritts in jene blutige Geschichte, die lange zwischen den Machtblöcken eingefroren war? Oder dient das Böse lediglich als ästhetisches Reizmittel für ein übersättigtes, gelangweiltes Bewusstsein, das sich von realen Vorgängen nicht behelligen lässt? Kehrt die Frage nach dem Bösen deshalb zurück, weil sie mit einer kritischen Theorie sozialer Repressionen nicht mehr befriedigend zu beantworten und das Erklärungspotential der Gesellschaftstheorie erschöpft ist? Wird das Problem des Bösen erneut dringlich, weil der Optimismus der Aufklärung erschüttert ist, die das Böse nur als Abstoßungspunkt des Fortschritts lokalisierte, als Folge ihrer hochfliegenden Projekte aber verdrängte? Beweist die bleibende Penetranz des Bösen damit den endgültigen Bankrott von Aufklärung und Moderne, oder nötigt sie zur Neubegründung einer über sich selbst und ihre Grenzen aufgeklärten Aufklärung?

3 A. Schopenhauer, *Die Welt als Wille und Vorstellung*, nach der Edition von A. Hübscher hrsg. von H. G. Ingenkamp, Stuttgart 1987 [u. ö.], Bd. 1, S. 460.

4 Vgl. O. Marquard, Artikel »Malum I. Einführung und Überblick«, in: *Historisches Wörterbuch der Philosophie*, Bd. 5, Darmstadt 1980, S. 652–656, hier: S. 654.

Fragen nach dem Bösen können sich in verschiedene Richtungen wenden: Sie können sich erstens auf den Begriff und die Seinsart des Bösen beziehen, zweitens auf seine Herkunft und Überwindung und drittens auf den Zweck des Bösen im Ganzen des Seienden sowie auf sein Verhältnis zum Grund des Seienden. Nun ist die begriffliche und ontologische Frage offenkundig fundamentaler als die nach Ursprung und Zweck des Bösen. Denn auf die Herkunft bezogene, genealogische und auf den Zielpunkt bezogene, teleologische Fragen setzen ein mehr oder minder geklärtes Vorverständnis von dem voraus, was etwas ist. Die folgenden Überlegungen werden sich deshalb vor allem, wenn auch nicht ausschließlich, mit der begrifflich-ontologischen Frage befassen, die möglichen Antworten auf diese Frage unterscheiden und ihre Plausibilität kritisch prüfen.

Welche Antworten aber wurden gegeben? Wilhelm Busch beschließt seine satirische Bildergeschichte *Die Fromme Helene* mit dem launigen Vers: »Das Gute – dieser Satz steht fest – / ist stets das Böse, was man lässt!«[5] Um jenen Spießer zu karikieren, der sich für gut hält, weil er nichts und deshalb auch nichts Böses tut, verkehrt Busch die klassische Definition des Bösen als Mangel des Guten in ihr gereimtes Gegenteil. Diese Umkehrung hatte bereits Schopenhauer vorgenommen, ziemlich ungereimt freilich und mit bitterem Ernst. In der schlechtesten aller möglichen Welten ist das Gute, meint Schopenhauer, nichts anderes als eine Absenz des Bösen. Schopenhauer steht am Ende der abendländischen Theoriegeschichte, in der im Wesentlichen vier Deutungen des Bösen entwickelt wurden. Die *erste* Deutung versteht das Böse als Beraubung (Privation) des Guten, als Fehlen von Bestimmungen, die ein Seiendes besitzen sollte. Für diese Privations-

5 W. Busch, *Die Fromme Helene* (1872), in: Ders., *Wie wohl ist dem, der dann und wann sich etwas Schönes dichten kann*, hrsg. von G. Ueding, Stuttgart 1988, S. 221.

lehre, die Augustin (354–430) ausgearbeitet hat und die über weit mehr als ein Jahrtausend bestimmend blieb, ist das Böse zwar keine selbständige, für sich bestehende Wirklichkeit, gleichwohl aber in dem Sinne wirklich, in dem Schädigung und Zerstörung wirklich sind. Die *zweite* Theorie dagegen behauptet, in Wahrheit gebe es gar nichts Böses und die Rede vom Bösen beruhe auf einer irrigen Betrachtungsweise der Dinge. Diese Deutung wird neuzeitlich ausdrücklich von Baruch de Spinoza (1632–1677), der Sache nach aber auch von Gottfried Wilhelm Leibniz (1646–1716) vertreten. Im Gegenzug zu ihr entwickeln Immanuel Kant und Friedrich Wilhelm Schelling (1775–1854) eine *dritte*, und, wie ich meine, überzeugende Theorie, die das Böse als eine eigene und mit dem Guten konkurrierende Realität versteht. Für die *vierte*, von Schopenhauer vertretene Deutung schließlich stellt das Böse die einzige Realität und das Gute nur dessen zeitweilige Abwesenheit dar. Mit diesen Deutungen des Bösen werden sich die ersten vier Abschnitte der folgenden Überlegungen befassen. Ein fünfter und abschließender Abschnitt behandelt die moderne Entmoralisierung und Ästhetisierung des Bösen.

2. Das Böse als Beraubung des Guten

Im Artikel »Manichäer« seines *Historischen und Kritischen Wörterbuchs* hat der französische Skeptiker Pierre Bayle (1647–1706) behauptet, das Böse sei »nicht weniger ein wirkliches Wesen als die Gütigkeit«.[6] Derjenige, der nicht zur göttlichen Offenbarung Zuflucht nimmt, könne deshalb schwerlich der Versuchung widerstehen, manichä-

6 P. Bayle, Artikel »Manichäer«, in: Ders., *Historisches und Critisches Wörterbuch*, nach der neuesten Aufl. von 1740 ins Deutsche übers.; mit Anm. von M. Veyssiere la Croze und anderen von J. Chr. Gottsched, Bd. 3, Hildesheim / New York 1977, S. 304–311, hier: S. 308.

isch zu denken und zwei Weltursprünge, einen guten und einen bösen Gott, anzunehmen. Aus diesem Grunde sei es »ein Glück gewesen, dass der heil. Augustin, welcher alle Kunstgriffe der Disputierkunst so wohl verstand, den Manichäismus verlassen hat; denn er wäre vermögend gewesen, die gröbsten Irrtümer davon abzusondern und übrigens ein Lehrgebäude aufzuführen, welches unter seinen Händen den Rechtgläubigen viel zu schaffen gemacht hätte.«[7] Was Bayle als bloßen Glücksfall betrachtet, ist nach Augustins Selbstverständnis das Ergebnis vernünftiger Einsicht, denn er ist weit entfernt, Bayles Lehre der doppelten Wahrheit von Vernunft und Offenbarung zu teilen. Der Argumentationsweg, auf dem Augustin zu der antimanichäischen Überzeugung gelangte, dass das Böse kein eigenes Wesen bildet und dass deshalb alle endlichen Wesen gut und von Gott geschaffen sind, ist der folgende:

(1) Nach Augustin führen die Manichäer das Böse in der Welt deshalb auf ein dem guten Gott entgegengesetztes böses Urprinzip zurück, weil sie die Frage nach Begriff und Seinsart des Bösen überspringen und dessen Substantialität fraglos voraussetzen. Statt unmittelbar nach dem Ursprung des Bösen zu suchen, sollten sie sich zunächst die Vorfrage stellen, in welcher Bedeutung sie den Ausdruck »böse« verwenden. Täten sie das, dann würden sie nach Augustin folgende Auskünfte geben: Sie würden erstens sagen, »dass für jede Gattung dasjenige das Böse ist, was gegen deren Natur ist«.[8] Zweitens würden sie das Böse als das definieren, »was schadet«.[9] Da nun das Naturwidrige und Schädliche für jede Sache die Verderbnis ist, würden sie auf die Frage, was das Böse ist, drittens

7 Ebd., S. 304 (Anpassung an die heutige Schreibweise).

8 Augustin, *De moribus ecclesiae catholicae et de moribus Manichaeorum libri duo*, in: *Sancti Aureli Augustini Opera* 6/7 (= *Opera*), hrsg. von J. B. Bauer (CSEL 90), Wien 1992 (= *de mor. eccl. cath.*), II 2,2; vgl. *De vera religione*, in: *Opera* 6/5, hrsg. von G. M. Green (CSEL 77), Wien 1961 (= *de vera rel.*), 23, 44.

9 *De mor. eccl. cath.* II 3,5.

antworten: Es ist nichts anderes als »Verderbnis«.[10] Augustin hält diese Definitionen offenbar deshalb für überzeugend, weil sie ein Verständnis des Bösen ausdrücken, das an keine bestimmte Metaphysik gebunden und zwischen Platonikern, Stoikern, Christen und Manichäern unstrittig ist. Während die erste Definition dem stoischen Grundsatz entspricht, böse sei das, was gegen die Natur des Handelnden verstößt, gehen die zweite und dritte bis auf Platon zurück. Die sokratische These, niemand könne wissentlich das Böse wollen, folgt im *Menon* aus der Prämisse, dass das Böse »dem schadet, der es hat«,[11] und in der *Politeia* wird das Böse als das definiert, »was vernichtet und zerstört«.[12]

Die Bestimmung des Bösen als Privation ergibt sich bei Augustin mühelos aus dem Bisherigen. Da dasjenige, was eine Natur schädigt und verdirbt, der betreffenden Natur offenbar ein Gutes wegnimmt – denn nichts anderes bedeutet es, zu schaden oder zu verderben[13] –, ist das Böse eine Beraubung des Guten.[14]

(2) Nachdem Augustin im ersten Schritt das spätantik allseits geteilte Verständnis des Bösen als Schädigung und Verderbnis herausgearbeitet hat, erhebt er im zweiten Schritt den ontologischen Status des Bösen, der damit verbunden ist: Das Böse hat keinen substantiellen, sondern einen parasitären Charakter. Wenn die Schädigung oder

10 Ebd., II 5,7.

11 Platon, *Menon* 77d, übers. nach Platon, *Menon*, griech.-dt., hrsg. von M. Kranz, Stuttgart 1994, S. 25.

12 *Politeia* 608e, übers. nach Platon, *Der Staat*, hrsg. von Karl Vretska, Stuttgart 1982, S. 451.

13 Vgl. Augustin, *de mor. eccl. cath.* II 3,5; *De libero arbitrio libri tres*, hrsg. von W. M. Green, in: *Opera* 2/2 (CCL 29), Turnhout 1970 (= *de lib. arb.*), III 13,36; *Enchiridion ad Laurentium de fide et spe et caritate*, in: *Opera* 13/2, hrsg. von E. Evans (CCL 46), Turnhout 1969 (= *Enchir.*), 4,12.

14 Vgl. *De diversis quaestionibus octoginta tribus*, in: *Opera* 13/2, hrsg. von A. Mutzenbecher (CCL 44 A), Turnhout 1975 (= *de div. quaest.*), c. 6; *Confessionum libri XIII*, in: *Opera* 1/1, hrsg. von P. Knöll (CSEL 33), Prag [u. a.] 1896 (= *Conf.*), III 7,12 und VII 12,18.

Verderbnis einer Natur oder Substanz schlecht ist, dann kann das Schlechte keine Substanz sein.[15] Denn Verderbnis ist keine für sich bestehende Entität, sie ist entweder die Verderbnis von etwas, oder sie *ist* überhaupt nicht.[16] Nach Augustin ist das Sein des Bösen stets ein Sein-An-Etwas, und darin unterscheidet sich seine Sichtweise sowohl von den Manichäern wie von Plotin.

(3) Aus der privationstheoretischen Bestimmung des Bösen gewinnt Augustin seine Deutung des Seienden. Die Tatsache, dass Seiendes als Seiendes gut ist, dient bei ihm nicht zur Begründung für die Bestimmung des Bösen als Beraubung und Verderbnis, sondern folgt allererst aus ihr. Sein ständig wiederholtes Standardargument lautet: Das Böse ist dasjenige, was eine Natur, ein Seiendes, schädigt oder verdirbt. Schaden heißt, der betreffenden Natur etwas Gutes zu rauben. Nun kann nur dasjenige, was gut ist, des Guten beraubt werden. Folglich ist das Seiende, dem Gutes weggenommen werden kann, als solches gut.[17]

(4) Wenn aber das Seiende als solches gut ist und wenn ferner alles Gute entweder Gott ist oder von Gott kommt, dann ist Gott, so folgert Augustin, der Urheber von allem, was außer ihm ist, sofern es denn überhaupt ist. Die Lehre von Gott als Ursache alles endlich Seienden ist bei Augustin abhängig vom optimistischen Seinsverständnis, das sich seinerseits aus der Ontologie des Bösen ergibt. Dies zeigt schon ein Blick auf Augustins geistige Entwicklung. Solange er mit den Manichäern an der Substantialität des Bösen festhielt, bestritt er, dass ausnahmslos jedes endlich Seiende gut und von Gott ist. Nach seiner Abwendung vom Manichäismus aber setzt er

15 Vgl. *de mor. eccl. cath.* II 2,2; II 5,7.

16 Vgl. *Enchir.* 4,12 und *De civitate Dei libri XXII*, in: *Opera* 5/1 und 2, hrsg. von E. Hoffmann (CSEL 40), Prag [u. a.] 1899 und 1900 (= *de civ. Dei*), XIV, 11.

17 Vgl. *de mor. eccl. cath.* II 5, 7; *de vera rel.* 19, 37; *de lib. arb.* III 13, 36; *Conf.* VII 12, 18; *De natura boni liber*, in: *Opera* 6/2, hrsg. von J. Zycha (CSEL 25/2), Prag [u. a.] 1892 (= *de nat. boni*), 6 und 15; *de civ. Dei* XII, 3.

den Schöpfungsglauben nicht dogmatisch voraus, sondern begründet ihn stets in folgender Weise: »Weil also alles Gute, ob groß oder klein, auf allen beliebigen Seinsstufen nur von Gott sein kann, jede Natur aber, insofern sie Natur ist, gut ist, kann jede Natur nur vom höchsten und wahren Gott sein.«[18] Der Obersatz dieses Schlusses wird bei Augustin nicht näher begründet, weil dieser Satz in der Diskussion zwischen Manichäismus und Christentum unstrittig ist.[19] Dagegen bestreiten die Manichäer den Untersatz, da sie das Böse als ein selbständig Seiendes betrachten. Zu ihrer Widerlegung beruft sich Augustin auf die auch von diesen geteilte Bestimmung des Bösen als Verderbnis und Beraubung, aus der sich aber, wie wir sahen, der antimanichäische Untersatz ergibt, dass alles Seiende als solches gut ist.

Wenn nun ein guter Gott der Ursprung alles endlich Seienden ist, woher kommt das Böse? Als Frage nach dem Grund der Wirklichkeit des Bösen ist diese Frage nach Augustin unbeantwortbar. Denn jeder angegebene Grund wäre seinerseits böse, so dass sich dieselbe Frage erneut einstellen würde. Da das Böse sich selbst voraussetzt, hat seine Entstehung für Augustin den Charakter eines unerforschlichen, unhintergehbar faktischen Einbruchs in die Welt. In diesem Sinne stellt Søren Kierkegaard (1813–1855) später fest: »Die Sünde kam durch eine Sünde in die Welt. [...] Die Sünde kommt als das Plötzliche herein, d. h. durch den Sprung«.[20] Trotz der Unerklärbarkeit der Wirklichkeit lässt sich nach Augustin aber sehr wohl der Grund der Möglichkeit des Bösen angeben. Endlich Seiendes kann deshalb schlecht oder böse werden, weil es nicht in unwandelbarer Weise gut ist. Zwar ist es gut, als

18 *De nat. boni* 1; vgl. auch 12f. und 19 sowie *de vera rel.* 18,35f.; *de lib. arb.* II 20,54.

19 Vgl. *De nat. boni* 2 und 12.

20 S. Kierkegaard, *Der Begriff Angst*, übers. von G. Perlet, hrsg. von U. Eichler, Stuttgart 1992, S. 38f.

Geschaffenes aber stellt es ein vom höchsten Gut unterschiedenes, wandelbares Gut dar, das vermindert werden kann. Die Möglichkeit des Bösen gründet darin, dass endliche Dinge nicht aus Gott und wie Gott sind, sondern von Gott aus nichts geschaffen wurden.[21]

Eine erfolgversprechende Kritik der augustinischen Privationslehre kann nicht bei den vermeintlichen ontotheologischen Prämissen dieser Lehre ansetzen. Sie muss sich vielmehr, da die augustinische Ontotheologie auf der privationstheoretischen Bestimmung des Bösen beruht, direkt auf diese Bestimmung beziehen, die Augustin für unmittelbar evident hält, weil sie zwischen Manichäismus, Neuplatonismus und christlicher Theologie unstrittig ist. Die entscheidende Frage lautet: Ist es phänomenologisch angemessen, das Böse als Beraubung von seinsollenden Bestimmungen an einem Seienden zu verstehen?

3. Das Böse als Irreales

a) *Die Radikalisierung der klassischen Privationslehre (Leibniz)*[22]

Auch nach Leibniz ist Gott nicht die Ursache des Bösen, obgleich er die einzige Ursache aller endlichen Realität ist. Er versucht dies nachzuweisen, indem er zunächst (1) die Frage beantwortet, was das Böse ist, um dann (2) zu bestimmen, woher es kommt.

21 Vgl. *de vera rel.* 18,35; 19,37; *de div. quaest.* 4; *de nat. boni* 1 und 10; *de civ. Dei* XII,1; XIV,11 und 13.

22 Leibniz wird zitiert nach *Die philosophischen Schriften von Gottfried Wilhelm Leibniz*, hrsg. von C. I. Gerhardt, 7 Bde., Hildesheim / New York 1978. Damit die Stellen, auf die ich mich beziehe, auch in anderen Leibnizausgaben leicht zu finden sind, gebe ich bei allen Leibniztexten, die in Paragraphen gegliedert sind, die Paragraphennummern an.

(1) Leibniz versteht das Malum im Allgemeinen als eine Privation des Guten oder der Vollkommenheit[23] und das moralisch Böse im Besonderen als jenen Typ von Vollkommenheitsmangel, der bei Handlungen vernunftbegabter und geschaffener Wesen auftreten kann. Da Wille und Verstand Bedingungen jeder moralisch bewertbaren Handlung sind,[24] besteht das Böse in dem Vollkommenheitsmangel des Willens- und Verstandesakts, durch den die betreffende Handlung konstituiert wird. Wie hat man sich diese Willens- und Verstandesprivation näherhin vorzustellen? Nach Leibniz ist der Wille dem zugeneigt, was ihm gut erscheint, und unter den verschiedenen Gütern wählt er stets das, was sich ihm als das Beste darbietet.[25] Wenn nun eine durch den Schein getäuschte Vorstellung dem Willen beim Vergleich der Handlungsalternativen ein geringeres Gut als höheres oder ein größeres Übel als kleineres darstellt und der Wille dieses vermeintlich Bessere ergreift, kommt es zum Bösen. Unmittelbar besteht das Böse demnach zwar in einer »Hemmung alles ferneren Strebens«[26], d. h. in einer Privation des Willens, der sich auf niedrigere Güter beschränkt, anstatt zu höheren und wahren Gütern fortzuschreiten. Zuallererst aber ist es in einer Privation des Verstandes zu suchen, durch die die Willensprivation stets bedingt ist. Mangelhaftes Wollen ist nämlich nur möglich, weil beim Menschen die deutliche Erkenntnis durch verworrene, aus der Sinnlichkeit stam-

23 Vgl. G. W. Leibniz, *Essais de Théodicée sur la Bonté de Dieu, la Liberté de l'Homme et l'Origine du Mal* (= *Théodicée*), §§ 8, 20, 29 f., 32; *Causa Dei asserta per Justitiam ejus, cum caeteris ejus Perfectionibus, cunctisque Actionibus conciliatam* (= *Causa Dei*), § 67.

24 Vgl. *Causa Dei*, § 98.

25 Vgl. G. W. Leibniz, *Confessio philosophi – Das Glaubensbekenntnis des Philosophen. Ein Dialog*, krit. Ausg. mit Einleitung, Übers., Kommentar von O. Saame, Frankfurt a. M. ²1994 (= *Confessio philosophi*), S. 54, 64, 78 und 80; *Discours de Métaphysique*, § 30; *Théodicée*, §§ 45, 51, 154, 282, 288 f., 325.

26 *Théodicée*, § 33, übers. nach G. W. Leibniz, *Die Theodizee*, übers. von A. Buchenau, Hamburg ²1968.

mende Vorstellungen getrübt ist.[27] Dies Wollen tritt ein, sooft die objektive Rangordnung zwischen den zur Wahl stehenden Gütern verkannt wird. Das Wesen des Bösen besteht für Leibniz somit nicht eigentlich in einem Mangel des Willens, sondern des Verstandes. Denn der Wille, der stets auf das Beste gerichtet ist, erstrebt nie das Böse *als* Böses.[28] Entschließt er sich zu Bösem, »so geschieht es unabsichtlich, da das Böse unter der Hülle des Guten verborgen und gleichsam maskiert ist.«[29]

(2) Aufgrund dieser Wesensbestimmung kann Leibniz die Frage nach dem letzten Ursprung des Bösen in einer Gott entlastenden Weise beantworten. Als bloße Privation kreatürlicher Willens- und Verstandesakte hat das Böse keine bewirkende, sondern nur eine versagende Ursache.[30] Nun ist aber das Schöpfungshandeln Gottes eine bewirkende Ursache[31] und kann folglich nicht als letzter Ursprung des Bösen gelten. Statt aus der göttlichen Wirksamkeit entspringt das Böse aus »der ursprünglichen Beschränktheit der Geschöpfe, die sie schon im Zustand der reinen Möglichkeit [...] ihrem Wesen nach besitzen«.[32] Denn zum Begriff jeder von Gott unterschiedenen Substanz gehört notwendig, dass ihre Vollkommenheiten begrenzt sind. Andernfalls fiele sie nämlich aufgrund des Prinzips der Identität des Ununterscheidbaren mit Gott, der alle Vollkommenheiten im höchsten Grad besitzt, zusammen. Diese wesentliche, im Begriff vernünftiger Kreaturen enthaltene Unvollkommenheit ihres Willens und Verstandes ist die versagende Ursache, die das Schöpfungshandeln Gottes, das auf die Verwirklichung der größtmöglichen Vollkommenheit zielt, be-

27 Vgl. *ebd.*, §§ 289, 310, 319.
28 Vgl. *Confessio philosophi*, S. 76.
29 *Théodicée*, § 154, übers. nach A. Buchenau.
30 Vgl. *ebd.*, §§ 20, 33.
31 Vgl. *ebd.*, §§ 29–31, 377; *Causa Dei*, § 69; *Monadologie*, § 42.
32 *Causa Dei*, § 69; vgl. *Discours de Métaphysique*, § 30; *Théodicée*, §§ 31, 156, 288, 377, 380 f.; *Monadologie*, §§ 42, 47.

schränkt[33] und für das Böse in letzter Instanz »verantwortlich« ist. Die letzte Quelle des Bösen ist nach Leibniz also nicht im göttlichen Willen, sondern in der logisch notwendigen idealen Natur der Geschöpfe zu suchen.

Durch diese Ursprungsbestimmung des Bösen radikalisiert Leibniz die klassische Privationslehre. Zwar bestimmten auch Augustin und die mittelalterliche Philosophie das Schlechte als Beraubung (Privation) des Guten, aber sie unterschieden strikt zwischen Privation und bloßer Negation. Für Anselm von Canterbury und Thomas von Aquin ist das Schlechte nicht die einfache Abwesenheit, die bloße Negation eines Guten, sondern das Fehlen von etwas, was einem Gegenstand eigentlich zukommen sollte, also eine Privation. Die Blindheit eines Maulwurfs ist anders als die eines Menschen eine bloße Negation, keine Privation und deshalb auch kein Übel. Denn es gehört zwar zu der Natur des Menschen, nicht aber zu der des Maulwurfs, sehen zu können. Als bloße Negation wird in der mittelalterlichen Philosophie das Fehlen einer Bestimmung bezeichnet, die gar nicht zum Begriff eines Seienden gehört, mit Privation dagegen der Mangel einer Eigenschaft, die im Wesen eines Seienden begründet ist und durch deren Fehlen seinem Wesen Abbruch geschieht.[34]

Gemessen an dieser mittelalterlichen Unterscheidung vertritt Leibniz eine Negationstheorie. Denn er führt den Mangel des Erkennens und Wollens, in dem das Böse bestehen soll, auf die ursprüngliche Beschränktheit des Verstandes und Willens zurück, die notwendigerweise zum Begriff jeder von Gott unterschiedenen vernünftigen Substanz gehört. Folglich bleibt die vernünftige Substanz beim Bösen nicht hinter ihrem Begriff zurück, sondern sie

33 Vgl. *Théodicée*, § 380.

34 Vgl. Thomas von Aquin, *Summa Theologiae*, 5 Bde., Madrid ³1961–65 (= *STh*), I, q. 48, a. 2, ad 1; a. 3, c; a. 5, ad 1.

entspricht ihm. Dadurch aber wird der Begriff des Bösen zerstört. Denn um eine Handlung sinnvollerweise böse nennen zu können, muss man sie als etwas verstehen, das eigentlich nicht sein soll, als eine Wirklichkeit also, in der der Handelnde von seinem Wesen abweicht. Gerade dies aber ist im Rahmen der Leibniz'schen Konzeption ausgeschlossen. Leibniz fehlt also der Maßstab, um ein Böses als solches identifizieren zu können. Folglich müsste er das Böse leugnen und die Rede vom Bösen auf eine inadäquate Betrachtungsweise der Dinge zurückführen. Diese Konsequenz, vor der Leibniz offenbar zurückschreckt, wird von Spinoza ausdrücklich gezogen.

b) *Die Leugnung des Bösen (Spinoza)*

Anders als Leibniz unterscheidet Spinoza präzise zwischen Privation und bloßer Negation. Eine bloße Negation liegt dann vor, wenn einem Ding eine Eigenschaft fehlt, die nicht zu seiner Natur gehört, eine Privation dagegen, wenn die fehlende Eigenschaft zu seiner Natur gehört.[35] Nach Spinoza ist nun das, was man üblicherweise als Privation und damit als Übel beurteilt, in Wirklichkeit

35 Vgl. B. de Spinoza, *Briefwechsel*, Übers. und Anm. von C. Gebhardt, hrsg., mit Einleitung, Anhang und erw. Bibliographie von M. Walther, Hamburg [3]1986, 21. Brief, in: B. de Spinoza, *Sämtliche Werke in sieben Bänden und einem Ergänzungsband*, in Verb. mit O. Baensch und A. Buchenau hrsg. und mit Einleitungen, Anmerkungen und Registern versehen von C. Gebhardt (= *SW*), Bd. 6, S. 108. Im folgenden werden außerdem zitiert B. de Spinoza, *Kurze Abhandlung von Gott, dem Menschen und seinem Glück*, hrsg. von C. Gebhardt, Nachdruck der 4. Aufl., Hamburg 1965, *SW* 1 (= *Kurze Abhandlung*); B. de Spinoza, *Die Ethik nach geometrischer Methode dargestellt*, Übers., Anm. und Register von O. Baensch, Einleitung von R. Schottlaender, Nachdr. der 2. Aufl., Hamburg 1976, *SW* 2 (= *Ethik*); B. de Spinoza, *Descartes' Prinzipien der Philosophie auf geometrische Weise begründet, mit dem »Anhang, enthaltend metaphysische Gedanken«*, Übers. von A. Buchenau, Einleitung und Anm. von W. Bartuschat, Hamburg [6]1987, *SW* 4 (= *Descartes' Prinzipien*).

eine bloße Negation und deshalb gar nichts Schlechtes. Den Dingen fehlen nie Bestimmungen, die sie eigentlich haben sollten, sondern wir stellen uns dies aufgrund einer unangemessenen Betrachtung der Dinge lediglich so vor. Privation ist nach Spinoza »bloß ein Gedankenvorgang oder ein Modus des Denkens«.[36] Dass wir fälschlicherweise glauben, Dingen würden Eigenschaften fehlen, die sie aufgrund ihrer Natur eigentlich besitzen sollten, beruht darauf, dass wir Einzeldinge am Maßstab von Allgemeinbegriffen oder Gattungsidealen beurteilen, die wir erst im Nachhinein konstruiert haben. Zunächst bildet sich der menschliche Verstand ein Gattungsideal oder Musterbild, in das er alle positiven Bestimmungen aufnimmt, die er an den verschiedenen Einzeldingen derselben Gattung vorfindet.[37] Im zweiten Schritt verdinglicht er diese subjektiven Musterbilder zu objektiven Zweckursachen und nimmt irrtümlicherweise an, Gott sei bei der Hervorbringung der Einzeldinge durch diese Musterbilder bestimmt worden. Dabei überträgt er ungerechtfertigterweise die Zweckorientierung menschlichen Handelns auf die Wirklichkeit insgesamt und auf Gott als den Grund der Wirklichkeit.[38] Schließlich vergleicht der menschliche Verstand die wirklichen Dinge mit den Musterbildern. Stellt er dabei fest, dass den Einzeldingen Bestimmungen fehlen, die zum Musterbild gehören, glaubt er, sie seien dieser Bestimmungen beraubt, und nennt diese Beraubungen »etwas Schlechtes«.[39]

Diese Betrachtungsweise von Dingen und Handlungen, die sie mit Urbildern vergleicht, an ihnen Privationen feststellt und sie deshalb als schlecht oder böse bewertet, ent-

36 *Briefwechsel*, 21. Brief (*SW* 6, S. 107).

37 Vgl. *Kurze Abhandlung* I, Kap. 6, Abschnitt 7 (*SW* 1, S. 48); 19. Brief (*SW* 6, S. 81).

38 Vgl. *Ethik* IV, Vorrede (*SW* 2, S. 187); *Ethik* I, Anhang (*SW* 2, S. 40ff.).

39 Vgl. *Kurze Abhandlung* I, Kap. 6, Abschnitt 7–9 (*SW* 1, S. 48f.); *Ethik* IV, Vorrede (*SW* 2, S. 187).

springt nach Spinoza aus der Unkenntnis der wahren Ursachen der Dinge und Handlungen. Gott wird nämlich bei der Hervorbringung der Dinge nicht von Musterbildern als Zweckursachen bestimmt. Denn allgemeine Gattungsbegriffe und Gattungsideale sind nach Spinoza keine Inhalte des göttlichen Verstandes, sondern nur Konstrukte, die der menschliche Verstand zum »besseren *Behalten, Erläutern* und *Vorstellen*«[40] der Einzeldinge bildet. Zudem handelt Gott überhaupt nicht nach Zwecken, denn würde er das tun, dann würde er etwas erstreben, was ihm fehlt, und wäre unvollkommen.[41]

Aus der Vollkommenheit Gottes ergibt sich vielmehr, meint Spinoza, dass die Existenz und das Wesen jedes Dinges von Gott mit Notwendigkeit hervorgebracht werden.[42] Zum Wesen oder zur Natur eines Dings gehört deshalb nichts anderes als das, was notwendigerweise aus der göttlichen Wirkursache folgt.[43] Die »Natur keines Dinges kann außer dem, was Gottes Wille ihm hat verleihen wollen, noch etwas von Gott verlangen; noch gehört etwas weiteres zu dem Dinge, da vor Gottes Willen nichts vorher existiert hat, noch überhaupt vorgestellt werden kann«.[44] Bestimmungen, die einem Ding fehlen, gehören also nicht zur Natur des Dings und sind folglich keine Beraubungen, sondern bloße Negationen und daher gar nichts Schlechtes.

Spinoza hat diesen Grundgedanken auf alle Sorten von Übeln angewendet und sich dabei im Unterschied zu Leibniz ausdrücklich gegen die mittelalterliche Privationslehre gewandt. Bei Thomas von Aquin wird beispielsweise

40 *Descartes' Prinzipien, Anhang, enthaltend metaphysische Gedanken* I, Kap. 1 (*SW* 4, S. 108); vgl. auch II, Kap. 7 (*SW* 4, S. 141 f.), sowie *Kurze Abhandlung* I, Kap. 10 (*SW* 1, S. 55 f.); II, Kap. 4 (*SW* 1, S. 66–69).

41 Vgl. *Ethik* I, Anhang (*SW* 2, S. 43).

42 Vgl. *Ethik* I, Lehrsatz (= LS) 33, besonders Anm. 2, sowie LS 16, 29, 32 (*SW* 2, S. 21, 31 f., 33–38).

43 Vgl. *Ethik* IV, Vorrede (*SW* 2, S. 189).

44 *Descartes' Prinzipien* I, LS 15, Erläuterung (*SW* 4, S. 48).

der Mangel des Sehvermögens beim Stein als bloße Negation, beim Menschen dagegen als Privation und damit als Übel bestimmt. Denn das Sehvermögen gehört zur Natur des Menschen, nicht aber zur Natur des Steins.[45] Nach Spinoza dagegen handelt es sich in beiden Fällen um bloße Negationen.[46] Das, was für natürliche Übel wie Blindheit gilt, gilt ebenso für das moralisch Böse. Das Streben eines Menschen, das von niederen Motiven bestimmt wird, bewertet man nach Spinoza nur deshalb als Mangel eines besseren Strebens und als böse, weil man diesen Menschen an einem vermeintlichen Urbild des Menschen misst, zu dem man das bessere Streben rechnet. Doch dieses bessere Streben gehört in Wahrheit ebensowenig zu der Natur dieses Menschen, wie es zur Natur des Teufels oder des Steins gehört.[47]

Durch Spinozas Reduktion der Privation auf eine bloße Negation werden das Böse und die Übel aufgelöst. Dass es in der Wirklichkeit Übles und Böses gibt, ist nur eine menschliche Fiktion. In Wahrheit sind alle Dinge und Handlungen vollkommen, denn sie sind aus der vollkommenen göttlichen Ursache mit Notwendigkeit hervorgegangen.

Ob das Böse als Privation oder als Negation zu gelten hat, hängt davon ab, ob Einzeldinge derselben Gattung Abbilder eines gemeinsamen Urbilds sind, das für die Einzelnen die Norm und das Ziel darstellt. Bejaht man diese Frage, dann gelangt man zur Privationslehre. Ist man dagegen der Ansicht, dass die vermeintlichen Urbilder der Einzeldinge nur nachträgliche Konstrukte des menschlichen Verstandes sind, gelangt man zur Negationstheorie und damit zur Leugnung des Bösen und der Übel.

Dieser Frage soll hier nicht weiter nachgegangen werden, sondern stattdessen will ich die gemeinsame Voraussetzung

45 Vgl. Thomas von Aquin, *STh* I, q. 48, a. 5, ad 1.
46 Vgl. B. de Spinoza, *Briefwechsel*, 21. Brief (*SW* 6, S. 108).
47 Vgl. *ebd.*

beider Theorien problematisieren. Für beide Theorien ist das, was man üblicherweise als schlecht oder böse bezeichnet, das Fehlen einer Bestimmung, die entweder wirklich oder nur eingebildetermaßen zur Natur eines Dings gehört. Aus gutem Grund wird diese Voraussetzung von der neuzeitlichen Philosophie nach Leibniz fast durchgängig bestritten, und zwar von Immanuel Kant über Friedrich Schlegel, Franz von Baader, Georg Wilhelm Friedrich Hegel und Friedrich Wilhelm Schelling bis zu Arthur Schopenhauer und Søren Kierkegaard. In unterschiedlich radikaler Weise entwickeln sie eine Theorie der Positivität oder Realität des Bösen, die Gegenstand der folgenden Überlegungen ist. Ich werde mich dabei auf Kant und Schelling einerseits und auf Schopenhauer andererseits beschränken.

4. Das Böse als eine dem Guten widerstreitende Realität

a) *Das Böse als positive Verkehrung moralischer Ordnung (Kant)*[48]

Im Gegensatz zu Leibniz und zur Leibniz-Schule versteht Kant das Böse und die Übel nicht als Negation, sondern als eine Realität eigener Art. Nach Kant beruht die Leibniz'sche Deutung des Schlechten auf folgendem Fehlschluss:[49]

48 Kant wird zitiert nach I. Kant, *Werke in zehn Bänden*, hrsg. von W. Weischedel, Sonderausgabe Darmstadt 1981. Bei der Zitation gebe ich jeweils die Paginierung des Kant'schen Originals an, A = 1. Aufl. oder Erstdruck, B = 2. Aufl.

49 Zum Folgenden vgl. I. Kant, *Kritik der reinen Vernunft*, A 260–292, B 316–349, besonders A 264 f., B 320 f.; A 272–274, B 328–330; A 282, B 338; I. Kant, *Preisschrift über die Fortschritte der Metaphysik*, in: *Kant's gesammelte Schriften*, hrsg. von der Preußischen Akademie der Wissenschaften, Bd. 20, 3. Abt.: *Handschriftlicher Nachlaß*, Bd. 7, Berlin 1942, S. 282 f.

(a) Realitäten, das heißt sachhaltige Bestimmungen oder bejahende Prädikate eines möglichen Dings, können nicht im Verhältnis des Widerstreits stehen und sich nicht gegenseitig aufheben. Ein Widerstreit entsteht vielmehr nur dann, wenn einem Ding ein sachhaltiges Prädikat zugleich zu- und abgesprochen wird.
(b) Nun stehen aber gut und schlecht im Verhältnis des Widerstreits.
(c) Folglich muss das Schlechte das Fehlen, die Negation eines Sachgehalts sein. Denn beim Guten handelt es sich um eine sachhaltige Bestimmung, also um eine Realität.

Kant bestreitet den Obersatz dieses Schlusses. Denn nach Kant gilt die Annahme, dass sachhaltige Bestimmungen sich nicht widerstreiten und aufheben können, zwar für die Begriffe von Dingen, nicht aber für die Dinge selbst. Richtig ist: Im bloßen Begriff eines Dings ist ein Widerstreit nur zwischen einer Realität und ihrer Negation, nicht aber zwischen zwei Realitäten möglich. Sachhaltige Prädikate, die im Begriff von einem Gegenstand verbunden sind, sind stets miteinander vereinbar und können sich nicht gegenseitig aufheben. Was aber vom Begriff eines Gegenstands gilt, gilt damit noch nicht vom Gegenstand selbst. Denn Realitäten, also sachhaltige Bestimmungen, die einem Gegenstand zukommen, können zwar nicht in einem logischen, sehr wohl aber in einem realen Widerstreit miteinander stehen. Dieser reale Widerstreit ist, so Kant, deshalb möglich, weil sich in der sinnlichen Anschauung, durch die Realitäten gegeben werden, Bedingungen finden, nämlich entgegengesetzte Richtungen, von denen im Begriff von Realitäten abstrahiert wird. So stehen beispielsweise zwei Bewegungskräfte, die ein Ding in entgegengesetzte Richtungen drängen, im Verhältnis eines realen Widerstreits, sofern sie sich in ihren Wirkungen ganz oder teilweise aufheben.

Bereits in seinem Aufsatz *Versuch, den Begriff der negativen Größen in die Weltweisheit einzuführen* (1763) hat Kant die Erkenntnis, dass zwischen einer realen Entgegensetzung von positiven Bestimmungen auf der einen Seite und einer logischen Entgegensetzung zwischen einer Realität und ihrer Negation auf der anderen Seite zu unterscheiden ist, für eine Neubestimmung des Bösen und der Übel fruchtbar gemacht. In der logischen Entgegensetzung, die für die Leibniz-Schule die einzige ist, wird von einem Gegenstand etwas zugleich bejaht und verneint, und daher verstößt sie gegen den Satz vom zu vermeidenden Widerspruch.[50] Bei der realen Entgegensetzung dagegen sind zwei bejahende, deshalb einander logisch nicht widersprechende Bestimmungen oder Realitäten in einem Gegenstand verbunden, und zwar derart, dass sie sich in ihren Folgen ganz oder teilweise aufheben.[51] Wenn einem Gegenstand eine bejahende Bestimmung oder Realität zukommt und diese nicht zu einer entsprechenden Folge führt, dann muss ihr daher eine andere bejahende Bestimmung real entgegengesetzt sein. Wenn etwa »ein Schiff im freien Meer wirklich durch Morgenwind getrieben wird, und es kommt nicht von der Stelle, wenigstens nicht so viel, als der Wind dazu Grund enthält, so muss ein Seestrom ihm entgegenstreichen.«[52]

Aufgrund dieser Überlegungen kommt Kant im zweiten Teil seiner Schrift über negative Größen zu folgendem Ergebnis: Sowohl das natürliche Übel als auch das moralisch Böse stellen eine Realität dar, die zum Guten im realen Widerstreit steht. Das Schlechte ist also nicht eine Negation des Guten, die dem Guten nur logisch widerstreitet, wie die Leibniz-Schule meinte. Derjenige, der die Phänomene unbefangen betrachtet, wird in der Tat nicht

50 Vgl. *Versuch, den Begriff der negativen Größen in die Weltweisheit einzuführen*, A 3,5.
51 Vgl. *ebd.*, A 3–6,13 f.
52 *Ebd.*, A 16 f.

anders urteilen können. Offenkundig sind Schmerz und Unlust kein bloßer Mangel an Freude und Lust, sondern eigene, positive Empfindungsqualitäten. Trinkt man eine geschmacklose Flüssigkeit, wird man keine Lust empfinden. Aber dieser Mangel an Lust stellt noch keine Unlust dar, die sich vielmehr erst dann einstellt, wenn man stattdessen eine übelschmeckende Arznei zu sich nimmt. Die Unlust ist zudem nicht nur eine positive, sondern auch eine der Lust real entgegengesetzte Empfindung, die die Lust ganz oder zum Teil aufhebt. Kant illustriert das am Beispiel einer spartanischen Mutter, die erfährt, dass ihr Sohn tapfer für das Vaterland gekämpft hat.[53] Aufgrund dieser Nachricht wird sich bei ihr ein angenehmes Gefühl der Freude einstellen. Wird hinzugefügt, der Sohn sei dabei getötet worden, so wird sie Trauer empfinden, und diese Trauer wird der Freude Abbruch tun. Wäre nun die Unlust lediglich ein Mangel an Lust, dann dürfte die Trauer über den Tod des Sohnes die Freude über seine Tapferkeit nicht vermindern. Da dies aber der Fall ist, ist die Trauer nicht lediglich ein Mangel an Freude, sondern eine positive Empfindungsqualität, die der Freude real entgegengesetzt ist.

Ebenso wie mit dem natürlichen Übel verhält es sich nach Kant mit dem moralisch Bösen, und zwar aus folgendem Grund:[54] Das moralische Gesetz ist eine Triebfeder unserer Willkür und damit ein positiver Grund zu einer guten Handlung. Wenn nun jemand in seinem Handeln nicht durch das moralische Gesetz bestimmt wird, muss er durch eine dem moralischen Gesetz entgegengesetzte Triebfeder der Selbstliebe bestimmt sein. Nach der Freiheitskonzeption von Kants *Religionsschrift* ist dies nur dadurch möglich, dass er bei der Bildung seines Handlungsgrundsatzes die Interessen der Selbstliebe über das

53 Vgl. *ebd.*, A 22.

54 Vgl. *ebd.*, A 26–30; *Die Religion innerhalb der Grenzen der bloßen Vernunft*, A 9f. Anm., B 9f. Anm.; A 10f., B 12f.; A 29ff., B 33f.

moralische Gesetz erhebt und sie entgegen seiner Pflicht zum ausschlaggebenden Handlungsmotiv macht.[55] Das moralisch Böse wird damit zu einem eigenen Vollzugsmodus der Freiheit. Es ist nicht länger die Abwesenheit sittlicher Selbstbestimmung, ein Mangel an Tugend, sondern eine dem Guten real entgegengesetzte Selbstbestimmung, die die sittliche Ordnung der Triebfedern umkehrt.

Diese Bestimmung des Bösen als eine dem Guten entgegengesetzten Realität des Willens halte ich für überzeugend. Sie ergibt sich, wenn man mit Kant voraussetzt, dass ohne moralische Einsicht und ohne Triebfeder, der entgegengehandelt wird, nur moralisch indifferente, nicht aber böse Handlungen zustande kommen können. Bestünde das Böse lediglich in einem Wollen, das durch mangelnde Einsicht bestimmt ist, wie die philosophische Tradition häufig annahm, dann könnte beim Menschen vom Bösen so wenig wie beim Tier die Rede sein.

b) *Das Böse als positive Verkehrung der Seinsordnung (Schelling)*

Ebenso wie Kant begreift auch Schelling das Böse als eine dem Guten widerstreitende Realität und erhebt in seiner *Freiheitsschrift* zwei plausible Einwände gegen Leibniz' Erklärung des Bösen aus der Schwäche und Unvollkommenheit des menschlichen Willens und Verstandes. Gegen diese Erklärung spricht erstens die Beobachtung, dass das Böse »sich oft mit einer Vortrefflichkeit der einzelnen Kräfte vereinigt zeigt, die viel seltner das Gute begleitet«,[56] mit lebhafter Phantasie, mit erfindungsreichem Verstand und mit außerordentlicher Willenskraft. Leibniz'

55 Vgl. *Die Religion innerhalb der Grenzen der bloßen Vernunft,* A 10f., B 11f.

56 F. W. J. Schelling, *Über das Wesen der menschlichen Freiheit* (= *Freiheitsschrift*), Einleitung und Anm. von H. Fuhrmans, Stuttgart 1964, S. 83.

Deutung könnte deshalb allenfalls das »niederträchtige oder gemein Böse erklären, nicht aber das Böse in seinen großen Erscheinungen«[57]. Dort zeigt es sich – wie im Fall Napoleons, an den Schelling vermutlich denkt – mit der höchsten Energie menschlicher Seelenkräfte verbunden.

Schellings Gedanke lässt sich durch Choderlos de Laclos' Briefroman *Gefährliche Liebschaften* von 1782 illustrieren: More geometrico planen dort die Protagonisten des Lasters die Zerstörung ihres Opfers, der tugendhaften Präsidentin de Tourvel. Das Böse entspringt ihrer teuflischen Rationalität, die die Sprache als Waffe, die Liebe als Krieg und die Schwäche des anderen als Gelegenheit zur Misshandlung begreift.

In seinem zweiten, ebenfalls zutreffenden Einwand weist Schelling auf die Art der Empfindung hin, mit der man in der Regel auf die schlimmsten Formen des moralisch Bösen reagiert. Bestünde das Böse nur in einem Mangel an Willens- und Verstandeskraft, wie Leibniz glaubt, dann dürfte es bei anderen nur Gefühle des Bedauerns über die Ohnmacht des Handelnden und Mitleid mit der Beschränktheit von dessen Kräften erwecken. Dies ist aber offensichtlich nicht der Fall. Zu Recht bemerkt Schelling:

> »Übrigens erfüllt die offenbare Sünde nicht wie bloße Schwäche und Unvermögen mit Bedauern, sondern mit Schrecken und Horror, ein Gefühl, das nur daher erklärbar ist, daß sie das Wort zu brechen, den Grund der Schöpfung anzutasten und das Mysterium zu profanieren strebt.«[58]

In der Tat rufen Greueltaten, die mit Namen wie Nero oder Caligula oder im 20. Jahrhundert mit Orten wie

57 *Zur Geschichte der neueren Philosophie*, SW X, S. 57; zit. nach F. W. J. von Schelling, *Sämmtliche Werke*, hrsg. von K. F. A. Schelling, 1. Abt.: 10 Bde., 2. Abt.: 4 Bde. (= *SW* I–XIV), Stuttgart/Augsburg 1856–61.

58 *Freiheitsschrift*, S. 109.

Auschwitz verbunden sind, Grauen und fassungsloses Entsetzen hervor. Reaktionen wie diese setzen aber ein sittliches Bewusstsein voraus, das im Bösen nicht wie Leibniz eine geschwächte Willens- und Verstandeskraft, sondern eine dem Guten real entgegengesetzte aktive Kraft am Werk sieht.

Ein weiteres, von Schelling nicht genanntes Phänomen, das durch die Leibniz'sche Deutung unerklärbar bleibt, ist das Handeln aus bewusster Bosheit. Gäbe es, wie zu wünschen wäre, nur unvorsätzlich »böse« Handlungen, dann wäre die von Sokrates bis Leibniz vertretene Annahme angemessen, dass der Wille stets auf das Gute gerichtet ist und deshalb niemals wissentlich Böses tut. In diesem Falle stellte das Böse in der Tat stets das Ergebnis eines durch mangelnde Erkenntnis des Guten fehlgeleiteten Willens dar. Wie aber soll man auf diese Weise Handlungen erklären, in denen nicht ein fehlgeleiteter, sondern ein bewusst gesetzwidriger Wille, eine tückische Gesinnung, eine Lust am Bösen zum Ausdruck kommt?

In der Diagnose des Fehlers, der der Leibniz'schen Erklärung des Bösen zugrunde liegt, ist Schelling Kant gefolgt.

> »Es entspringt diese Erklärungsart überhaupt aus dem unlebendigen Begriff des Positiven, nach welchem ihm nur die Beraubung entgegenstehen kann. Allein es gibt noch einen mittleren Begriff, der einen reellen Gegensatz desselben bildet und von dem Begriff des bloß Verneinten weit absteht.«[59]

Die vorkantsche Philosophie meinte, ein Gegensatz könne nur zwischen einem positiven Prädikat und seiner Verneinung, nicht aber zwischen zwei positiven Prädikaten oder Realitäten eines Dings auftreten. Deshalb musste

59 Ebd., S. 85.

sie den Gegensatz zwischen dem Guten und Bösen als logischen Gegensatz missverstehen und das Böse als Mangel des Guten deuten. Für Kant und Schelling dagegen steht das Böse zum Guten nicht im logischen, sondern im reellen Gegensatz. Daher ist es nicht als Mangel an Realität, sondern als eine dem Guten entgegengesetzte Realität zu bestimmen. Beide, Kant und Schelling, verstehen das Böse als positive Verkehrung eines Ordnungsgefüges. Nach Kants *Religionsschrift* verkehrt der böse Wille die *sittliche* Ordnung der Handlungsmotive: Anstatt die egoistischen Interessen dem moralischen Gesetz unterzuordnen, werden sie zur Bedingung der Befolgung des Sittengesetzes erhoben. Schelling hat diese Kant'sche Einsicht in einen Gesamtentwurf von Wirklichkeit eingebettet. Im Bösen wird nicht nur die sittliche Ordnung der Triebfedern, sondern die *ontologische* Ordnung zwischen jenen Prinzipien verkehrt, die alles Seiende konstituieren.

Die Metaphysik des Bösen, die Schelling in der *Freiheitsschrift* entwickelt, lässt sich zusammenfassend wie folgt charakterisieren: Jedes Seiende wird durch zwei Prinzipien bestimmt. Das erste Prinzip ist der »Eigenwille der Kreatur«,[60] ein elementarer Erhaltungstrieb, durch den ein Seiendes zum existierenden Einzelnen wird. Ihm steht der »Universalwille«[61] gegenüber, der den zunächst blinden Eigenwillen zum Bewusstsein zu erheben und mit sich zu vereinen sucht. Damit kommt der Universalwille nur allmählich zum Ziel, und so entstehen die verschiedenen Naturwesen und schließlich der Mensch. In der außermenschlichen Natur fällt nun dem Eigenwillen stets die untergeordnete Rolle zu, während der Universalwille die Rolle des leitenden Prinzips übernimmt. Denn gerade indem ein Naturwesen seine eigenen, partikularen Interessen verfolgt, ist es an den allgemeinen Willen gebunden

60 Ebd., S. 76.
61 Ebd.

und verwirklicht unabsichtlich dessen Absichten. In seiner Eigensucht dient es nur wieder der Gattung.

Dies ändert sich beim Menschen. Er ist fähig, die in der Natur unveränderliche Prinzipienordnung zu verkehren, also seinen Eigenwillen über den Universalwillen zu erheben. Diese menschliche Fähigkeit zu einer vom allgemeinen Willen nicht mehr gebändigten, zügellosen Eigensucht stellt sein Vermögen zum Bösen dar. Das Böse beruht nach Schelling auf einer durch den menschlichen Freiheitsmissbrauch gesetzten »positiven Verkehrtheit oder Umkehrung der Principien«,[62] durch die alles Seiende konstituiert wird. Als eigenmächtige Verkehrung der Prinzipienordnung entspringt das Böse nicht aus dem Seinsmangel, sondern es entspringt aus der Seinsfülle eines Seienden, nämlich aus dem Geist des Menschen.

5. Das Böse als einzige Realität (Schopenhauer)

Schopenhauers Philosophie stellt bis in die Einzelheiten hinein eine Umkehrung Leibniz'scher Annahmen dar. Die wirkliche Welt, für Leibniz bekanntlich die beste aller möglichen, ist nach Schopenhauer die »*schlechteste* unter den möglichen« Welten, denn wäre sie »noch ein wenig schlechter, so könnte sie schon nicht mehr bestehn«.[63] Entsprechend wird Leibniz' Annahme, dass die Übel in der Welt durch die Güter mehr als ausgeglichen werden, von Schopenhauer grundsätzlich bestritten. Eine Güter-Übel-Bilanz muss nach Schopenhauer schon deshalb negativ ausfallen, weil ein Übel »nie durch das daneben oder danach vorhandene Gute getilgt, mithin auch nicht ausge-

62 Ebd., S. 81.
63 A. Schopenhauer, *Die Welt als Wille und Vorstellung*, Gesamtausgabe in zwei Bänden, nach der Edition von Arthur Hübscher und mit einem Nachwort von H. G. Ingenkamp, Bd. 2, Stuttgart 1987, S. 757.

glichen werden kann [...]. Denn, daß Tausende in Glück und Wonne gelebt hätten, höbe ja nie die Angst und Todesmarter eines Einzigen auf«.[64] Schopenhauer konnte die Kompensierbarkeit der Übel durch Güter bestreiten, weil er auch die klassische Deutung des natürlichen und moralischen Übels als Mangel des Guten ins glatte Gegenteil verkehrt.

> »Ich kenne [...] keine größere Absurdität, als die der meisten metaphysischen Systeme, welche das Übel für etwas Negatives erklären; während es gerade das Positive, das sich selbst fühlbar machende ist; hingegen das Gute, d. h. alles Glück und alle Befriedigung, ist das Negative, nämlich das bloße Aufheben des Wunsches und Endigen einer Pein.«[65]

Für seine Umkehrung der Privationslehre gibt Schopenhauer eine Begründung, die das Seinsverständnis der traditionellen Ontologie auf den Kopf stellt. Die mittelalterliche Philosophie hatte das Übel deshalb als Seinsberaubung bestimmt, weil sie voraussetzte, dass Sein und Gutsein sachlich eines sind und dass das von Gott geschaffene Seiende als solches gut ist.[66] Schopenhauer bestreitet das und bestreitet deshalb auch die Bestimmung des Übels als Mangel von Sein und Gutsein. Alles Leben ist für ihn ein Nichtseinsollendes, ein Übel. Denn es ist nicht Schöpfung eines vollkommenen Gottes, sondern Erscheinung eines blinden, ziel- und endlosen Willens.

Der Wille als die Quelle des Lebens ist aber zugleich »eine stete Quelle des Leidens«,[67] und zwar aus vier

64 Ebd., S. 747.

65 *Parerga und Paralipomena II*, *SW* 6, S. 309 f.; zit. nach A. Schopenhauer, *Sämtliche Werke*, 7 Bde., Hrsg. von A. Hübscher, Wiesbaden 1946–50.

66 Bei Augustin dagegen war der Begründungszusammenhang, wie wir sahen, noch umgekehrt.

67 *Die Welt als Wille und Vorstellung I*, S. 509.

Gründen: Erstens entspringt »alles Wollen, als solches, aus dem Mangel, also dem Leiden«.[68] Denn mit seinem Wollen bezieht sich der Wollende stets auf etwas, was ihm fehlt. Zweitens bringt Wollen deshalb Leiden mit sich, weil »die meisten Begehrungen unerfüllt bleiben müssen und der Wille viel öfter durchkreuzt, als befriedigt wird«.[69] Drittens ist »keine Befriedigung [...] dauernd, vielmehr ist sie stets nur der Anfangspunkt eines neuen Strebens«[70] und damit Leidens. Viertens schließlich ist das Leben selbst dann nicht übelfrei, wenn das grenzenlose Streben kurzzeitig zum Stillstand kommt und die Befriedigung nicht sogleich einen neuen Wunsch erzeugt. Denn in diesem Fall stellt sich ein anderes Übel ein, die Langeweile nämlich, in der das Dasein, das alle anderen Lasten abgewälzt hat, sich selbst zur Last wird.[71]

Im Gegenzug zur klassischen Ontologie, entsprechend der das Seiende als solches gut ist, besteht alles Leben und zumal das menschliche für Schopenhauer also wesentlich im Leiden. Denn es ist die Erscheinung eines ziellosen, stets unbefriedigten und in sich selbst entzweiten Willens. Wenn aber das Leiden der einzig positive, reale Gehalt des Lebens ist, muss auch die klassische Deutung der Übel umgekehrt werden: Das Übel ist nicht die Beraubung des Guten, sondern das Gute vielmehr die Abwesenheit des Übels.[72] Lust und Glück hat nach Schopenhauer wesentlich negativen Charakter: Es ist nur die vorübergehende Befreiung von Unlust, Unglück und Not, die Befriedigung eines Wunsches, die Aufhebung einer Entbehrung, die Stillung eines Schmerzes.

Dasselbe gilt nach Schopenhauer auch für das Verhält-

68 Ebd.
69 Ebd., S. 510.
70 Ebd., S. 438.
71 Vgl. ebd., S. 442f.
72 Für Schopenhauers Lehre von der Negativität des Glücks vgl. z. B. *Die Welt als Wille und Vorstellung I*, S. 450–453, 525f.; *Die Welt als Wille und Vorstellung II*, S. 198, 745f.

nis zwischen dem sittlich Guten und Bösen. Wegen des inneren Widerstreits des Willens gegen sich selbst kommt es in der Erscheinung zum ständigen Kampf zwischen den Individuen aller Gattungen. Der Zustand des Unrechts stellt deshalb den ursprünglichen und positiven Zustand menschlichen Handelns dar. Der Rechtszustand hingegen ist nur negativer und abgeleiteter Art, nämlich die mühsam errungene und stets gefährdete Abwehr des Unrechts.[73]

Wie vor ihm Kant und Schelling weist Schopenhauer zu Recht auf die Positivität des Bösen und der Übel hin. Seine Umkehrung der Privationslehre wird der Erfahrung insgesamt allerdings ebensowenig gerecht wie die von ihm attackierte Lehre selbst. Zwar stellt schon die Abwesenheit von Leiden und Schmerzen in vielen Fällen ein Gut dar, aber nicht jedes Gut hat negativen Charakter. Wäre die Lust nichts anderes als nachlassender Schmerz, dann hätte Schopenhauer, um seinem geliebten Pudel etwas Gutes zu tun, nach der Maxime handeln müssen: »Heut' mach' ich meinem Hund 'ne Freud'; erst schlag' ich ihn – dann hör' ich auf.« Kants Beispiele gegen die Privationstheorie sprechen, leicht variiert, auch gegen deren Umkehrung bei Schopenhauer. Derjenige, der eine geschmacklose Flüssigkeit trinkt, empfindet zwar keine Unlust, aber diese Abwesenheit der Unlust ist noch keine Lust, die sich erst dann einstellt, wenn er ein wohlschmeckendes Getränk zu sich nimmt. Dieser Genuss ist also kein bloßer Unlustmangel, sondern ein positives Gefühl, das sich über den Nullpunkt der Empfindung erhebt. Die Lust ist außerdem eine der Unlust real entgegengesetzte, sie mindernde oder aufhebende Empfindung. Überbringt man Eltern die Nachricht, ihr Sohn sei verletzt worden, wird sie das in der Regel betrüben. Teilt man ihnen zusätzlich mit, dies sei passiert, als er ein Kind vor dem Er-

73 Vgl. *Die Welt als Wille und Vorstellung I*, S. 477.

trinken rettete, wird sie das unter Umständen trösten. Wäre nun die Freude über den mutigen Einsatz des Sohnes lediglich ein Mangel an Unlust, dann könnte die Freude den Schmerz über dessen Verletzung nicht vermindern. Da dies aber der Fall ist, ist die Freude eine positive und dem Schmerz entgegenwirkende Empfindungsqualität.

Die Erfahrung spricht meines Erachtens sowohl gegen die klassische Deutung des Bösen und der Übel als Fehlen des Guten wie gegen deren Umkehrung bei Schopenhauer. Diese phänomenologische Schwäche beider Theorien gründet offenbar darin, dass sie ihre Begriffe des Guten und Bösen aus problematischen apriorischen Prämissen ableiten, nämlich im einen Fall aus den Annahmen, Sein und Gutsein seien sachlich identisch (so bei Thomas von Aquin) oder sachhaltige Bestimmungen könnten nicht im Widerstreit stehen (so bei Leibniz), im anderen Fall, bei Schopenhauer, aus jenem Monismus, der den blinden Willen für das Wesen aller Erscheinungen hält und deshalb Leben und Leiden gleichsetzt. Eine den Phänomenen angemessene Begriffsbildung muss dagegen von einer möglichst breiten Erfahrungsbasis ausgehen und wird dann nicht umhin können, das Gute und das Böse mit Kant und Schelling als positive und einander widerstreitende Realitäten zu bestimmen.

6. Entmoralisierung und Ästhetisierung des Bösen

Seit dem 19. Jahrhundert befassen sich die Humanwissenschaften (die Kriminologie und Psychopathologie, die Soziologie und Psychoanalyse, schließlich die Ethologie und Soziobiologie) mit der Ursache des Bösen. Die menschliche Bösartigkeit wurde nun einerseits, etwa im Marxismus und Freudomarxismus, gesellschaftstheoretisch erklärt, nämlich als Folge entfremdeter Arbeit, der repressiven, durch Privateigentum bestimmten Gesellschaft und ihrer sexualfeindlichen Moral.[74] Auf der anderen Seite wurden Grausamkeit, Destruktion und sexuelle »Perversion« als Folge einer menschlichen Anlage gedeutet, etwa als angeborene Störung der Vita sexualis bei R. von Krafft-Ebing, einem Pionier der modernen Kriminologie und Psychiatrie, als Erscheinung eines dem Eros entgegengerichteten, eigenständigen Todestriebs beim späten Freud oder als fatale Übersteigerung eines guten, da arterhaltenden Aggressionstriebs bei dem Verhaltensbiologen K. Lorenz.[75] Gegen dessen Paradigma der »Gruppenselektion«, das eine arterhaltende Funktion innerartlicher Aggression und einen natürlichen Altruismus unter Artgenossen annimmt, haben sich andere Biologen gewandt, die stattdessen dem soziobiologischen, auf Darwin zurückgehenden Konzept der »Individualselektion« folgen. Sie gehen von einem Kampf schon auf der Ebene der Individuen aus und deuten altruistische Verhaltensmuster als Sekundärfolgen eines genetischen Eigennutzes. Erklärungen solcher Art führten, da sie nicht selten mit einem naiven Freiheitsbegriff verknüpft wurden, zu einer Entmoralisierung des Bösen, die die Unschuld des Täters mit seiner Unmündigkeit erkauft.

Parallel zur Entmoralisierung kam es in der Moderne zu einer Ästhetisierung des Bösen. Von der frühromantischen Poetik des Übels (Novalis) über Poe, Baudelaire, Nietzsche und E. Jünger bis in die Gegenwart wurde das Böse zum Stimulans ästhetischer Erfahrung erklärt. Der Mensch der »*höchste[n]* Cultur«, schreibt Nietzsche, »genießt das Übel pur, cru, er findet das *sinnlose Übel* als das interessanteste«, ihn entzückt »eine Welt des Zufalls, in der das Furchtbare, das Zweideutige, das Verführeri-

74 Vgl. A. Plack, *Die Gesellschaft und das Böse. Eine Kritik der herrschenden Moral*, Frankfurt a. M. / Berlin / Wien [12]1977.

75 Vgl. K. Lorenz, *Das sogenannte Böse. Zur Naturgeschichte der Aggression*, München [6]1979.

sche zum Wesen gehört ...«.[76] Die Herausgeber eines neueren Sammelbandes feiern das Böse gar euphorisch als »neue Verheißung« in »unserer von Sinn und Gott gesäuberten Wirklichkeit«,[77] als »das neue Prinzip Hoffnung«,[78] ohne das die moderne Welt in Banalität und Kontingenz versänke. Das »Scheitern der Aufklärung im dialektischen Dilemma, ihre Vollendung in der Banalität« verleihe »dem Bösen seine kontrafaktische, seine befreiende Kühnheit.«[79]

Worin besteht aber diese »befreiende Kühnheit«? Welche »neue Verheißung« liegt in der Vertreibung und Ermordung ganzer ethnischer und religiöser Gruppen, welches »Prinzip Hoffnung« in Terror, Folter und xenophobischen Mordbrennereien? Nichts ist unsinniger als eine intellektuelle Feier des Bösen. Zu Recht hat schon K. Rosenkranz den ästhetischen Satanismus seiner Zeitgenossen gegeißelt: »Aus den unruhig ermatteten, genußgierig impotenten, übersättigt gelangweilten, vornehm cynischen, zwecklos gebildeten, jeder Schwäche willfahrenden, leichtsinnig lasterhaften, mit dem Schmerze kokettirenden Menschen der heutigen Zeit hat sich ein *Ideal satanischer Blasirtheit* entwickelt [...].«[80]

76 F. Nietzsche, *Nachgelassene Fragmente 1885–1887*, in: F. Nietzsche, *Sämtliche Werke*, Kritische Studienausgabe, hrsg. von G. Colli und M. Montinari, München [u. a.] ²1988, Bd. 12, S. 467.

77 A. Schuller / W. von Rahden, »Zur Renaissance des Bösen«, in: Dies. (Hrsg.), *Die andere Kraft. Zur Renaissance des Bösen*, Berlin 1993, S. VIII.

78 A. Schuller, »Gräßliche Hoffnung. Zur Hermeneutik des Horror-Films«, ebd., S. 341–354, hier: S. 352.

79 A. Schuller / W. von Rahden, »Zur Renaissance des Bösen«, a. a. O., S. VIII.

80 K. Rosenkranz, *Ästhetik des Häßlichen*, hrsg. von D. Kliche, Stuttgart 2007, S. 357 f.

7. Literaturhinweise

Arendt, Hannah: Über das Böse. Eine Vorlesung zu Fragen der Ethik. München 2006.

Billicsich, Friedrich: Das Problem des Übels in der Philosophie des Abendlandes. Bd. 1: Von Platon bis Thomas von Aquino. Wien [2]1955. Bd. 2: Von Eckehart bis Hegel. Wien/Köln 1952. Bd. 3: Von Schopenhauer bis zur Gegenwart. Wien 1959.

Colpe, Carsten / Schmidt-Biggemann, Wilhelm: Das Böse. Eine historische Phänomenologie des Unerklärlichen. Frankfurt a. M. 1993.

Hermanni, Friedrich: Das Böse und die Theodizee. Eine philosophisch-theologische Grundlegung. Gütersloh 2002.

Neiman, Susan: Das Böse denken. Eine andere Geschichte der Philosophie. Frankfurt a. M. 2004.

Die Entzauberung des Bösen

Von Michael Schmidt-Salomon und Eckart Voland

1. Einleitung

»Der Friederich, der Friederich
Das war ein arger Wüterich
Er fing die Fliegen in dem Haus
Und riss ihnen die Flügel aus
Er schlug die Stühl' und Vögel tot
Die Katzen litten große Not
Und höre nur, wie bös er war:
Er peitschte, ach, sein Gretchen gar!«

Mit diesen Worten beginnt Heinrich Hoffmanns berühmte »Geschichte vom bösen Friederich«. Heutige Psychologen würden den Mensch und Tier quälenden Friederich gewiss nicht mehr mit dem moralisierenden Begriff »böse« beschreiben. Stattdessen würden sie eine schwere »Störung des Sozialverhaltens« diagnostizieren und in Friederichs Krankenakte den DSM-Code 312,81 vermerken.[1]

Dass das »Diagnostische und Statistische Manual Psychischer Störungen« (DSM-IV) den Begriff des »Bösen« nicht kennt, ist keineswegs erstaunlich. Wissenschaftler haben gute Gründe dafür, warum sie in ihrem Sprachgebrauch derartig unpräzise, moralisch aufgeladene Begriffe möglichst vermeiden. Unverkennbar ist allerdings, dass die weitgehende Verbannung des »Bösen« aus dem Hoheitsgebiet der Wissenschaft in scharfem Kontrast zur allgemeinen Beliebtheit des Begriffs steht. Außerhalb der Wissenschaft boomt die Rede vom »Bösen«. Nicht nur religiöse Prediger versichern uns, dass »das Böse« angeblich

1 Vgl. H. Saß [u. a.] (Hrsg.), *Diagnostische Kriterien. DSM-IV-TR*, Göttingen 2003, S. 65ff.

»überall lauert«, wir erfahren dergleichen zur Zeit auch vermehrt in den Medien, wo der »Kampf des Guten gegen das Böse« in immer aufwändigeren Variationen durchgespielt wird; und nicht zuletzt auch auf der Bühne der Weltpolitik, wo führende Politiker (Stichwort: »Achse des Bösen«) offenbar versuchen, derartige Fiktionen als Realität auszugeben.[2]

In deutlicher Abgrenzung zu diesem kulturellen Modetrend wird in diesem Beitrag der Versuch unternommen, den Begriff des »Bösen« konsequent zu entzaubern – und dies nicht nur aus realwissenschaftlicher, sondern auch aus praktisch-philosophischer Perspektive. Zwar gibt es sowohl in der menschlichen Kultur als auch in der Natur unzählige Phänomene, die sich von einem humanistischen Standpunkt aus nur als »ungerecht«, oftmals sogar als »grausam« bezeichnen lassen, nichts aber spricht dafür, dass es hilfreich wäre, diese Phänomene mit dem Sammeletikett des »Bösen« zu versehen und dieses Böse dann metaphysisch und essentialistisch zu interpretieren. Im Gegenteil: Wie wir zeigen werden, verstellt der Begriff des »Bösen« nicht nur den Blick auf die wahren Ursachen von Ungerechtigkeit und Grausamkeit, sondern trägt oftmals sogar zu einer weiteren Verschärfung real existierender Konflikte bei.

2. Die Konstruktion des Bösen

Bei den nahen Verwandten des Menschen, den Berggorillas, fallen mehr als ein Drittel des Nachwuchses bis zum Alter von drei Jahren Kindstötungen zum Opfer.[3] Und

2 Vgl. hierzu V. Trimondi / V. Trimondi, *Krieg der Religionen. Politik, Glaube und Terror im Zeichen der Apokalypse*, München 2006.

3 V. Sommer / K. Ammann, *Die großen Menschenaffen*, München 1998, S. 75. Zu Kindstötungen im Tierreich und ihrer evolutionären Logik vgl. auch: C. P. Van Schaik / Ch. H. Janson (Hrsg.), *Infanticide by Males and Its Implications*, Cambridge 2000.

doch wird niemand einen kindstötenden Gorilla als »böse« klassifizieren, während diese moralische Kategorie auf menschliche Kindermörder in der Regel unhinterfragt angewandt wird. Wie erklären wir uns diese Unterschiede? Warum bewerten wir menschliches Verhalten so völlig anders als das Verhalten unserer nächsten Artverwandten?

Die religiöse Konstruktion des Bösen

Die eindeutigsten Antworten auf diese Fragen liefern die Religionen. In der katholischen Morallehre etwa war und ist die entscheidende Trennlinie zwischen Mensch und Tier sehr klar markiert. Nach christlichem Glauben stattete der Schöpfergott nur zwei seiner Geschöpfe mit der besonderen Eigenschaft des »freien Willens« aus, nämlich Engel und Menschen. Während diese sich angeblich aus freien Stücken für oder gegen Gott (und das heißt: für »das Gute« oder aber für »das Böse«) entscheiden können, gelten Tiere nach religiöser Überzeugung aufgrund ihrer fehlenden »Willensfreiheit« als prinzipiell schuld- bzw. moralunfähig.

Folgt man dem Katechismus der katholischen Kirche,[4] dem für katholische Christen weltweit verbindlichen Regelwerk, kam »das Böse« dadurch in die heile Welt der göttlichen Schöpfung, dass a) sich einige Engel, angeführt durch »Luzifer«, gegen Gott auflehnten und dass b) die sog. »Stammeltern« der Menschheit, Adam und Eva, der teuflischen Versuchung erlagen und sich zum Ungehorsam gegen Gott entschieden (»Sündenfall«).[5] »Seit dieser ersten Sünde«, heißt es im Katechismus, »überschwemmt eine wahre Sündenflut die Welt.«[6] Ja, die »ganze Welt«

4 *Ecclesia Catholica*, Katechismus der katholischen Kirche, München 1993.
5 Ebd., S. 130 ff.
6 Ebd., S. 132.

stehe »unter der Gewalt des Bösen«:[7] »Die gesamte Geschichte der Menschen durchzieht [...] ein hartes Ringen gegen die Mächte der Finsternis, ein Ringen, das schon am Anfang der Welt begann und nach dem Wort des Herrn bis zum letzten Tag andauern wird.«[8]

Die sich hier manifestierende theologische Konzeption des Bösen, die selbst wiederum auf noch ältere Weltdeutungsmuster zurückgreift, ist geschichtlich überaus wirksam geworden. Sie zeichnet sich vor allem durch die folgenden vier Merkmale aus:

(1) *Doppelnatur des Bösen:* Das Böse ist nicht allein in der menschlichen Sphäre beheimatet, sondern existiert zudem (in seiner Reinform) auf einer jenseitigen, metaphysischen Ebene (»Mächte der Finsternis«). Theologen sprechen in diesem Zusammenhang vom »numinosen Bösen«.[9] Im Kern bestimmt »das numinose Böse« das »menschlich Böse«, das »an sich Böse« wird also gewissermaßen die Richtschnur zur Konstruktion des »für uns Bösen«.

(2) *Absolutheit der moralischen Begriffe:* Ähnlich, wie das numinose Gute (Gott) das »absolut Gute« darstellt, gilt das numinose Böse (Teufel) als das »absolut Böse«. Da »Gut« und »Böse« als *absolute Kategorien* gedacht werden, ist eine wie auch immer geartete Relativität oder Pluralität von Wertvorstellungen, zumindest auf der numinosen Ebene, prinzipiell ausgeschlossen. Dies zeigt sich bereits auf sprachlicher Ebe-

7 Ebd., S. 135.

8 Ebd.

9 Vgl. u. a. K. Galling [u. a.] (Hrsg.), *Die Religion in Geschichte und Gegenwart* (RGG), Bd. 1, S. 1343. Tübingen ^{3}1962. Zum Begriff des Numinosen: Das adjektivisch von »numen« (Gottheit, göttliche Präsenz) abgeleitete Wort wurde durch Rudolf Otto in die Religionsphilosophie eingeführt und kennzeichnet eine »Sphäre des Heiligen«, die unabhängig von jedem »menschlich-sittlichen Moment« gedacht wird und als »geheimnisvolle, verborgene Wirklichkeit« mit keiner realen Erscheinung direkt vergleichbar sein soll.

ne: »Das Gute« und »das Böse« existieren jeweils nur im Singular.

(3) *Das Böse als »Preis der Freiheit«:* Das menschlich-sittliche Böse beruht auf freien Willensentscheidungen gegen Gott bzw. das Gute.[10] Ohne die Unterstellung der Möglichkeit zu solcher Willensfreiheit könnten Menschen und Engel keine »Sünden« begehen. In diesem Fall würden sie vielleicht »böse Dinge« *tun*, jedoch könnten sie selber (vergleichbar etwa mit Tieren, die »bloß« biologischen Programmen folgen) nicht im eigentlichen Sinne »böse« *sein*.

(4) *Das Böse als Ausdruck von »Besessenheit«:* Ein Mensch kann nach religiöser Überzeugung aber auch dann zu einem »Werkzeug des Bösen« werden, wenn er sich nicht frei dazu entschlossen hat. Dies ist dann der Fall, wenn er von bösen numinosen Kräften (Dämonen, also »gefallenen Engeln«) »besessen« ist. Im Falle einer solchen »Besessenheit« wird die Persönlichkeit eines Menschen von den numinosen »Mächten der Finsternis« bestimmt, er wird »böse Dinge« tun, ohne dass er dies verhindern könnte. Als Gegenmittel zur »Besessenheit« bieten die Kirchen den sog. »Exorzismus« an, welcher etwa in der Katholischen Kirche in zweifacher Weise Verwendung findet: Der sog. »einfache Exorzismus« kommt bereits bei der Taufe zum Tragen (die Taufe enthält eine Art »Standardschutz gegen satanische Einflüsse«), der »Große Exorzismus« hingegen, der laut katholischem Katechismus darauf ausgerichtet ist, »Dämonen auszutreiben oder vom Einfluss von Dämonen zu befreien«,[11]

10 Dies gilt vor allem für die katholische, orthodoxe und reformiert-protestantische Perspektive. Bei Luther und Calvin hingegen zeigt sich ein starker Determinismus. Demzufolge wird der Mensch (entsprechend Merkmal vier) in seinen Taten von guten wie bösen numinosen Kräften (»Gnade Gottes«) bestimmt: »Der Mensch denkt, Gott lenkt …«.

11 *Ecclesia Catholica*, S. 448.

wird nur bei akutem »Dämonenbefall« angewandt und bedarf der ausdrücklichen Erlaubnis eines Bischofs.

Diese religiöse Konstruktion des Bösen (bei allen Unterschieden verstehen Judentum, Christentum und Islam »das Böse« auf sehr ähnliche Weise; dabei ist festzustellen, dass diese Konstruktion, allen Entmystifikationsstrategien der modernen Theologie zum Trotz, derzeit wieder zunehmend in den Vordergrund der religiösen Debatte tritt)[12] hat nach wie vor eine enorme kulturelle Bedeutung. Dies zeigt sich nicht zuletzt auf politischer Ebene: Die politisch-moralische Rhetorik des amerikanischen Präsidenten George W. Bush nach dem 11. September 2001 etwa, der nach einer Analyse Peter Singers in etwa 30 Prozent seiner Reden »das Böse« bemüht,[13] unterscheidet sich in *dieser* Hinsicht nur sehr unwesentlich von der Rhetorik des iranischen Präsidenten Mahmud Ahmadinedschad.

Die philosophische Rekonstruktion des Bösen

Tritt die religiöse Konstruktion des Bösen bei Politikern wie Bush und Ahmadinedschad deutlich zum Vorschein, könnte man sie im Falle des (scheinbar) säkularen Gebrauchs des Begriffs leicht übersehen. Und doch zeichnet sich auch dieser Begriff durch exakt jene vier Merkmale aus, die im Hinblick auf die religiöse Konstruktion des

12 Selbst in der protestantischen Theologie mehren sich neuerdings die Stimmen, die dem »numinosen Bösen« wieder einen zentralen Stellenwert einräumen möchten. Der »Leitende Bischof« der *Vereinigten Evangelisch-Lutherischen Kirche Deutschlands*, Dr. Johannes Friedrich, fragte in seiner Eröffnungspredigt zur Landessynode im November 2006 sogar, ob die theologische Entmystifikation des Bösen eine Strategie des Teufels sei, der heute dieses »tolerante und aufgeschlossene Outfit angenommen« habe.

13 Vgl. P. Singer, *Der Präsident des Guten und Bösen. Die Ethik George W. Bushs*, Erlangen 2004, S. 21.

Bösen beschrieben wurden. Zwar leiten philosophische Gegenwartsautoren wie Susan Neiman (2006) oder Rüdiger Safranski (2004) den Begriff des Bösen nicht mehr von der Existenz von Teufeln und Dämonen ab, dennoch meinen sie, am Begriff des »an sich Bösen« festhalten zu müssen. Auf diese Weise existiert das numinose Böse weiter, wenn auch nicht mehr in Gestalt supranaturalistischer (übernatürlicher) Wesen, so doch in Form einer »über den Dingen schwebenden«, platonischen Idee. Selbstverständlich wird auch diese »reine Idee« *absolut* gedacht, so dass »das Böse« weiterhin ausschließlich *im Singular* auftritt. Ebenfalls erhalten geblieben ist die Konzeption des Bösen als »Preis der Freiheit« (Safranski sieht darin sogar die Quintessenz seines Buches), ungeachtet der Tatsache, dass die Idee einer freien (d. h. naturgesetzlich unbestimmten) Willensentscheidung zwischen gut und böse gegen die Grundprinzipien einer naturalistischen Weltdeutung verstößt.[14] Auch das Konzept der »Besessenheit« hat im säkularen Gewand überlebt: Angewandt wird es auf jene Fälle, in denen man eine vollständig deterministische Erklärung »bösen Verhaltens« nicht ausschließen möchte. Selbstverständlich führen säkulare Denker solche »Besessenheit« nicht mehr auf »echte Dämonen«, sondern auf problematische biologische oder kulturelle Faktoren (pathologische Triebveranlagungen, traumatische Erfahrungen usw.) zurück. Doch an der grundlegenden Feststellung, *dass auch die säkulare Konstruktion des Bösen von religiösen Deutungsmustern geprägt ist*, ändert dies nichts. Selbst die Tatsache, dass mit Marx, Nietzsche und Freud gleich drei der einflussreichsten Denker der Moderne »jenseits von Gut und Böse« philosophierten,[15] konnte das *Paradigma des Bösen* nicht wirklich erschüttern.

14 Siehe hierzu die Beiträge von W. Singer und M. Schmidt-Salomon in K. Liessmann (Hrsg.), *Die Freiheit des Denkens*, Wien 2007.

15 Sie gingen dabei freilich von recht unterschiedlichen Standpunkten aus, d. h. Marx von der sozioökonomischen Determinierung des Menschen, Nietz-

Der Versuch einer biologischen Theorie des Bösen

Wie nachhaltig die *Idee des Bösen* und die in ihr angelegte sittliche Kluft zwischen Mensch und Tier bzw. Kultur und Natur wirkte, zeigt das Beispiel eines Forschers, der ansonsten als einer der großen Überwinder des Grabens zwischen Mensch und Tier gilt: gemeint ist Konrad Lorenz (1903–1989). In seinem Bestseller *Das sogenannte Böse*[16] unterschied Lorenz zwischen einem bloß »sogenannten Bösen« in der Natur, von dem er meinte, dass es letztlich dem »Artwohl« diene, und einem »wirklich Bösen«, das er vornehmlich in der menschlichen Kultur ansiedelte. Lorenz ging davon aus, dass innerartliche Aggression in der Natur einem höheren Ziel diene: Der Lebensraum werde »unter den Artgenossen in solcher Weise verteilt, dass nach Möglichkeit jeder sein Auskommen findet. Der beste Vater, die beste Mutter wird zum Segen der Nachkommenschaft ausgewählt«. Doch niemals sei ihm begegnet, »dass das Ziel der Aggression die Vernichtung der Artgenossen sei«.[17]

Folgt man dieser Darstellung, geht es in der Natur ausgesprochen ritterlich zu. Homo sapiens aber, durch Kultur und Technik von der Natur entfremdet und in Folge dieser Entfremdung im Verhalten von den biologisch sinnvollen Instinkten entkoppelt, habe, so Lorenz, die angeborene Tötungshemmung verloren. Anonyme Großgesellschaften und Distanzwaffen führten zum Zusammenbruch der biologisch angepassten Verhaltensregulation und würden so den Raum für die Entstehung des »wirklich Bösen« schaffen. Davon ausgehend interpretierte Lorenz die Natur als »moralische Lehranstalt« für den Menschen. Seine ethische

sche von einer vitalistisch-antimoralisierenden Philosophie der Lebensbejahung, Freud aber von einem dynamischen, weitgehend biologisch bestimmten Triebkonzept.

16 Lorenz (1983).

17 Ebd., S. 53.

Formel war denkbar einfach: Dasjenige, das adaptiv, also evolutionär angepasst ist, sei normal, gut, wünschenswert, gesund und deshalb auch ethisch richtig, maladaptives Verhalten hingegen abnorm, pathologisch, schlecht und deshalb falsch. Diese Auffassung wurde begleitet von der klaren Überzeugung dessen, was eigentlich als biologisch angepasst zu gelten habe, nämlich *Gemeinschaftsdienlichkeit*. Diese stelle, so dachte Lorenz, das überragende Ergebnis der Evolution dar und solle deshalb das oberste Gebot einer menschlichen Moralität ausmachen.

Die Kritik am biologischen Modell des »sogenannten Bösen«

Der »normative Biologismus«,[18] der dieser Argumentationsweise zugrunde liegt, ist vielfach und zu Recht kritisiert worden.[19] Herausgehoben wurde dabei nicht nur das philosophische Problem des »naturalistischen Fehlschlusses«, also die u. a. von David Hume und George Edward Moore ausführlich begründete Einsicht, dass es keinen logischen Grund dafür gibt, vom *Sein* auf ein *Sollen* zu schließen. Die Kritik setzte bereits an den fehlerhaften naturwissenschaftlichen Konzepten an, von denen Lorenz in seinen Überlegungen ausgegangen war. So wurde mittlerweile ein großes Wissen darüber angesammelt, dass auch Tiere häufig Verhaltensweisen zeigen, die mit der Lorenz'schen Idee einer »natürlichen Ritterlichkeit« kaum in Einklang zu bringen sind. Beispielhaft seien genannt:[20]

18 Zur Definition von normativem und theoretischem Biologismus siehe u. a. M. Schmidt-Salomon, *Auf dem Weg zur Einheit des Wissens. Die Evolution der Evolutionstheorie und die Gefahren von Biologismus und Kulturismus*, Aschaffenburg 2007.

19 Vgl. etwa Vogel (1989).

20 Eine Fülle weiterer Beispiele findet sich u. a. in Voland (2000).

(1) *Letale (also tödliche) Rivalenkämpfe:* Wenn es um alles oder nichts geht, entstehen auch unter Tieren letale Kämpfe – wie häufig unter Insekten und Spinnen zu beobachten. Angesichts ihrer kurzen Lebensspanne und der Tatsache, dass Verpaarungen möglicherweise nur einmal im Leben stattfinden, hat derjenige, der in der sexuellen Konkurrenz nachgibt, schon verloren. Es gibt keine zweite Chance und deshalb auch keinen Grund, sich und den Gegner zu schonen.

(2) *Sexuelle Gewalt:* Unsere biologischen Vettern, die Orang-Utans, leben typischerweise als Einzelgänger. Sexuelle Opportunitäten stellen sich deshalb nur gelegentlich ein, und wenn dann die Weibchen nicht willig sind, können Männchen ihre Interessen brachial durchsetzen.[21] Skorpionsfliegen der Gattung Panorpa haben am Abdomen ein spezielles Organ, eine Art Klammerhaken, mit dem sie widerspenstige Weibchen zum Zweck der Kopulation festhalten.[22]

(3) *Kindstötung:* Aus einer nicht mehr überschaubaren Anzahl von Arten aus den verschiedensten systematischen Gruppen liegen inzwischen Beobachtungen vor, entsprechend denen Männchen zur Beförderung des eigenen genetischen Erfolgs den von anderen Männchen gezeugten abhängigen Nachwuchs der Weibchen umbringen. So gehen 38 % der Fälle von Säuglingssterblichkeit bei Gelben Babuinen (Papio cynocephalus) auf das Konto infantizidaler Männchen: Fremde Männchen bilden also bei dieser Art die Todesursache Nummer eins für Säuglinge.[23]

21 E. A. Fox, »Female tactics to reduce sexual harassment in the Sumatran orangutan (Pongo pygmaeus abelii)«, in: *Behavioral Ecology and Sociobiology* 52 (2002), S. 93–101.

22 R. Thornhill / K. P. Sauer, »The notal organ of the scorpionfly (*Panorpa vulgaris*): an adaptation to coerce mating duration«, in: *Behavioral Ecology* 2 (1991), S. 156–164.

23 R. A. Palombit, »Infanticide and the evolution of pair bonds in nonhuman primates«, in: *Evolutionary Anthropology* 7 (1999), S. 117–129.

(4) *Gruppenkonflikte:* Auch Zwischengruppenkonflikte, jene Szenerien also, die der Idee »des wirklich Bösen« einen besonderen Nährboden liefern, sind im Tierreich bekannt. Besonders eindrucksvoll bezeugen dies die langjährigen Beobachtungen von Jane Goodall und ihrem Team an den Schimpansen des Gombe-Nationalparks in Tansania.[24] Jane Goodall beschrieb einen regelrechten Ausrottungskampf, den die Männchen einer Schimpansengruppe gegen eine Nachbargruppe führten. In mehreren Kriegszügen drangen die Aggressoren in das Streifgebiet ihrer Nachbarn ein, isolierten jeweils ein Individuum von seiner Gemeinschaft und quälten und töteten es jeweils auf eine äußerst brutale Art und Weise. Während der fünf Jahre, die dieser Konflikt andauerte, wurden die Tiere der Nachbargruppe solange angegriffen, bis schließlich die Nachbarn komplett ausgerottet bzw. vertrieben waren und die Sieger mit ihren Familien das hinzugewonnene Streifgebiet übernehmen konnten.

Besonders bemerkenswert an den von Jane Goodall beschriebenen Gruppenkonflikten sind die große Feindseligkeit zwischen den Nachbargruppen und die aus dieser resultierende enorme Gewalttätigkeit der Kämpfe. Dabei finden wir bereits auf Schimpansenniveau jenen doppelten Verhaltensstandard vor, der so typisch für menschliche Verhältnisse zu sein scheint: Aggression *innerhalb von Gruppen* spielt sich völlig anders ab als Aggressionen *zwischen Gruppen*. Fremde Kontrahenten werden nicht wie Artgenossen, sondern eher wie Beutetiere behandelt. Jane Goodall spricht in diesem Zusammenhang von einer »Deschimpansierung« des Gegners und sieht darin deutliche

24 J. Goodall, *The Chimpanzees of the Gombe – Patterns of Behaviour*, Cambridge 1986.

Parallelen zum Phänomen der »Dehumanisierung«, das in Konfliktfällen beim Menschen in Erscheinung tritt und dazu führt, dass psychische Hemmschwellen bezüglich Gewaltanwendungen abgebaut werden.

Nimmt man diese Fakten zur Kenntnis, so gerät die phänomenologische Unterscheidung zwischen dem »sogenannten Bösen« in der Natur und dem »wirklich Bösen« in der menschlichen Kultur ins Wanken. Auch zeigt sich, dass Lorenz' »naturgerechte Ethik« mit unethischen Konsequenzen verbunden ist: Denn wäre biologische Angepasstheit im Bereich der Ethik wirklich das Maß aller Dinge, so müssten wir (siehe oben) auch sexuelle Gewalt, Kindstötung, Fremdenhass usw. gutheißen.

3. Die naturalistische Dekonstruktion des Bösen

Wollen wir traditionelle Deutungsmuster einer kritischen Überprüfung unterziehen, so empfiehlt es sich, hierbei das *wissenschaftliche Sparsamkeits- oder Eleganzprinzip* (auch bekannt als »Ockhams Rasiermesser«) zu Hilfe zu nehmen. Dieses Prinzip besagt, dass man zur Erklärung von Phänomenen nicht mehr unbewiesene Annahmen einführen sollte, als hierfür unbedingt erforderlich sind, überflüssige Annahmen werden also »abrasiert«. Wenden wir »Ockhams Rasiermesser« ernsthaft auf die Idee des Bösen an, so fällt dieses Konzept in sich zusammen. Denn in der realen Welt gibt es keine Wesensform, die man (anhand der oben beschriebenen Merkmale) als »das Böse« klassifizieren könnte. Statt eines rätselhaften »Bösen« finden wir in der Realität bloß Individuen vor, deren Interessen ebenso wenig rätselhaft sind wie die Konflikte, die durch entgegengesetzte Interessen entstehen. Es ist auch keineswegs erstaunlich, dass diese Interessenskonflikte unter bestimmten Rahmenbedingungen zu Verhaltensweisen führen, die man unter Zugrundelegung humanistischer

Normen als »ungerecht« oder gar »grausam« bezeichnen muss.[25]

Hinter solchen Ungerechtigkeiten und Grausamkeiten stehen keine seltsamen oder unerklärlichen »freien Willensentscheidungen« für »das Böse«, sondern ganz profane, evolutionär erworbene und mit kulturellen Lernerfahrungen aufs Engste verknüpfte[26] biologische Prozesse, die bei uns wie auch bei allen anderen Spezies notwendigerweise auf *ein* Ziel ausgerichtet sind, nämlich auf die *Verwirklichung eigennütziger Interessen.* Wollen wir also das Wesen und die Ursachen von Ungerechtigkeit und Grausamkeit besser verstehen, so sollten wir nicht Zuflucht bei über- bzw. supranaturalistischen Konzepten wie dem Begriff des »numinosen Bösen« suchen, sondern uns vielmehr die schlichten Gesetzmäßigkeiten vor Augen führen, die unser Leben bestimmen.

Prinzip Eigennutz

Die Evolutionsbiologie hat gezeigt, dass alle Organismen, die heute existieren, ihre Existenz dem eigennützigen Streben ihrer Vorfahren nach Vorteilen im Kampf um Ressourcen und genetischen Fortpflanzungserfolg verdanken. Auch wenn dies im ersten Moment so klingen mag, als stünde das biologische »Prinzip Eigennutz« notwendigerweise im Widerspruch zum Altruismus (also im Wider-

25 Es geht hier keineswegs darum, das Phänomen menschlicher Grausamkeit zu verharmlosen. Man vergegenwärtige sich nur das riesige Arsenal an Foltermethoden, die Menschen im Laufe der Geschichte erfunden haben, vgl. hierzu z. B. H. Herrmann, *Die Folter. Eine Enzyklopädie des Grauens*, Frankfurt a. M. 2004.

26 Durch die fortschreitende Entschlüsselung der sog. »epigenetischen Programme« beginnen wir langsam, diese Verzahnung von Anlage und Umwelt besser zu verstehen, vgl. hierzu für einen ersten Überblick G. Roth, *Fühlen, Denken, Handeln. Wie das Gehirn unser Verhalten steuert.* Frankfurt a. M. 2001.

spruch zum Verzicht auf Ressourcen zugunsten Anderer), so ist dies eine klassische Fehldeutung: Wir erkennen zunehmend, dass *biologischer Eigennutz die evolutionäre Grundlage jedes altruistischen Verhaltens ist.*

Schon in der nichtmenschlichen Natur tritt Eigennutz in höchst unterschiedlichen Formen auf, nämlich nicht nur als rücksichtsloses Durchsetzen eigener Interessen auf Kosten Anderer, sondern beispielsweise auch in Form einer – mitunter im wahrsten Sinne des Wortes! – »aufopferungsvollen« Brutpflege.[27] *Eigennutz* ist auch die Quelle der verschiedenen Formen von *kooperativ-altruistischem Verhalten*, das sozial lebende Tiere selbst gegenüber genetisch nicht mit ihnen verwandten Artgenossen zeigen. Grund: Es ist für das Individuum auf lange Sicht gewinnbringender, sich kooperativ nach dem *Reziprozitätsprinzip* (»Wie du mir, so ich dir«) zu verhalten, d. h. gewisse Ressourcen mit anderen zu teilen, als Kooperationspartner rücksichtslos zu übervorteilen.[28] Individuen, die sich stets unkooperativ verhalten und sich nur auf den kurzfristigen Gewinn hin orientieren, werden nämlich schnell isoliert und stehen am Ende oft schlechter da als ihre kooperationsbereiten Artgenossen.

Die moderne Evolutionsbiologie in Gestalt der Soziobiologie kann den sog. »phänotypischen Altruismus« damit in *wissenschaftlich eleganterer Weise* erklären, als dies die traditionelle Verhaltensforschung vermochte, die (siehe Konrad Lorenz) noch mit dem einigermaßen rätselhaften Konzept eines angeblich im Individuum verankerten »Arterhaltungstriebs« arbeitete. Heute werden Formen ritualisierter (nicht bis zum Exzess betriebener) Aggressivität, die es nicht nur im Tierreich, sondern gerade auch (etwa in Form von Wettkämpfen aller Art!) in der menschlichen Kultur gibt, nicht mehr durch das »Prinzip der Arterhal-

27 Vgl. S. J. Gould, *Darwin nach Darwin. Naturgeschichtliche Reflexionen*, Frankfurt a. M. 1984, S. 76 f.

28 Ausführlich in Voland (2000).

tung«, sondern theoretisch weit schlüssiger als Resultat eines der persönlichen Nutzenmaximierung dienenden Eigeninteresses erklärt. Spieltheoretische Modelle und Verhaltensbeobachtungen im Labor und Freiland belegen, dass Rivalen ihre Gegner nicht um des Artinteresses willen, sondern deshalb schonen, weil eine Eskalation von Konflikten mit dem persönlichen Risiko ruinöser Kosten einhergeht. *Arterhaltung stellt also lediglich ein Epiphänomen genetischen Eigennutzes, nicht das Ziel Darwinischer Selektionsprozesse dar.*

Deshalb ist Gemeinschaftsdienlichkeit eine bloß mögliche, *konditionale Strategie.* Unter bestimmten ethnohistorischen, sozioökonomischen und biografischen Rahmenbedingungen optimieren Menschen ihre Lebensbilanz, indem sie sich gemeinschaftsorientiert zeigen, unter anderen Umständen fällt ihre Bilanz jedoch völlig anders aus, so dass sie egozentrischer agieren. Nebenbei: Die Frage, ob die *eine* Strategie der *anderen* in ethischer Hinsicht wirklich überlegen ist, wie Lorenz meinte, lässt sich so generell keineswegs entscheiden, denn auch dies hängt ganz wesentlich von den jeweiligen Rahmenbedingungen ab. So macht es hinsichtlich der ethischen Beurteilung selbstverständlich einen großen Unterschied, ob sich ein Mensch innerhalb eines demokratischen Gemeinwesens oder innerhalb einer totalitären, menschenverachtenden Diktatur »gemeinschaftsdienlich« engagiert.

Sind die Yanomami böse?

Nehmen wir als Beispiel die südamerikanischen Yanomami-Indianer:[29] Die Yanomami gelten als gewaltbereit, besonders dann, wenn es darum geht, empfundenes Unrecht zu vergelten. Frauenraub, Eifersucht, nicht eingehaltene

29 N. A. Chagnon, »Life histories, blood revenge, and warfare in a tribal population«, in: *Science* 239 (1988), S. 985–992.

Eheversprechen usw. bilden häufig Anlass zu aggressiven Auseinandersetzungen, in deren Verlauf nicht selten Männer ihr Leben verlieren. Dies wiederum schürt die *Blutrache* – das wichtigste Motiv für Tötungsdelikte in der Geschichte der Menschheit.[30] Häufig brechen 10 bis 20 Männer eines Yanomami-Dorfes in Richtung Feindeslager auf, und gewöhnlich wird das erste Mitglied der feindlichen Gemeinschaft, auf das man trifft, aus dem Hinterhalt mit Pfeil und Bogen erschossen. Es kann aber auch zu Massakern mit 10 oder mehr Opfern kommen. Derjenige, der getötet hat, unterzieht sich einer besonderen Zeremonie und bekommt dadurch einen angesehenen sozialen Status: Er wird zum *unokai*.

Abgesehen davon, dass in der Yanomami-Gesellschaft die Wahrscheinlichkeit, dass gewaltbereite Dörfer angegriffen werden, verhältnismäßig geringer ist und deshalb kriegerische Rachezüge, weil sie Stärke demonstrieren, paradoxerweise als Selbstschutzmaßnahme verstanden werden können, hat dieses mörderische Streben nach Ehre für die Yanomami-Männer ganz unmittelbare Konsequenzen für die Gründung einer Familie. Die demonstrierte Gewalttätigkeit der unokai steigert nämlich ihre Attraktivität bei den Frauen des Dorfes etwa um den Faktor drei (die durchschnittliche Anzahl von Ehefrauen von unokai-Männern im Verhältnis zu nicht-unokai-Männern beträgt 1,63 zu 0,63) und die unokai haben im Schnitt auch dreimal mehr Kinder als nicht-unokai-Männer (unokai: 4,91, nicht-unokai: 1,59).

Das blutrünstige Verhalten der Yanomami, das auf den ersten Blick biologisch dysfunktional aussieht, erscheint aus der Perspektive des »egoistischen Gens« also als durchaus folgerichtig: Männer, die sich diesem Gewaltsystem verweigern und auf ihr Helden-Prestige keinen Wert legen, haben angesichts der vorherrschenden Normen und

30 M. Daly / M. Wilson, *Homicide*, New York 1988.

Partnerwahl-Präferenzen der Frauen nur unterdurchschnittliche sexuelle Chancen, und so wird erklärlich, wie ein System, in dem kultureller Erfolg mit teuer erkauftem *Prestige* gemessen wird, sich kulturell und genetisch gleichermaßen selbst erhält.

Sind die mordenden Yanomami-Männer bzw. die Mord mit Sex belohnenden Yanomami-Frauen nun aber *böse*? Man müsste schon über ein reichlich naives Moralverständnis verfügen, wollte man diese Frage bejahen. Angemessener wäre es, die mörderischen Feldzüge der Yanomami als eine *genetisch eigennützige* und – bezogen auf die *eigene* Gruppe – durchaus auch *altruistische Verhaltensweise* zu beschreiben, die – vergleichbar mit den von Goodall beschriebenen Schimpansengruppen – auf einer archaischen, normativen Unterscheidung von Fremden und Mitgliedern der eigenen Gruppe beruht. Zweifellos dürfen wir diese Normen vor dem Hintergrund einer humanistischen Ethik kritisieren, nichts aber spricht dafür, das Blutrache-System der Yanomami auf die »finstere, numinose Macht des Bösen« zurückzuführen.

Böse sind stets die Anderen: Die evolutionäre Funktion doppelter Moral

Schon bei Jane Goodalls Schimpansengruppen konnte eine deutliche Differenzierung im Umgang zwischen Gruppenmitgliedern und Nichtgruppenmitgliedern festgestellt werden. Dieses archaische »in-group-/out-group-Denken«, gewachsen in der Konkurrenz autonomer Gruppen um Lebenschancen, spielt in der menschlichen Kultur bis heute eine zentrale Rolle. Hier zeigen sich auch die Wurzeln der moralischen Kategorisierung nach dem Gut/Böse-Schema, denn »böse« sind stets »die Anderen« – entweder jene, die in der Gruppe den Gruppenregeln nicht folgen und somit aus dem eigenen Kreis ausgeschlossen werden, oder jene, die von vornherein anderen Gruppen angehören und deren Interessen oder Regeln scheinbar konträr zu den Interessen und Regeln der eigenen Gruppe stehen.

Die hier sichtbar werdende Gruppengebundenheit moralischer Bewertungen erklärt, warum die inhaltliche Füllung »des Bösen« mitunter so unterschiedlich ausfällt. So erscheint Osama bin Laden vielen westlichen Beobachtern heute als ›Inkarnation des Bösen schlechthin‹. Innerhalb bestimmter Teile der muslimischen Welt gilt derselbe Mann hingegen als Heiliger, als gottgesandter Kämpfer gegen »das Böse«, als Allahs wirksamste Waffe wider den ›Terror der Ungläubigen‹.

Obgleich anhand solcher Beispiele leicht einsehbar sein sollte, dass die moralische Kategorisierung von Menschen bloß *relativen Maßstäben* folgt, hat die Vorstellung von der Existenz des *absolut Guten* bzw. des *absolut Bösen* weiterhin Hochkonjunktur. Wie ist dies zu erklären? Offenbar ist die rigide Kategorisierung nach dem Gut/Böse-Muster zumindest in der Vergangenheit mit einem deutlichen *evolutionären Selektionsvorteil* verbunden gewesen.[31] Der grundlegende Mechanismus ist noch heute vielfach zu beobachten: Je schärfer die gruppeninterne Unterscheidung von Gut und Böse ist und je entschiedener Regelverstöße geahndet werden, desto stabiler erweist sich der Gruppenzusammenhalt: Das zeigt sich auch in einer deutlicheren, allzu häufig auch feindseligeren Abgrenzung nach außen. Der Evolutionsbiologe Matt Ridley brachte den Zusammenhang von starker Binnenmoral und externer Abgrenzung auf die prägnante Formel: »[…] je kooperativer Gesellschaften sind, desto gewalttätiger fallen die Kämpfe zwischen ihnen aus.«[32]

31 Vgl. auch Verbeek (2004).
32 Ridley (1997), S. 267.

Man muss dieser generalisierenden These nicht unbedingt zustimmen. Wahrscheinlich entfachen auch nicht die Kooperationsfähigkeit per se, sondern die einer solchen Kooperation zugrunde liegenden moralischen Normen eine Eskalation der Gewalt zwischen rivalisierenden Gruppen. An diesem Punkt zeigt sich die zentrale ethische Problematik der rein zweiwertigen, dichotomen Zuschreibung von Gut und Böse. Im Konfliktfall bewirkt diese nämlich eine *Dehumanisierung* der jeweiligen Gegner, weil jene Gegner infolge moralisierender Zuschreibungen nicht mehr als Menschen mit typisch menschlich-allzumenschlichen Eigenschaften, mit individuell verschiedenen Träumen, Hoffnungen, Bedürfnissen, Nöten, Ängsten usw. wahrgenommen werden, sondern als depersonalisierte »Marionetten des Bösen«, die es zur Verteidigung des »an sich Guten« auszulöschen gilt. Ohne eine solche, auf »in-group-/out-group-Denken« basierende Dehumanisierungsstrategie wäre es den allermeisten Menschen gar nicht möglich, sich in einer vollkommen rücksichtslosen oder gar offen grausamen Weise gegenüber Mitmenschen zu verhalten. Einem solchen Verhalten steht nämlich eine zentrale Eigenschaft des Homo sapiens entgegen, die trotz aller Gräueltaten der Geschichte für unsere Spezies in besonderer Weise charakteristisch ist, nämlich eine außerordentlich stark entwickelte *Empathiefähigkeit*.

Die menschliche Empathiefähigkeit – und wie man sie mithilfe »des Bösen« ausschalten kann

Das Vermögen, mit anderen mitleiden und uns mit ihnen auch mitfreuen zu können, bildet eine fundamentale Grundlage der menschlichen Kulturentwicklung. Ohne sie wären wir nicht in der Lage, uns bei einem Theaterstück oder Spielfilm zu amüsieren, noch würden wir über ethische Fragestellungen überhaupt nachdenken. Zu verdanken haben wir diese wunderbare Gabe der Empathie – wie auch alle anderen Fähigkeiten, über die wir verfügen – eigennützigen Überlebensstrategien, die sich in den Kämpfen der Evolution als nützlich erwiesen haben.[33] Die Fähigkeit, die vielschichtigen Rollendifferenzierungen innerhalb einer sozialen Gruppe zu durchschauen und für sich nutzbar machen zu können, machte schon früh in der Primatenevolution und dann vor allem in der Menschheitsgeschichte einen entscheidenden Überlebensvorteil aus. Nur derjenige, der sich in die Bedürfnislagen seiner Artgenossen hineinversetzen konnte, wusste, wann er mit wem wie kooperieren musste, wen man gefahrlos übervorteilen konnte und wen man besser umschmeicheln sollte, um seinen Zielen näher zu kommen. *Das evolutionär gewachsene Empathievermögen hatte also immer schon ein doppeltes Gesicht: Auf der einen Seite bildete es die Voraussetzung für erfolgreiches Lügen, Betrügen, Intrigen-Spinnen und auf der anderen Seite zugleich eine wichtige Grundlage für Kooperation.*

Langsam beginnen wir heute zu verstehen, welche hirnphysiologischen Prozesse der Entwicklung der Empathie zugrunde liegen. 1996 wurde die Existenz sog. »Spiegelneuronen«[34] erstmalig von dem italienischen Hirnforscher Giacomo Rizzolatti (geb. 1937) bei Primaten nachgewiesen. Forscher von der *University of California* in Los Angeles belegten wenig später deren Arbeitsweise auch im menschlichen Gehirn. Sie zeigten u. a., dass sensorische Zellen im Gehirn, die auf Schmerzsignale reagieren, auch dann »feuerten«, wenn Menschen bloß ansehen mussten, dass eine andere Person mit einer Nadel gepiekst wurde.[35]

33 Vgl. hierzu und zum Folgenden Schmidt-Salomon (2006), S. 17 ff.

34 Diese Neuronen werden bei der Beobachtung Anderer aktiv, sie simulieren (spiegeln) gewissermaßen die hirnphysiologischen Vorgänge, die stattfinden würden, wenn das Individuum von der beobachteten Aktion selbst betroffen wäre.

35 Auf der Grundlage dieser Fakten hat der Neurowissenschaftler Vilayanur Ramachandran die Spiegelneuronen als »Empathie-Zellen« bezeichnet und

Da die meisten Menschen dank solcher Spiegelneuronen hirnphysiologisch darauf ausgerichtet sind, nachzuempfinden, was andere Menschen in Notlagen durchmachen, liegt es in unserem ureigenen Interesse, dass wir Mitmenschen kein größeres Leid zufügen, dass wir uns unter Umständen sogar dafür engagieren, die Notlage anderer Menschen zu mildern.

Insofern handelte Arthur Schopenhauer weitsichtig, als er das Phänomen des *Mitleids* ins Zentrum seiner Ethik rückte.[36] Allerdings: Auch dann, wenn das Empathievermögen ein universelles Erbe unserer biologischen Evolution darstellt (nur wenige Menschen, darunter viele Gewaltverbrecher, sind aufgrund hirnorganischer Besonderheiten nicht zur emotionalen Perspektivübernahme fähig), kann es doch mithilfe von Ideologien zumindest partiell *ausgeschaltet* werden. Und genau in diesem Zusammenhang erweist sich die *Idee des Bösen* als hochgradig effizient (für die Durchschlagskraft dieser Ideologien) bzw. schädlich (für ein ethisch gerechtfertigtes Handeln, das die Interessen aller Beteiligten fair berücksichtigt.)

Ohne Rückgriff auf die *Idee des Bösen*, die in der Nazipropaganda in vielen Facetten durchgespielt wurde,[37] hätten die meisten SS-Männer gar nicht das psychische Rüstzeug besessen, um ihrem Mordhandwerk nachgehen zu

ihre Existenz als wesentliche Voraussetzung für die Entwicklung menschlicher Ethik und Kultur beschrieben (vgl. zu diesem Themenkomplex auch: E. Voland, »Wir erkennen uns als den anderen ähnlich – Implikationen der ›Social Brain Hypothesis‹ für die biologische Evolution der Freiheitsintuition«, in: *Deutsche Zeitschrift für Philosophie* 5, 2007, S. 739–749).

36 *Die beiden Grundprobleme der Ethik. Über das Fundament der Moral*, SW 4, S. 247 ff.; A. Schopenhauer, *Sämtliche Werke*, 7 Bde., hrsg. von A. Hübscher, Wiesbaden 1946–50.

37 Besonders perfide: *Der Giftpilz. Ein Stürmerbuch für Jung und Alt* aus dem Jahr 1938. Juden werden hier als Giftpilze geschildert, die man von guten Pilzen nur schwer unterscheiden könne. Die illustrierten Erzählungen sollen, so der Verlagstext, »den Juden« zeigen »als das, was er wirklich ist, als Teufel in Menschengestalt« (Internationaler Militärgerichtshof Nürnberg 1948, Dokument 1778-PS).

können.[38] Es ist wohl nicht übertrieben zu behaupten, *dass die Idee des Bösen in der Kriegsführung eine mindestens ebenso bedeutsame Rolle spielte wie die Steinschleuder, das Schießpulver oder die Atombombe.* Erschreckenderweise müssen wir sogar annehmen, dass der Prototyp dieser Idee bereits stammesgeschichtlich verankert ist. Verfügten die von Jane Goodall beschriebenen kriegführenden Schimpansen über ein entsprechendes Abstraktionsvermögen, würden sie womöglich – wie die meisten Mitglieder von Homo sapiens auch – den Begriff »des Bösen« auf ihre jeweiligen Rivalen münzen.

In diesem Zusammenhang muss darauf hingewiesen werden, dass die menschliche Abstraktionsfähigkeit das für alle Lebewesen gültige Eigennutzprinzip nicht aushebeln, sondern ihm bloß neue Ausdrucksformen verleihen kann. Unsere »Vernunft« arbeitet also niemals *gegen* die Natur, sie ist vielmehr integraler Bestandteil einer phänotypischen Vollstreckungsmaschinerie, die im Dienste evolutionärer Programme steht.[39] Klar ist auch, dass moralische Unterstellungen aufs Engste mit Emotionen verknüpft sind: Sind wir auf jemanden »böse« (hier im Sinne von »wütend«), so neigen wir dazu, zu unterstellen, dass dieser Jemand auch »böse« (im Sinne des »wirklich Bösen«) ist. Umgekehrt dient die Idee des »wirklich Bösen« dazu, mit scheinbar guten Gründen auf jemanden »böse« (wütend) sein zu können.

Das bedeutet selbstverständlich nicht, dass wir für alle Zeiten damit fortfahren müssten, mit »dem Bösen« zu operieren. Doch um uns von dieser verführerischen mora-

38 Aufschlussreich sind in diesem Zusammenhang die Aufzeichnungen von Rudolf Höss, dem Kommandanten von Auschwitz in den Jahren 1940 bis 1943, siehe: Staatliches Auschwitz-Museum (Hrsg.), *KL Auschwitz in den Augen der SS*, Auschwitz 1973, insbes. S. 103–107.

39 Vgl. hierzu auch: E. Voland, »›… nur tierischer als jedes Tier zu sein‹. Vom ›sogenannten‹ zum ›wirklich Bösen‹ in der Evolution«, in: N. Elsner / G. Lüer (Hrsg.), *»… sind eben alles Menschen« – Verhalten zwischen Zwang, Freiheit und Verantwortung*, Göttingen 2005.

lischen Intuition verabschieden zu können, müssten wir zunächst einmal ein Bewusstsein dafür entwickeln, dass die *Idee des Bösen* nicht nur theoretisch unschlüssig, sondern meist auch mit fatalen praktischen Konsequenzen verbunden ist. Kurz gefasst: Die *Idee des Bösen* untergräbt unsere Fähigkeiten zur Empathie und zu ethisch angemessenem Verhalten in dreifacher Weise:

(1) indem sie uns dazu verführt, unsere Gegenüber zu entmenschlichen und dadurch ihre realen Bedürfnisse und Interessen aus dem Blick zu verlieren,
(2) indem sie uns dazu verleitet, abgewehrte Anteile unserer eigenen Person oder unserer Bezugsgruppe *abzuspalten*, auf unsere Gegner zu *projizieren* und diese Teile *in unseren Gegnern* zu bekämpfen,[40] und
(3) indem sie uns einem metaphysischen Irrationalismus ausliefert, der aufgrund seiner rigiden Schwarz-Weiß-Optik[41] jeden Konflikt zur Eskalation bringen kann.

Auch wenn die *Idee des Bösen* in der kulturellen Evolution der Menschheit einst unbestreitbar mit Selektionsvorteilen verbunden war (wer nicht mit solchen Konzepten agierte, sondern stattdessen etwa auf »universelle Fairness« bestand, besaß in früheren Zeiten ähnlich schlechte Karten wie friedliebende Yanomami-Männer heute), lässt sich dies im Zeitalter der Globalisierung nicht mehr mit einem Anspruch auf Verallgemeinerung behaupten. Viele erfolgreiche Menschen definieren sich heute eben nicht mehr über ethnische oder religiöse Gruppenzugehörigkeit, sondern als »Weltbürger« in einem »globalen Dorf«, auch wenn es hier (vgl. den wieder aufflammenden Natio-

40 Dieser psychische Prozess wurde bereits von Sigmund Freud analysiert. Alice Miller (siehe etwa: *Am Anfang war Erziehung*, Frankfurt a. M. 1983) übertrug ihn später auf den Erziehungsprozess.

41 Vgl. hierzu Trimondi/Trimondi, *Krieg der Religionen* (Anm. 2), S. 11 ff., Verbeek, *Die Wurzeln der Kriege* (Anm. 33).

nalismus und Fundamentalismus) auch rückläufige Tendenzen gibt. Jedenfalls zeigt sich auf dem mittlerweile erreichten Stand unserer kulturellen Entwicklung, dass ein weiteres Festhalten am archaischen In-Group-/Out-Group-Konzept »des Bösen« nicht nur unethische Konsequenzen nach sich ziehen würde, sondern dass dies angesichts der technologischen Machtpotentiale, über die wir heute verfügen, auch ungemein gefährlich sein dürfte.[42] Es wäre also an der Zeit, den *Begriff des Bösen* endgültig aufzugeben. Doch was könnte an seine Stelle treten?

4. Schlussfolgerungen: Jenseits von Gut und Böse – die Prinzipien einer naturalistischen Ethik

Empfindungsfähige Lebewesen unterscheiden Reize auf der untersten Ebene der physiologischen Verarbeitung nach einem einfachen dualen Schema: Ist das, was die Reize hervorruft, nützlich (sind die Reize angenehm) oder schädlich (sind die Reize unangenehm)? Diese basale Unterscheidung von »Wohl und Wehe« bildet auch beim Menschen die Grundlage jeder höheren Bedeutungszuschreibung. Vermutlich erklärt dies auch, warum die moralischen Kategorien »Gut und Böse«, die unmittelbar an dieser basalen sinnlichen Wahrnehmung anschließen, auf die meisten von uns so intuitiv überzeugend wirken.

Dennoch sind wir biologisch keineswegs darauf programmiert, die Welt notwendigerweise nach der Ordnung in einem Gut/Böse-Schema wahrzunehmen. Die unter Individuen (bzw. Gruppen von Individuen) unweigerlich auftretenden Interessenkonflikte müssen nicht zwangsläufig in einer solch *moralisierenden Weise* interpretiert wer-

42 Vgl. hierzu die Ausführungen zur Problematik der »halbierten Aufklärung« in: Schmidt-Salomon (2006), S. 83 ff.

den, alternativ ist auch eine *ethische Perspektive* möglich. Worin bestehen die idealtypischen Unterschiede? Hierzu zwei Hinweise:[43]

(1) Demjenigen, der *moralisiert*, geht es um die *subjektive Wertigkeit von Menschen* vor dem Hintergrund vermeintlich vorgegebener metaphysischer Beurteilungskriterien (*gut* gegen *böse*). Derjenige, der hingegen *ethisch* argumentiert, fokussiert *die objektive Angemessenheit von Handlungen* anhand intersubjektiv festgelegter und immer wieder neu festzulegender Spielregeln (*fair* gegen *unfair*). Verdeutlichen wir uns dies an einem alltäglichen Beispiel: Nehmen wir an, Ihr 11-jähriger Sohn hat den ganzen Vanillepudding aufgegessen, der eigentlich für die gesamte Familie gedacht war. Sie können in dieser Situation ethisch argumentieren und sagen: »Was du da gemacht hast, ist unfair, da die anderen ja auch von dem Pudding essen wollten. Also gehst du jetzt an dein Sparschwein, und wir beide kaufen schnell neuen Pudding!« Sie können aber auch moralisierend argumentieren: »Mein Gott, was bist du doch für ein böser, egoistischer, verfressener Kerl! Geh jetzt in dein Zimmer und schäm dich! Ich will dich heute nicht mehr sehen!«
Zwar ist es durchaus möglich, dass »rationale Besserwisser« in der Praxis ebenso viel Schaden anrichten wie »moralisierende Prediger« (selbstverständlich folgen auch »ethische Rationalisten« dem »Prinzip Eigennutz«!), *prinzipiell* aber bietet die ethisch-rationale Argumentationsweise die große Chance, Debatten zu versachlichen und *faire Lösungen für Interessenkonflikte* zu finden. Demgegenüber führen moralisierende Argumentationen häufig zu einer weiteren Verfestigung irrationaler Standpunkte.
(2) Moralisierende Argumentationen zielen auf die *Frage nach der persönlichen Schuldfähigkeit* und bauen da-

43 Siehe zum Folgenden ebd., S. 102 ff.

> her notwendigerweise auf dem *Konzept der Willensfreiheit auf, d. h. auf der Unterstellung, dass eine Person sich unter exakt denselben Bedingungen anders hätte entscheiden können, als sie sich de facto entschieden hat.* Eine (naturalistische) ethische Argumentation hingegen kann auf solch problematische Annahmen verzichten, weil sie prinzipiell nur nach der *objektiven Verantwortbarkeit* potentieller oder bereits realisierter Taten fragt, aber nicht nach der *subjektiven Verantwortung* (also der Willensfreiheit) der Täter. Wir müssen keineswegs unterstellen, dass Personen der Geschichte sich aus »freien Stücken« zu ihren Untaten entschlossen haben, damit wir diese heute im Rückblick ethisch verurteilen können. Strafmaßnahmen gegen Normverletzer sind also deshalb legitimiert, weil dadurch deren Verhalten und das Anderer *beeinflusst* werden kann – nicht etwa durch den *Sühnegedanken*, worauf es Moralisten vor allem ankäme.

Wir halten fest: Trotz aller philosophischen und theologischen Moraltraktate stellt »das Böse« nichts weiter als eine *Fiktion* dar, die allein in unseren Köpfen existiert und für die es in der realen Welt keine Entsprechung gibt. Anders formuliert: Die *Existenz »des Bösen«* ist eine *wissenschaftlich unelegante*, bestenfalls *überflüssige*, in der Regel jedoch *schädliche* Hypothese, die Einsichten in reale Zusammenhänge eher verstellt, als dass sie solche Einsichten fördert. Von einem rationalen, naturalistischen und humanistischen Standpunkt aus betrachtet, wäre ein Abschied von der moralisierenden Kategorie »des Bösen« daher nur zu begrüßen. Offensichtlich war doch etwas faul an der Frucht, die Eva der biblischen Legende nach vom Baum der Erkenntnis pflückte. Das vermeintliche Wissen um den Unterschied von »Gut« und »Böse« hat uns im Ringen um eine »bessere Welt« vermutlich eher geschadet als geholfen.

5. Literaturhinweise

Arendt, Hannah: Eichmann in Jerusalem. Ein Bericht von der Banalität des Bösen. München 1986.
Lorenz, Konrad: Das sogenannte Böse. Zur Naturgeschichte der Aggression. München 1983.
Neiman, Susan: Das Böse denken. Eine andere Geschichte der Philosophie. Frankfurt a. M. 2006.
Ridley, Matt: Die Biologie der Tugend – Warum es sich lohnt, gut zu sein. Berlin 1997.
Safranski, Rüdiger: Das Böse oder das Drama der Freiheit. Frankfurt a. M. 2004.
Schmidt-Salomon, Michael: Manifest des evolutionären Humanismus. Plädoyer für eine zeitgemäße Leitkultur. Aschaffenburg 2006.
Verbeek, Bernhard: Die Wurzeln der Kriege – Zur Evolution ethnischer und religiöser Konflikte. Stuttgart, Leipzig 2004.
Vogel, Christian: Vom Töten zum Mord. Das wirkliche Böse in der Evolutionsgeschichte. München/Wien 1989.
Voland, Eckart: Grundriss der Soziobiologie. Heidelberg 2000.
Wuketits, Maria / Wuketits, Franz M.: Humanität zwischen Hoffnung und Illusion. Warum uns die Evolution einen Strich durch die Rechnung macht. Stuttgart 2001.

Der Turm von Hanoi – Evolutionäre Ethik

Von Gerhard Vollmer

1. Was wollen wir unter Naturalismus verstehen?

Der Begriff »Naturalismus« bezeichnet hier eine naturphilosophisch-anthropologische Position. Am kürzesten lässt sie sich charakterisieren durch die These, *überall in der Welt gehe es mit rechten Dingen zu.*[1] Diese Auffassung zeichnet sich durch zwei wichtige Merkmale aus: durch ihren *universellen Anspruch* und durch die *Beschränkung der Mittel*, die zur Beschreibung und Erklärung der Welt zugelassen werden.

Der genannte *Universalitätsanspruch* des Naturalismus ist durchaus wesentlich. Selbst Immanuel Kant (1788, A 126 f.) lässt sich unwidersprochen einen Naturalisten »von eigener Art« nennen, fordert er doch, dass in der Naturwissenschaft alles *natürlich* – und nicht etwa in einer *theologischen* Sprache – formuliert und erklärt werden müsse. Doch sieht er in dieser Forderung zugleich eine Grenze der Naturwissenschaft: Zur Erklärung organisierter Wesen, insbesondere der *Zweckmäßigkeit* von organismischen Strukturen, müssten jedenfalls *teleologische*, also auf ein Entwicklungsziel ausgerichtete Erklärungsmuster herangezogen werden; ein Newton des Grashalms, also eine vollständige *kausale* Erklärung, sei bei Lebewesen schlechterdings unmöglich. Kant ist also eigentlich nur in der Physik Naturalist, in der Biologie schon nicht mehr, und in Psychologie, Erkenntnistheorie und Ethik erst recht nicht.

1 Die Ausdrucksweise »mit rechten Dingen« verwendet Markl (1983), S. 75, um die Haltung des Naturwissenschaftlers zu charakterisieren. Als Kurzformel für den *naturalistischen* Standpunkt finde ich sie zuerst bei Franzen (1984), S. 72; sie ist jedoch zweifellos älter.

Der zeitgenössische Naturalismus ist da anspruchsvoller: Die unverkennbare Zweckmäßigkeit bei Organismen erklärt er über das Prinzip der natürlichen Auslese und damit letztlich doch über ein *kausal* wirksames Prinzip. Ein Newton des Grashalms ist danach möglich; ob Charles Darwin schon der ganze Newton war oder ob dazu erst noch Gregor Mendel, Ronald Fisher, Julian Huxley, Ernst Mayr, Manfred Eigen und andere gebraucht werden, ist eine wissenschaftshistorische und für unser Problem eher zweitrangige Frage. Entscheidend ist, dass mit Darwins Selektionstheorie auch die Lebewesen und damit die gesamte Biologie in den naturalistischen Erklärungsrahmen einbezogen sind, so dass teleologische Erklärungen dort entbehrlich werden und die teleologischen Gottesbeweise nach Thomas von Aquin oder William Paley ihre Überzeugungskraft verlieren.

Der Verzicht auf Teleologie bietet seinerseits ein typisches Beispiel für das zweite Merkmal des Naturalismus, für die programmatische *Mittelbeschränkung*. Nicht dass bestimmte Beschreibungs- und Erklärungsmittel von vornherein verboten wären; leitend ist vielmehr ein *Sparsamkeitsprinzip*, wonach unter konkurrierenden und sonst gleichwertigen Hypothesen, Theorien, Modellen, Denksystemen die jeweils sparsameren, einfacheren, elementareren bevorzugt werden (sollen). Ob man dieses Prinzip nach Wilhelm von Ockham (»Occam's razor«) benennt oder nach Ernst Mach (»Denkökonomie«), ist dabei zweitrangig. Entscheidend ist, dass man es als Auswahlprinzip und als Argument akzeptiert. Der erwähnte Universalitätsanspruch des Naturalismus ist natürlich mit diesem Prinzip verträglich, auch wenn er nicht zwingend aus ihm folgt.

Nun ist die Redeweise, überall gehe es mit rechten Dingen zu, noch nicht besonders präzise. Wir wollen den Naturalismus deshalb genauer fassen, indem wir zunächst sein Programm vorstellen. Dieses *Programm* besteht aus mindestens vier Teilen:

(1) Der Naturalismus fordert und entwirft ein *kosmisches Gesamtbild*, ein »Weltbild«.
(2) Er schreibt auch dem *Menschen* einen bestimmten Platz im Universum zu.
(3) Er bezieht dabei *alle* Fähigkeiten des Menschen in seine Erklärungsansprüche und -ansätze ein, auch Sprechen, Erkennen, wissenschaftliches Forschen, moralisches Handeln und ästhetisches Urteilen.
(4) Er fordert und entwickelt auf dieser Grundlage insbesondere
   - eine naturalistische Anthropologie,
   - eine naturalistische Erkenntnistheorie,
   - eine naturalistische Methodologie der Forschung,
   - eine naturalistische Ethik und
   - eine naturalistische Ästhetik.

2. Ist jede evolutionäre Ethik naturalistisch?

Die Frage, ob jede evolutionäre Ethik naturalistisch ist, möchten wir mit einem vorsichtigen »Ja« beantworten. Zwar ist es im Prinzip möglich, für die Erklärung unseres Sozialverhaltens oder für die Begründung moralischer Normen die biologische Evolution heranzuziehen und gleichzeitig diese Evolution als ein Werk Gottes anzusehen, also letztlich doch auf eine übernatürliche oder gar transzendente Ebene zurückzugreifen. Gott (oder der Schöpfer oder Platons Demiurg, d.h. Weltbaumeister) hätte sich dann der durch ihn ausgelösten Evolution *bedient*, um den Menschen, den Geist oder die Seele hervorzubringen. Dann sind diese Erklärung und diese Begründung zwar in erster Instanz biologisch-wissenschaftlich, in zweiter, höherer und letzter Instanz aber doch antinaturalistisch.

Ein solcher evolutionär-theologischer Ansatz ist also durchaus möglich, jedoch keineswegs üblich. In aller Regel sind evolutionäre Ethiken *naturalistisch* orientiert. Als solche werden sie dann auch behandelt und kritisiert, etwa mit dem Einwand: »Wenn es keinen Gott gibt, dann ist alles erlaubt.« Da Naturalisten die Existenz Gottes nicht voraussetzen wollen oder sogar bestreiten,[2] müssten sie somit in der beschreibenden oder der erklärenden Ebene stecken bleiben und dürften niemals zur Formulierung oder gar zur Begründung von Normen kommen. Eine naturalistische, insbesondere eine evolutionäre Ethik könnte dann zwar deskriptive, also beschreibende, und explanative, also erklärende Einsichten, aber keine Normenbegründung liefern.

Hier sind Naturalisten anderer Meinung. Die evolutionäre Ethik lehnt wie jede andere naturalistische Ethik absolute Normen, Letztbegründungen, kategorische Imperative und Dogmen ab. Wohl aber gibt es vorläufige und verbesserungsfähige Normen, relative Begründungen und hypothetische Imperative der Art »Wenn du A erreichen möchtest, dann solltest du B tun!« Dabei können Normen und Normensysteme kritisiert, verbessert und ersetzt werden. Eine naturalistische Ethik zeichnet sich also nicht durch Endgültigkeit, sondern durch ihre Kritisierbarkeit aus. Dieses wünschbare Merkmal trägt der Tatsache Rechnung, dass wir uns irren können und oft irren, sowohl im Denken als auch im Handeln. Eine naturalistische Ethik geht von der grundsätzlichen *Fehlbarkeit* des Menschen, also von einem konsequenten *Fallibilismus* aus.

Hypothetische Imperative beruhen auf bestimmten Voraussetzungen. Auch diese Voraussetzungen bilden nicht das unumstößliche Fundament, nach dem die klassische Philosophie so lange gesucht hat. Und je nach den Voraussetzungen, die wir annehmen, kommen wir zu verschiedenen Ergebnissen. Deshalb gibt es nicht eine einzige Ethik, sondern viele, angesichts deren man leicht

2 Dazu auch Vollmer (1993; 1994).

die Übersicht verliert. Solche Ethiken sind im folgenden Abschnitt nach einem bestimmten Gesichtspunkt geordnet. Soweit wir überhaupt eine Wahl haben, stellt sich also die Frage: Welche Ethik sollen wir dann bevorzugen?

Eine zwingende Antwort gibt es auf diese Frage nicht. Der Naturalist wird aber Wert darauf legen, dass die Wahl nach rationalen Gesichtspunkten erfolgt, dass sie also insbesondere kritisierbar und revidierbar ist. Nicht nur unsere *Handlungen* werden also der rationalen Kritik unterworfen, sondern auch die *Kriterien*, nach denen wir Normen und Normensysteme auswählen.[3]

Während in einer naturalistischen Ethik alle sinnvollen Fragen naturalistisch beantwortet werden sollen, kann eine evolutionäre Ethik nicht alle sinnvollen Fragen durch Verweis auf die Evolution beantworten. Das Beiwort »evolutionär« kann lediglich andeuten, wie sich evolutionäre Ethik von traditionellen Ansätzen *unterscheidet*. Maßstab für eine Beurteilung sollte also sein, ob durch sie überhaupt etwas gewonnen wird, und nicht, ob auch alle offenen Fragen sofort beantwortet werden.

3. Der Turm von Hanoi

Der »Turm von Hanoi« ist ein Spiel, das mit kreisförmigen Scheiben unterschiedlicher Größe gespielt wird. Details spielen hier keine Rolle; wichtig ist, dass bei dem Spiel immer nur kleinere Scheiben auf größere gelegt werden dürfen. Auf diese Weise können nur pagodenförmige Aufbauten entstehen. (Wir könnten also auch von einer Stufenpyramide sprechen; aber der Name des Spiels ist einfach hübscher.) Wir benutzen dieses Bild, um die ver-

3 Hier droht offenbar ein unendlicher Regress in einem Turmbau von Kriterien und Metakriterien. Vgl. dazu, wie man ihn vermeidet, etwa Vollmer (1993), S. 141–160.

schiedenen Ethiken übersichtlich zu ordnen, nämlich nach der Zahl der Objekte, auf die sich die jeweilige Ethik bezieht.

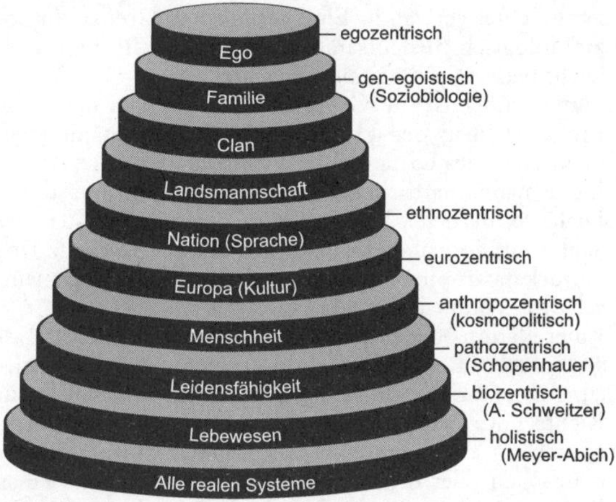

Der Turm von Hanoi: Ethiken beziehen sich auf verschieden große Bereiche.

- Das engste, hier oberste System ist ein System, bei dem ich alleiniger Maßstab für Bewertungen bin. Das Ergebnis wäre eine *egozentrische*, vermutlich durchweg egoistische Ethik, also schon fast eine Art Anti-Ethik.
- Auf der nächsten Stufe sollen wir für die Träger unserer Gene, also für unsere *Verwandten*, insbesondere für unsere Familie sorgen. Der Begriff »verwandt« ist dabei unscharf; wegen unserer gemeinsamen Vorfahren sind wir letztlich mit allen Menschen, stammesgeschichtlich gesehen sogar mit allen Lebewesen verwandt. Allerdings nimmt der Grad der Verwandtschaft ab, wenn

man auf der Zeitachse zurückgeht. Genetisch sind wir mit Eltern, Kindern und Geschwistern zur Hälfte, mit Großeltern, Enkel, Onkel und Tante, Neffe und Nichte zu einem Viertel, mit Vetter, Kusine und Urenkel zu einem Achtel verwandt. Eine vernünftige Grenze für soziobiologisch bedeutsame Verwandtschaft liegt vielleicht bei einem Zweiunddreißigstel.

- Umfassender ist die Großfamilie, die Sippe, der Clan. Ein Clan mag der Horde, vielleicht der Stammesgemeinschaft des Urmenschen entsprechen.
- Landsmannschaftlich gebunden fühlen wir uns durch Dialekte, Bräuche, Kleider (etwa Trachten), Feste, aber auch durch drohende oder gemeinsam überstandene Naturkatastrophen, die uns zu einer Schicksalsgemeinschaft zusammenschweißen.
- Einer Nation oder einem Volk fühlen wir uns durch Rasse, Sprache, Religion oder durch eine gewählte Regierung zugehörig. Eine Ethik, welche diese Merkmale zur Richtschnur macht, können wir *ethnozentrisch* nennen.
- Man kann aber auch eine ganze Sprachgruppe (die romanischen oder die indoeuropäischen Sprachen), einen Kontinent (Europa oder Nordamerika), eine gemeinsame Regierungsform (die Demokratie) oder eine gemeinsame Wirtschaftsform (die Marktwirtschaft) in den Vordergrund stellen. Über Eurozentrismus wird zur Zeit – und sicher auch noch in Zukunft – viel diskutiert.
- Die meisten Ethiken stellen heute den Menschen in den Mittelpunkt; sie sind also *anthropozentrisch*. Das gilt im Großen und Ganzen auch für Kants Ethik: Sollen wir Tiere nicht quälen, so nach Kant nicht um der Tiere willen, sondern damit wir für den Umgang mit unseren Mitmenschen nicht abstumpfen oder verrohen. Kant würde deshalb vermutlich auch Spiele und Filme, die an Gewalt gewöhnen, verwerflich finden.
- Arthur Schopenhauer fordert, alle leidensfähigen Wesen in moralische Betrachtungen einzubeziehen. Er vertritt

also – ähnlich wie Hinduismus oder Buddhismus – eine *pathozentrische*, also eine auf Leidvermeidung ausgerichtete Ethik.

- Albert Schweitzer fordert sogar, alle Lebewesen einzubeziehen; eine solche Ethik könnten wir *biozentrisch* nennen. Es soll hier nicht weiter untersucht werden, wieweit er dabei auch an Bakterien, an die Tsetsefliege oder an andere für den Menschen gefährliche Lebewesen gedacht hat.
- Am umfassendsten ist eine *holistische* Ethik, die alle realen Systeme einbezieht. Danach haben sogar Steine, Landschaften oder ganze Himmelskörper einen Eigenwert. Hier dürfen wir wohl Klaus Michael Meyer-Abich (1997) einordnen.

Alle Ethiken von einigem Gewicht verlangen von uns, dass wir nicht nur den eigenen Egoismus überwinden, sondern dass wir über das, was uns stammesgeschichtlich mitgegeben ist, hinausgehen. Wenn Moral und Ethik nur das von uns verlangten, was wir sowieso tun, dann bräuchten wir keine Moral. »Moral muss wehtun«, lautet eine populäre Deutung der Kant'schen Ethik; als eindeutig *moralisch* gilt dort nur eine Handlung, die der Pflicht entspricht, meiner Neigung jedoch zuwiderläuft.

Gibt es dann überhaupt eine Chance, dass moralische Forderungen erfüllt werden? Im Folgenden wird die Frage untersucht, was wir sowieso tun (Kap. 6) und was die Moral zusätzlich von uns verlangt (Kap. 7). Der Begriff des *sozialen Mesokosmos* (Kap. 6) wird dabei hilfreich sein. Wir können dann fragen, ob wir den sozialen Mesokosmos verlassen können (Kap. 7) und wie wir das schaffen (Kap. 8).

4. Was tun wir sowieso?

Glücklicherweise sind wir keine bloßen Egoisten. Nach der klassischen Deutung der Evolutionstheorie sorgt jedes Individuum ausschließlich für sich selbst, um seine *Darwin-Fitness* zu erhöhen. Folgt man der Soziobiologie, so sorge ich aber nicht für mich, sondern für die Verbreitung meiner Gene, und die stecken eben auch in meinen Verwandten. Deshalb tun wir alles für unsere Kinder und vieles für andere Verwandte und erhöhen dadurch unsere *Gesamt-Fitness (inclusive fitness)*. Von Natur aus sind wir also auf die Sippe eingestellt. Dazu kommt der gegenseitige, der reziproke Altruismus, dank dessen wir zusätzlich auch Freunden helfen, wenn sie dafür uns oder unseren Verwandten etwas Gutes tun. Das, was wie echter Altruismus aussieht, ist dann (zwar kein persönlicher Egoismus, aber eben) doch nur Sorge für die eigenen Gene. Die heuristische Regel für die Soziobiologie lautet deshalb: »Traue keinem erhabenen Motiv, wenn sich auch ein niedriges finden lässt!«

Genetisch-phylogenetisch sorge ich nicht nur für mich, sondern auch für andere, allerdings geschieht dies nur in meinem Nahbereich. Für die Ethik geht es nun darum, diesen Kreis zu *erweitern*. Deshalb nennt Peter Singer (1981) sein Buch über Ethik und Soziobiologie »The expanding circle«. Es wäre nicht überraschend, wenn sich das Bild konzentrischer Kreise oder des Turmes von Hanoi auch bei Singer fände. Das ist jedoch nicht der Fall; nur das Umschlagbild zeigt konzentrische Wasserwellen. Übertragen auf dieses Bild konzentrischer Kreise oder eben auch Scheiben können wir sagen: Von Natur aus befinden wir uns etwa auf der Ebene des Clans; moralische Normen haben also die Aufgabe, unser Verhalten in Richtung auf tiefere Ebenen auszuweiten.

Was kann uns veranlassen, solchen moralischen Normen zu folgen? Es ist die Tatsache, dass wir Menschen über etwas verfügen, was den Tieren, auch den uns nächstverwandten Menschenaffen, abgeht: Es ist die *Vernunft*. Sie befähigt uns, die Folgen unseres Tuns vorab zu bedenken und dieses Wissen in unsere Entscheidungen einfließen zu lassen. Wir können also in unseren Entscheidungen und Handlungen viel mehr Wissen berücksichtigen als alle Tiere. »Bedenke die Folgen!« können wir keinem Tier, aber jedem Menschen ans Herz legen.

Die Tatsache, dass wir Vernunftgründe gelten lassen, macht uns nicht zu Antinaturalisten. Im Gegenteil: Für den Naturalisten ist die Vernunft ja ebenso ein Ergebnis der kosmischen, insbesondere aber der biologischen Evolution wie unsere Anatomie oder unser Verhalten. Vernunft ist etwas Natürliches, und es ist für Menschen ganz natürlich, die Vorteile des Vernunftgebrauchs zu nützen. Der Naturalist scheut und vermeidet jedoch die Berufung auf Metaphysik. »So wenig Metaphysik wie möglich!« ist eine wichtige Devise des Naturalisten.[4] Sie gilt natürlich auch für die evolutionäre Ethik.

Natürlich wissen wir, dass der Rat der Vernunft nicht immer befolgt wird. Die Vernunft kann uns etwas nahelegen, das unseren Neigungen widerspricht. Manchmal handeln wir sogar wider besseres Wissen – so natürlich sind wir!

Eigentlich bräuchten die ethischen Imperative nicht universell zu sein. Biologisch-evolutionär würde es genügen, wenn wir uns nur *in der Regel* so verhielten. Auch *de facto* befolgen wir diese Imperative nicht immer. Tatsächlich dürfte es kein Prinzip geben, dem wir alle immer und überall folgen. Hier finden wir eine Analogie zur beschreibenden Naturwissenschaft: Dort gibt es statistische Gesetze, die nur im Mittel gelten. Beispiele sind in der Genetik die zweite und die dritte Mendel'sche (Spaltungs- und Unabhängigkeits-)Regel, in der Physik der zweite

4 Vgl. dazu Vollmer (1994), S. 204–205, bzw. Vollmer (1995), S. 26–27.

Hauptsatz der Wärmelehre (der Entropievermehrungssatz) und das Zerfallsgesetz für radioaktive Substanzen. (Es wurde sogar erwogen, ob der Energieerhaltungssatz vielleicht nur *im Mittel* gilt. Diese Vermutung hat sich jedoch nicht bestätigt.)

Verstöße gegen eine Norm sagen freilich noch nichts über die Berechtigung dieser Norm: Ihre allgemeine Befolgung verschafft ihr noch keine Geltung im normativen Sinne, und die Verstöße stellen sie nicht ernsthaft in Frage. Suchen wir jedoch nach moralischen Normen, bei denen wir keine Ausnahmen zulassen, so werden wir nur schwer fündig. Das Diebstahlsverbot wird aufgehoben, wenn es sich um Mundraub handelt. Das Tötungsverbot wird aufgehoben, wenn es sich um den Henker oder den Soldaten, um Abtreibung, passive Sterbehilfe oder Notwehr handelt (dabei darf die Notwehrhandlung sogar über das erforderliche Maß hinausgehen, wenn Irrtum oder Panik vorliegen). Abgeordnete genießen eine gewisse Immunität – aber auch diese kann aufgehoben werden.

Die Verbote sind also – entgegen dem ersten Anschein – nicht absolut zu verstehen. Sie drücken eher eine *Asymmetrie* aus: Nicht-Töten soll die Regel sein, Töten die Ausnahme. Moralische Normen schreiben eine Rechtfertigungspflicht zu: Töten ist nur unter bestimmten, ausdrücklich und abschließend zu nennenden Umständen erlaubt und muss dann als erlaubt erst nachgewiesen werden; in allen übrigen Fällen ist es unmoralisch, verboten und strafbar.

Offenbar liegt nicht eindeutig fest, wie weit uns Moral und Ethik auf größere Bereiche um uns herum verpflichten. Im Bild des Turmes von Hanoi zeigt sich keine *natürliche* und vor allem keine selbstverständliche Grenze, bei der moralische Forderungen notwendig Halt machen müssten. Selbst dann, wenn wir den ethischen Universalismus ernst nehmen, bezieht dieser sich zunächst einmal auf alle *Menschen*, bleibt damit aber immer noch anthropozentrisch. Es bleibt beispielsweise offen, ob auch zukünftige Generationen in die Überlegung einbezogen werden sollen und ob diese dann gleiches Gewicht haben sollen wie lebende.[5] Haben wir Pflichten gegenüber Verstorbenen, gegenüber Ungeborenen, gegenüber bloß möglichen Menschen? Haben wir Pflichten gegenüber Tieren? Sind wir für die Natur verantwortlich? Kein Wunder, dass über die Berechtigung moralischer Normen so viel Uneinigkeit herrscht.

5. Was verlangt die Ethik zusätzlich von uns?

Die Forderungen der Ethik sind universell. Sie sind das nicht zufälligerweise, sondern aus systematischen Gründen. *Verallgemeinerbarkeit* stellt eines der wichtigsten Merkmale ethischer Forderungen dar. Wie kommt es zu dieser eher unbiologischen Forderung?

Im Grunde gibt es nur zwei entgegengesetzte Positionen: Die eine stellt das Individuum, das Ego, in den Mittelpunkt, die andere setzt *auch* auf das Wohlergehen anderer. Für die egoistische Doktrin stehen etwa Platons Kallikles (im *Gorgias*), Machiavellis »Fürst« oder Nietzsches »Übermensch«. Solche Systeme werden im Allgemeinen nicht als ethisch vertretbar angesehen. Ethiken zielen grundsätzlich in die entgegengesetzte Richtung: Sie fordern, dass wir auch etwas für andere tun. Dass wir uns dabei völlig aufopfern, wird zwar, wenn es vorkommt, besonders gelobt, doch verlangt wird es nicht.

Wie weit sollen wir diesen Bereich ausdehnen? Es besteht kein Zweifel, dass hier eine historische Entwicklung zu beobachten ist; kein Zweifel auch, dass die Forderungen immer weiter gehen, als wir von uns selbst aus zu tun bereit sind. Das Alte Testament muss noch verbieten, den

5 Dazu etwa Birnbacher (1988).

eigenen Bruder zu versklaven; Angehörige von Nachbarvölkern dagegen darf man, wie ausdrücklich festgestellt wird, als Sklaven kaufen und halten. Platon fordert bereits, die Athener sollten überhaupt keine Griechen versklaven oder ausrauben, sondern dies nur Nicht-Griechen antun. Häufig genug erstrecken sich moralische Forderungen nur auf Landsleute, auf Glaubensgenossen oder auf Angehörige der eigenen Klasse bzw. Rasse. Seit der Aufklärung beziehen unsere Normen alle Menschen ein, und inzwischen sind wir aufgefordert, auf alle Wesen Rücksicht zu nehmen, die Gefühle haben und leiden können.

Ethik arbeitet mit *Begründungen*, und zwar mit solchen, die auch anderen einleuchten. Es ist aber äußerst schwierig, jemandem plausibel zu machen, dass ich etwas darf, was er nicht darf. Das wichtigste Prinzip der Ethik ist deshalb die Goldene Regel, etwa in der Form »Was Du nicht willst, ...« Aber wie weit soll der Kreis der *Anderen* ausgedehnt werden? Hat man die Erweiterung erst einmal in Gang gesetzt, so gibt es keinen Grund innezuhalten, bevor der Kreis die gesamte Menschheit umfasst.

Peter Singer vergleicht diesen Prozess mit einer Rolltreppe: Die Treppe trägt einen nach oben, und zwar auch dann, wenn man zunächst nur ein wenig an Höhe gewinnen wollte. Ähnliches geschieht in der Ethik: Die Autonomie der Vernunft trägt uns weiter und weiter, bis alle Menschen eingeschlossen sind. »Habe ich erst einmal eingesehen«, so Singer, »dass von einem ethischen Standpunkt aus meine Interessen und die meiner Verwandten und Nachbarn nicht mehr zählen als die Interessen anderer Mitglieder meiner Gemeinschaft«, dann erhebe sich sofort die Frage, »warum die Interessen meiner Gemeinschaft wichtiger sein sollten als die Interessen anderer Gemeinschaften«. Lautet »die einzige verfügbare Antwort«, es sei doch »*meine* Gemeinschaft, dann wird der ethische Ansatz diese Antwort verwerfen« (Singer, 1981, S. 118).

Über die Möglichkeit, dieses Ziel zu erreichen, ist damit noch nichts gesagt. Nicht alles, was vernünftig scheint, wird wirklich; hier müssen wir Hegels berühmtem Diktum widersprechen. Aber natürlich kann man etwas tun, um solche Ziele zu erreichen. Doch was genau können wir tun, um die Ziele, die uns erstrebenswert erscheinen, auch zu erreichen? Die evolutionäre Ethik unterscheidet in diesem Zusammenhang zwischen dem, was wir »von Natur aus« tun, und dem, wozu uns Moralsysteme oder Ethiken zu verpflichten versuchen.

6. Der soziale Mesokosmos

Der soziale Mesokosmos ist jener Ausschnitt unserer sozialen Umgebung, auf den wir stammesgeschichtlich *geprägt* sind. Diese Definition setzt voraus, dass es biologisch-genetische Wurzeln für unser Sozialverhalten gibt. Sie verlangt jedoch keinen genetischen Determinismus, wonach *alles* Sozialverhalten genetisch festgelegt wäre. Belege für genetisch bedingte Verhaltensdispositionen lassen sich leicht finden, vom ethologischen Vergleich mit unseren nächsten Verwandten über Studien an Stammeskulturen (Naturvölkern) bis zur Entwicklungspsychologie. In diesem Zusammenhang stellen Verhaltensuniversalien gute Kandidaten für genetische Wurzeln dar.

Wann ist der soziale Mesokosmos entstanden? Auch hier sind selbst ungefähre Angaben noch recht kühn. Wir gehen davon aus, dass wir genetisch auf ein soziales Gefüge geprägt sind, wie es in der Steinzeit bestand. Auf diese Weise verstehen wir auch den Buchtitel »Mammutjäger in der Metro« (Allmann, 1996). Dabei ist freilich zu bedenken, dass sich die Steinzeit oder das Pleistozän über mehr als die letzte Million Jahre erstreckt.

Wie sieht der soziale Mesokosmos aus? Zahlreiche Ansätze versuchen, den sozialen Mesokosmos zu schildern (ohne dass dieser Ausdruck verwendet würde), etwa der des Humanethologen Irenäus Eibl-Eibesfeldt (1973; 1984, Kap. 4, 5, 8; 1991). Auch der Anthropologe Hans Zeier (1978, S. 1109, 1118f.) hat versucht, den sozialen Mesokosmos zu charakterisieren. Er tut dies allerdings nicht, indem er dessen typische Merkmale aufzählt, sondern indem er Situationen skizziert, die in unserer stammesgeschichtlichen Vergangenheit *nicht* vorgekommen, heute aber häufig anzutreffen sind. In Anlehnung an Zeier stellen wir solche Bedingungen zusammen:

(1) Die Gruppen, in und mit denen wir leben, umfassen mehr als hundert Individuen.
(2) Wir haben mehr Kontakte mit uns fremden als mit uns vertrauten Individuen.
(3) Wir haben mehr indirekte Kontakte über (technische) Hilfsmittel als persönliche Kontakte.
(4) Der Anteil neuartiger Tätigkeiten ist vergleichsweise hoch.
(5) Wir machen mehr passive Erfahrungen (Berichte, Lektüre, Medien, Computer) als aktive.
(6) Soziale und technische Veränderungen lassen die Erfahrungen einer Generation für die nächste unbrauchbar werden.
(7) Wir lernen mit und an Maschinen statt an Menschen und entwickeln entsprechende Gewohnheiten und Denkmodelle.
(8) Wir erleben weder unsere ökologischen Lebensvoraussetzungen noch die Folgen unserer Handlungen direkt genug, um individuell aus diesen Folgen zu lernen.
(9) Viele Kinder wachsen mit nur einem Elternteil auf, lernen also das jeweils andere Geschlecht bzw. die andere Hälfte der Familie kaum kennen.
(10) Bleibt es über mehrere Generationen bei Einzelkindern, gibt es keine Großfamilie mehr: keine Onkel

und Tanten, keine Kusinen und Vettern, keine Geschwister, keine Neffen und Nichten. Verwandt bin ich nur noch mit meinen Eltern und mit meinem Kind.

Zeier leitet aus dieser Analyse weitgehende *Verzichtforderungen* ab. Verzichten sollen wir etwa auf unübersehbare Großtechnologie, wachstumsorientiertes Konsumdenken, übermäßige Machtkonzentration, auf Gesetzesflut und unangemessene Veränderungsraten. Diese Ableitung ist in zweierlei Hinsicht problematisch. Sie ist zunächst einmal weitgehend überflüssig: Wozu bedarf es biologischer oder ökologischer Gründe, wenn wertende Bezeichnungen wie ›unübersehbar‹, ›übermäßig‹, ›unangemessen‹ bereits signalisieren, dass es hier etwas zu vermeiden gilt? Außerdem setzt diese Ableitung eine »integrale Ethik des Verzichts« voraus. Eine solche Ethik aber *widerspricht* gerade unseren stammesgeschichtlich erworbenen Verhaltensmustern. Unsere steinzeitlichen Vorfahren mussten nämlich derartigen bewussten und willentlichen Verzicht nicht üben; die Kargheit der Lebensbedingungen ließ es vielmehr angemessen erscheinen, die verfügbaren Ressourcen auch auszuschöpfen.

So meint Eibl-Eibesfeldt,[6] eine »lange Stammesgeschichte« habe uns »eine exploitative, sich bietende Gelegenheiten maximal ausschöpfende Wesensart angezüchtet«: Dies »galt bis zu unseren altsteinzeitlichen Ahnen«. Die natürliche Auslese habe uns deshalb »mit keinerlei Bremsen ausgestattet. Im Gegenteil!«

Besonders deutlich wird das im Zusammenhang mit unserem Stoffwechsel. Zwar ist der Mensch auf Hungern hervorragend eingestellt (Young/Scrimshaw, 1971); aber da ihm der Mangel von außen auferlegt wurde, war er nie

6 Eibl-Eibesfeldt in: Neumann (1999), S. 104; ähnlich Eibl-Eibesfeldt (1991), S. 38.

gezwungen, freiwillig und selbständig Verzicht zu üben. Unser Stoffwechsel ist geeignet, Energie wirksam aufzunehmen und zu speichern. So werden Eiweiß-, Zucker- und Fettvorräte angelegt, die es erlauben, Hungerperioden zu überstehen. Da wir auf der Nordhalbkugel solche Hungerperioden nicht mehr kennen, sind wir überernährt und leiden unter den Folgen. Die Ernährungsphysiologin Hannelore Daniel spricht deshalb bildhaft vom »Schlaraffenlandproblem«.

Wir halten also Zeiers Diagnose und seine Erklärung für unsere demographischen, sozialen und ökologischen Probleme für durchaus zutreffend und seine Forderungen für vernünftig, betrachten jedoch seine Verzichtsethik nicht als das geeignete Mittel, solche Forderungen auch durchzusetzen. Seine beschreibende und erklärende Anthropologie mag realistisch sein; seine Verzichtsethik ist es nicht.

Ein wichtiges Merkmal des sozialen Mesokosmos ist die Zahl der Gruppenmitglieder, denen gegenüber wir uns sozial oder sogar altruistisch verhalten. Eine solche Gruppe hat 80 bis 150 Mitglieder.[7] Diese kennt man alle persönlich; mit vielen von ihnen ist man enger oder weiter verwandt; bei ihnen kann man erwarten, dass sie Wohltaten erwidern. Außenstehende werden ganz anders behandelt. Es gibt also eine »doppelte Moral«: Gegen Gruppenmitglieder (in-groups) ist man vertrauensselig, freundlich, hilfsbereit, gegen Außenstehende (out-groups) misstrauisch, feindlich, unkooperativ.

Für Moral und Ethik geht es also darum, den Kreis der Begünstigten zu erweitern, also den sozialen Mesokosmos auszudehnen. Schaffen wir das? Wo liegen die Hindernisse? Und was können, was sollten wir tun, um diese Hindernisse zu überwinden? Mit diesen Fragen befassen sich die beiden letzten Abschnitte.

7 Dazu etwa Allmann (1996), S. 350f.

7. Können wir den sozialen Mesokosmos verlassen? Die Hindernisse

Ja, wir können den sozialen Mesokosmos verlassen. Aber selbstverständlich ist dies nicht. Mit universalistischen Forderungen allein ist es jedenfalls nicht getan. Die Grundlagen unseres Verhaltens im sozialen Mesokosmos sind tief in uns verankert. Soweit uns die Gene dabei nicht leiten, kann man durch Vorbild und Belehrung, durch Vorschriften und Verbote einiges erreichen. Sobald aber die Forderungen den Genen widersprechen, können wir solchen Forderungen nicht folgen, selbst dann nicht, wenn die Vernunft uns dies empfiehlt. Wir stoßen dabei auf etwas qualitativ Neues: auf *Dilemmastrukturen.* Ein Dilemma ist eine Situation, in der es mehrere Verhaltensmöglichkeiten (Strategien) gibt, die jeweils gute Gründe *für*, aber auch *gegen* sich haben. In der evolutionären Ethik ist es der Gegensatz zwischen Natur und Vernunft, der oft in ein Dilemma führt.

Manche sprechen in diesem Zusammenhang von einer *evolutionären Falle,* in die wir geraten sind. Ausdrücke dafür gibt es viele: »Der Mensch – Irrläufer der Evolution« (Koestler), »Versuch und Irrtum. Der Mensch: Fehlschlag der Natur« (Löbsack; dies hat Hubert Markl veranlasst, den Menschen einen »Volltreffer der Evolution« zu nennen), »Widersacher der Vernunft und der Humanität in der menschlichen Natur« (Hassenstein), »Fallgruben der Evolution«, »Der fatale Wettlauf im Jetzt«, »Stolperstricke« (alle Eibl-Eibesfeldt, 1991), »Sackgassen« (Allmann), »Naturkatastrophe Mensch« (Wuketits), nicht zu vergessen »Die acht Todsünden der zivilisierten Menschheit« (Lorenz, 1973b). Wir wollen einige solche Fallen nennen.[8]

8 Dazu auch Eibl-Eibesfeldt (1988).

Die Vermehrungsfalle

Auf das Bevölkerungswachstum, seine biologischen und sozialen Ursachen und seine fatalen Folgen gehen wir hier nicht weiter ein. Diese Falle hängt jedoch zusammen mit einer weiteren:

Die Falle des vermeintlichen Ausweichen-Könnens

Wir sind gewohnt, dass irgendwo immer noch Platz ist, dass man also notfalls auswandern kann. Größen mit Grenzcharakter können wir uns nicht anschaulich vorstellen. Das gilt ebenso in der Physik für die Lichtgeschwindigkeit und für das Planck'sche Wirkungsquantum; auch dort ist es weniger die Größe oder die Kleinheit dieser Naturkonstanten, sondern ihr *Grenzcharakter*, der unserer Vorstellung Schwierigkeiten bereitet. Und es gilt auch für die Erdoberfläche. Dass wir irgendwann nicht mehr ausweichen können, ist für uns nicht vorstellbar.

Die Falle des vermeintlichen Wissens

Wir überblicken unser Wissen, aber nicht unser Nichtwissen. Deshalb überschätzen wir unser eigenes Wissen, betrachten es nur zu gern als *vollständig* und als *sicher*. Wir bilden uns ein, wir hätten die erforderliche Information, wir wüssten genug. Und so meinen wir, uns zu jeder Frage äußern zu können, äußern zu müssen. Das gilt sowohl im kognitiven als auch im sozialen Bereich. Die meisten Menschen haben eine Meinung zu der Frage, ob es außerirdisches Leben oder außerirdische Intelligenzen gibt, auch dazu, ob Kriege im Kosovo oder in Tschetschenien moralisch vertretbar sind. Folgt man Sokrates, Platon und

Popper, so ist eingebildetes Wissen die tiefste Wissensstufe. Und wir erreichen schon dann eine höhere Stufe, wenn wir unser eigenes Unwissen erkennen.

Die Falle des Kurzzeitdenkens

Diese Falle stellt ein besonders charakteristisches Dilemma dar: Die Vernunft mahnt uns, mittel- und langfristig zu planen, sie ermahnt uns zur Nachhaltigkeit; aber wir folgen dieser Mahnung nicht. Größere Zeiträume können wir nicht überblicken, das Übermorgen verschwindet hinter dem Morgen. Immer noch wählen wir jene Politiker, die uns für die unmittelbare Zukunft Wohlergehen versprechen. Der Evolutionsbiologe Stephen Jay Gould (1990, S. 13), behauptet sogar, die Entdeckung der ungeheuren biologischen, geologischen und kosmischen Zeiträume stelle – neben den Einsichten von Kopernikus, Darwin und Freud – eine weitere Kränkung des Menschen dar, gerade weil solche Zeiträume nicht erlebbar und deshalb unvorstellbar sind![9]

Die Testosteron-Falle

Macht und Erfolg führen zur Ausschüttung des Hormons Testosteron. Gewinnt ein Tennisspieler ein Match oder besteht ein Student eine Prüfung, so steigt der Testosteronspiegel innerhalb von 24 Stunden deutlich an; im Falle eines Misserfolgs sinkt er ab. Dieser Hormonreflex bekräftigt das Selbstwertgefühl, setzt aber auch Kräfte frei, die zu mehr Macht und zu mehr Erfolg verhelfen. Hier zeigt sich eine positive Rückkopplung, eine Eskalationsspirale ohne Absicherung.

9 Natürlich gibt es mehr als nur vier Kränkungen, nämlich mindestens zehn. Dazu Vollmer (1992).

Weitere Beispiele lassen sich leicht finden. Ähnlich, wie wir uns im kognitiven Bereich oft irren und immer wieder auf optische und andere Sinnestäuschungen hereinfallen, so irren wir uns auch im sozialen Bereich und werden Opfer stammesgeschichtlich erworbener Mechanismen. Eine wichtige Aufgabe besteht also darin herauszufinden, ob und wie wir solchen Fallen ausweichen können.

8. Wie machen wir das?

Die Frage »Wie machen wir das?« kann wieder auf zwei Weisen verstanden werden. Im deskriptiven Sinne bedeutet sie: »Wie geschieht das tatsächlich?«, im normativen Sinne dagegen: »Wie sollen wir das anstellen?« Im ersten Falle geht es um die Analyse von Fakten, im zweiten um Ratschläge und Tipps. Im Folgenden beschränken wir uns auf das Beschreiben. Solche Beobachtungen in Rezepte umzusetzen, ist zwar verlockend; das machen wir uns jedoch hier nicht zur Aufgabe.

Die Analyse zeigt, dass bei der Universalisierung unser biologisch-genetisches Erbe überlistet wird. Solch ein Umfunktionieren ist für die Biologie nichts Ungewöhnliches. Fast alles, was entsteht und um einer bestimmten Funktion willen weiterentwickelt wird, lässt sich auch für andere Zwecke einsetzen: Die Vorderflossen des Fisches wurden zu Beinen, zu Armen, zu Flügeln; Federn dienen dem Fangen, dem Wärmen, dem Fliegen; die Gehörknöchelchen der Säugetiere stammen aus dem Kiefergelenk der Reptilien usw. Für das Verhalten gilt Ähnliches. Reptilien können nicht freundlich sein; die Fähigkeit zu Mitleid, Mitgefühl und Nächstenliebe (nicht Fernstenliebe!) kam erst mit der Brutpflege in die Welt. »Aus dem Brutpflegefüttern wurde das Balzfüttern vieler Vögel und in einer Weiterentwicklung das ritualisierte Schnäbeln ohne Futterübertragung.« (Eibl-Eibesfeldt, 1991, S. 58) Beim

Menschen wurde aus dem Füttern das Kussfüttern, später aus diesem ein Ausdruck von Zärtlichkeit auch ohne Nahrungsübergabe. Verliebte geben sich kindlich, sprechen eine Oktave höher und verwenden Kindersprache.

Wir sollten nicht hoffen, die Menschen insgesamt *umerziehen* zu können. Vielmehr kommt es darauf an, vorhandene Verhaltensweisen zu stärken, auszubauen bzw. sinnvoll umzulenken.

Dadurch entsteht ein Problem: Wie jeder Zauberer, jeder Wunderdoktor, jeder Demagoge weiß, sind Tricks, die man verraten hat, nur noch halb so wirkungsvoll. Könnte es also sein, dass wir nur dann moralisch handeln, wenn wir die List der Natur oder die List anderer Menschen nicht durchschauen, wenn wir also nicht wissen, wie soziale Regeln entstehen, wie und warum sie funktionieren? Sollten wir uns vielleicht hüten, solche Mechanismen aufzudecken? Tatsächlich könnte das der Fall sein; aber aus dieser Erkenntnis folgt für uns nichts. Auch hier hat die Vernunft einen Prozess in Gang gesetzt, der sich nicht aufhalten lässt. Und erneut passt Singers Bild von der Rolltreppe, die weiter trägt, als ursprünglich beabsichtigt war. Ein Verzicht auf Wissen scheint uns riskanter und deshalb weniger verantwortbar als ein Wissen, dessen Auswirkungen wir zu meistern hoffen. Zu groß ist die Gefahr, dass andere gerade jenes Wissen erwerben und für ihre Zwecke nutzen, das wir uns versagen wollten.

Nun aber einige Beispiele.

Räumliche Nähe

Wir bringen den zu Unterstützenden uns *räumlich näher*. Das gelingt schon durch Bilder, besonders gut durch bewegte Bilder in Film und Fernsehen. Ein hungerndes Kind auf dem Bildschirm berührt uns mehr als noch so viele abstrakte Angaben über Kinderzahlen, Kalorien, Tote in der Sahelzone. Die Tatsache, dass auch bei uns Menschen hungern oder obdachlos sind, nehmen wir zur Kenntnis, ohne aktiv zu werden. Einen Bettler direkt abzuweisen, fällt uns dagegen vergleichsweise schwer. Für einen Anhalter, der winkend am Straßenrand steht, halten wir nur selten an; spricht uns aber jemand persönlich an, so sind wir schon eher bereit, ihn mitzunehmen. Auf Leute, die man persönlich kennt, schießt man nicht.

Zugleich werden hiermit auch die Gefahren deutlich, denen wir durch die Bildmedien ausgesetzt sind. Was lange vermutet, ja befürchtet wurde, ist inzwischen eindrucksvoll belegt (wenn es auch wieder bestritten wird): Gewalt im Fernsehen, in Kinofilmen und in Computerspielen erhöht die Bereitschaft, selbst gewalttätig zu werden![10]

Wortsprache

Wir Menschen besitzen die Fähigkeit, eine Wortsprache zu verwenden, eine Fähigkeit, die kein anderes Lebewesen auf der Erde besitzt. Wir können Sprache nicht nur erwerben und benützen, sondern auch weiterentwickeln. So erlaubt es uns die Sprache nicht nur, unsere kognitive Nische, sondern auch unsere soziale Nische, den sozialen Mesokosmos, zu verlassen. Auch hier dürfte die Wortsprache das wichtigste Instrument zum Ausstieg sein. Mit seiner Hilfe können wir unser Orientierungswissen – sei es deskriptiv oder normativ – nicht nur durch Zeigen, Vorführen und Vorbild weitergeben, sondern durch sprachliches Be- und Vorschreiben.

Während die bereits genannte räumliche Nähe noch ohne Sprache hergestellt werden kann, sind alle im Folgenden beschriebenen Möglichkeiten auf die Verwendung der Wortsprache angewiesen.

10 Zum Einfluss von Gewaltkonsum etwa Spitzer (2003), S. 187–196.

Ausdehnung des Zeithorizontes

Wir neigen dazu, uns am *kurzfristigen* Erfolg zu orientieren, doch können wir den Zeithorizont ausdehnen, für den wir die Folgen unserer Handlungen abzuschätzen versuchen. Ähnlich, wie unsere Hilfsbereitschaft geweckt wird, wenn ein hungerndes Kind im Fernsehen gezeigt wird, so können wir uns jetzt die Zukunft ausmalen und dadurch in die Gegenwart holen. Der Bergsteiger weiß aus Erfahrung, wie gut er sich fühlen wird, wenn er erst einmal auf dem Gipfel steht, und wie stolz er sein wird, wenn er auf dem Gipfel war. Manchmal gelingt es uns also doch – und noch ganz ohne Moral! –, uns wenigstens am *mittelfristigen* Nutzen einer Handlung zu orientieren.

Die Zukunft wird dabei »diskontiert«: Die Folgen werden umso weniger stark gewichtet, je weiter weg sie in der Zukunft liegen. Das ist vernünftig.[11] Erstens wissen wir nicht, wie weit wir vorausplanen sollen. Wollten wir nämlich *alle* künftigen Generationen berücksichtigen, also potenziell unendlich viele, dann bliebe für die Gegenwart nichts übrig und für unsere eigenen Kinder auch nicht; dann ließen sich selbst unsere besten Absichten nicht mehr in die Tat umsetzen. Zweitens werden unsere Prognosen immer unsicherer, die Wirkungen unserer Handlungen immer undeutlicher, je weiter sie in die Zukunft reichen. Auch das hindert uns zu handeln, da wir erst allen möglichen Zukünften gerecht werden müssten.

Verwandtensemantik

Wir erweitern den Kreis der Verwandten, indem wir Nichtverwandte anders *benennen*. Auch hier wird gemogelt: Wir appellieren an die biologisch vorgegebene Bereit-

11 Zur Diskontierung etwa Birnbacher (1989), der allerdings *gegen* eine solche Diskontierung argumentiert.

schaft, Verwandten Gutes zu tun oder ihnen zu vertrauen. Wir sprechen von Gott als Vater, sehen im Oberhaupt der katholischen Kirche den Heiligen Vater oder Papst (lateinisch und italienisch *papa*), nennen den Geistlichen Pater, sprechen vom Paten (englisch *godfather*!), vom Beicht- und vom Landesvater, von Mutter Teresa, der Krankenschwester, dem Onkel Doktor, sind alle Gottes Kinder und damit automatisch Geschwister. Die französische Revolution beschwört die *fraternité*, »alle Menschen werden Brüder«, wir helfen unseren Brüdern und Schwestern im Osten, haben Ordensbrüder, sogar Skat-, Sauf- und Tippelbrüder. Ist die Muttersprache wenigstens noch die Sprache der Mutter, so ist doch das Vaterland (*patria*) nicht das Land des Vaters; und doch sind die Franzosen nach der *Marseillaise* (»Allons, enfants de la patrie«) Kinder des Vaterlandes. Auch im Begriff der *Nation* (von lat. *natus* ›geboren‹) wird eine gemeinsame Abstammung unterstellt; uns Deutschen ist das weniger bewusst. Auf diese Weise erweitern Benennungen unsere Verwandtschaft, die Kleingruppe, den Nahbereich. Selbst die Mafia nennt sich *die Familie*.

Institutionen

Institutionen stellen nach der Sprache die wirksamste Möglichkeit dar, unser Handeln zu beeinflussen. Sie sind Werkzeuge, um mit den erwähnten *Dilemmastrukturen* umzugehen. Sie können Moral und Ethik ersetzen; durch ihre Anwendung wird möglich, was Moral und Ethik wollen, aber nicht erreichen. Sie sorgen dafür, dass mehr Leute ihren *Eigeninteressen* nachgehen können, weil die jeweils Beteiligten *aus Eigennutz* mehr für die anderen tun. Institutionen stabilisieren unser Verhalten, indem sie die Erfüllung unserer Erwartungen begünstigen. Auf diese Weise bringen sie uns dazu, zugunsten mittel- oder langfristiger

Vorteile auf kurzfristige Gewinne zu verzichten. Dies geschieht allerdings nur unter der Voraussetzung, dass andere dies auch tun; gerade aus diesem Grund brauchen wir die Institutionen, weil sie die Selbstbindung zu einer kollektiven Bindung erweitern. Institutionen können dort greifen, wo Naturgesetze fehlen und die Moral versagt.

Ein lehrreiches Beispiel ist der *Tausch*. Wir tauschen Bücher gegen Briefmarken, Ware gegen Geld, Arbeitskraft gegen Lohn, Wissen gegen Honorar, Schweigen gegen Bestechungsgelder, staatlichen Schutz gegen Steuern. Tausch ist kein Nullsummenspiel, bei dem der eine das verliert, was der andere gewinnt, sondern ein Positivsummenspiel, bei dem alle Seiten etwas gewinnen. Die Kooperationsgewinne entstehen dabei aus der unterschiedlichen Wertschätzung: Ich tausche etwas, was ich weniger schätze, gegen etwas, was ich höher schätze, etwa ein Buch, das ich gelesen habe, gegen eine Briefmarke, die mir noch fehlt. Es ist von Vorteil, viele Tauschpartner zu haben; denn dann habe ich nicht nur mehr Tauschmöglichkeiten, sondern dann ist auch ein Ringtausch möglich. Besonders nützlich ist ein neutrales Tauschmedium wie Gold oder Geld. Tausch, Ringtausch, Handel, Geld, Markt, Polizei und Staat sind Institutionen. Sie verwirklichen oder verstärken jene »unsichtbare Hand«, von der schon Adam Smith schwärmte. Spieltheorie und Ökonomik gehören also zu den speziellen Werkzeugen, die uns Einsicht in Risiken und Chancen, ja sogar Ratschläge vermitteln.

Ob diese Möglichkeiten ausreichen, um uns aus der evolutionären Falle zu befreien, ist offen. Sicher werden wir, wenn wir die Verhaltensnormen, die wir für sinnvoll halten, auch durchsetzen wollen, noch weitere Hilfen brauchen. Wie der Naturalismus als Ganzes ist auch die evolutionäre Ethik als eine realistische – nämlich vernünftige und durchsetzbare – Ethik durchaus noch Programm.

9. Literaturhinweise

Albert, Hans: Traktat über kritische Vernunft. Tübingen 1968.
Allmann, William F.: Mammutjäger in der Metro. Wie das Erbe der Evolution unser Denken und Verhalten prägt. Heidelberg 1996, 1999 (engl. 1994).
Bayertz, Kurt (Hrsg.): Evolution und Ethik. Stuttgart 1993.
Birnbacher, Dieter: Verantwortung für zukünftige Generationen. Stuttgart 1988.
– Intergenerationelle Verantwortung oder: Dürfen wir die Zukunft der Menschheit diskontieren? In: Reiner Kümmel / Jörg Klawitter (Hrsg.): Umweltschutz und Marktwirtschaft. Würzburg 1989. S. 101–115.
Eibl-Eibesfeldt, Irenäus: Der vorprogrammierte Mensch. Das Ererbte als bestimmender Faktor im menschlichen Verhalten. Wien 1973.
– Die Biologie des menschlichen Verhaltens. Grundriss der Humanethologie. München 1984, ³1997.
– Der Mensch – das riskierte Wesen. Zur Naturgeschichte menschlicher Unvernunft. München 1988.
– Fallgruben der Evolution – Der Mensch zwischen Natur und Kultur. Wien 1991.
Einstein, Albert / Leopold Infeld: Die Evolution der Physik. Hamburg 1951; 1956 (engl. 1938).
Flew, Antony: Evolutionary ethics. London 1967.
Franzen, Winfried: Grenzen des Naturalismus? In: Gießener Universitätsblätter 17 (Mai 1984) S. 69–77.
Gould, Stephen Jay: Die Entdeckung der Tiefenzeit. München 1990; 1992 (engl. 1987).
Huxley, Th. H. / J. Huxley: Evolution and ethics. London 1947.
Kant, Immanuel: Über den Gebrauch teleologischer Prinzipien in der Philosophie. In: Teutscher Merkur, 1788.
Lorenz, Konrad: Die Rückseite des Spiegels. Versuch einer Naturgeschichte menschlichen Erkennens. München 1973a.
– Die acht Todsünden der zivilisierten Menschheit. München 1973b.
Lütterfelds, Wilhelm (Hrsg.): Evolutionäre Ethik zwischen Naturalismus und Idealismus. Darmstadt 1993.
Markl, Hubert (Hrsg.): Natur und Geschichte. München, Wien 1983.

Meyer-Abich, Klaus Michael: Praktische Naturphilosophie: Erinnerung an einen vergessenen Traum. München 1997.

Neumann, Dieter [u. a.] (Hrsg.): Die Natur der Moral. Evolutionäre Ethik und Erziehung. Stuttgart 1999.

Ruß, Hans Günther: Empirisches Wissen und Moralkonstruktion: eine Untersuchung zur Möglichkeit und Reichweite von Brückenprinzipien in der Natur- und Bioethik. Frankfurt a. M. 2002.

Singer, Peter: The expanding circle. Ethics and sociobiology. Oxford 1981.

Spitzer, Manfred: Nervensachen. Geschichten vom Gehirn. Stuttgart 2003; Frankfurt a. M. 2005.

Vollmer, Gerhard: Evolutionäre Erkenntnistheorie. Stuttgart 1975, [8]2002.

– Was können wir wissen? Bd. 1: Die Natur der Erkenntnis. Stuttgart 1985, [3]2003.

– Wissenschaftstheorie im Einsatz. Stuttgart 1993.

– Die vierte bis siebte Kränkung des Menschen – Gehirn, Evolution und Menschenbild. In: Philosophia naturalis 29/1 (1992) S. 118–134; auch in: Vollmer (1995) S. 43–59.

– Bin ich ein Atheist? In: Edgar Dahl (Hrsg.): Die Lehre des Unheils. Fundamentalkritik am Christentum. Hamburg 1993. S. 16–31 (Text), 290 (Anm.); auch in: Vollmer (1995) S. 168–184.

– Was ist Naturalismus? Eine Begriffsverschärfung in zwölf Thesen. In: Logos N. F. 1 (1994) S. 761–773; auch in: Vollmer (1995) S. 21–42.

– Auf der Suche nach der Ordnung. Beiträge zu einem naturalistischen Welt- und Menschenbild. Stuttgart 1995.

Williams, Charles Mallory: Evolutional ethics. A review of the systems of ethics founded on the theory of evolution. New York 1893.

Young, Vernon R. / Nevin S. Scrimshaw: The physiology of starvation. In: Scientific American 225 (Oktober 1971) S. 14–21.

Zeier, Hans: Evolution von Gehirn, Verhalten und Gesellschaft. In: Die Psychologie des 20. Jahrhunderts. Bd. 6: Lorenz und die Folgen. Sp. 1088–1121. Zürich 1978.

Hedonismus – Eine naturalistische Ethik

Von Bernulf Kanitscheider

1. Naturalismus als Orientierung des Alltagsverstandes

Philosophen schätzen den Alltagsverstand zumeist recht gering ein: Mit Ausnahme des angelsächsischen Bereichs, wo die praktische Intelligenz der Daseinsbewältigung sich eines gewissen Ansehens erfreut,[1] gelten der robuste Realitätssinn und die pragmatische Einstellung als oberflächlich und für die akribische Untersuchung bzw. wissenschaftliche Erkenntnis als wenig wegweisend. Dennoch lässt sich in Sachen Naturalismus eine Brücke schlagen.

Werden bei gesellschaftlichen Anlässen zur allgemeinen Erheiterung gespenstische Geschichten über paranormale Vorgänge, wie Telekinese, Präkognition, Hellsehen, Gedankenlesen und dergleichen mehr erzählt, dann herrscht bei der Zuhörerschaft zumeist eine gesunde Skepsis vor: Ereignisketten, die nicht dem gewohnten Kausalablauf folgen, sind dem unverbildeten Normalbürger verdächtig. Wenn er nicht zufällig zu bestimmten esoterischen Zirkeln gehört, ist die spontane Haltung gegenüber übersinnlichen Erscheinungen instinktive Abneigung. Im Alltag fasst man die skeptische Grundeinstellung in die Formel, dass es überall in der Welt »mit rechten Dingen« zugeht, wobei ein intuitives Verständnis einer regulären Raumzeitlichkeit, Kausalität und Materialität der Prozesse mitgedacht wird.

1 Th. Reid, *An inquiry into the Human Mind on the Principles of Common Sense*, Pennsylvania University Press, 2001. Reid, der in diesem Zusammenhang zumeist als Vertreter genannt wird, hielt zwar die natürlichen Empfindungen für das Gute und das Schöne für evidente Wahrheiten, vertrat aber auch einen recht unkritischen Intuitionismus.

Die gängige, alltäglich verwendete Erkenntnistheorie des Alltags ist realistisch, sie lässt wenig Raum für theoretische Entitäten, zeigt aber eine deutliche Vorliebe für eine eindeutige Lokalisierung der Dinge im Raum, eine klare asymmetrische Zeitstruktur der Prozesse und die durchgehende kausale Organisation aller Wirkzusammenhänge.

Eine Ausnahme stellen die von den Religionen behaupteten übernatürlichen Vorgänge dar; jemand, der heilig gesprochen werden soll, muss nach katholischer Auffassung mindestens zwei Wunder gewirkt haben. Der gläubige Alltagsrealist ist somit bereit, bestimmte Grenzen seines Verstandes anzuerkennen und für den Bereich der Transzendenz nichtmaterielle, das Regelsystem der Erfahrung überschreitende Prozesse zu akzeptieren. Weil die alltägliche Erkenntnishaltung keine Abstraktionen vornimmt, kann sie sich auch nicht zur Kritik solcher ungewöhnlichen, die Raumzeit- und Kausalstruktur verletzenden Vorgänge durchringen. Religiöse Prägung in früher Kindheit verpflichtet den Menschen schnell auf einen epistemologischen Dualismus, man solle in höheren außerweltlichen Realitäten alles das vergessen, was man aus der gewöhnlichen Alltagserfahrung gelernt hat. Nur eine strikte Trennung der methodischen Einstellungen bewahrt den nichtphilosophierenden Alltagsmenschen davor, seine bewährten Überzeugungen über Raum, Zeit, Kausalität und Materie auf die von den Protagonisten der spirituellen Welten behaupteten religiösen Bereiche zu übertragen.

Der Defekt der Alltags-Epistemologie liegt also darin, dass deren Auffassung zu wenig Raum für theoretische, aber empirisch kontrollierbare Entitäten lässt, andererseits aber nicht das Potential bietet, gegenüber übernatürlichen Bereichen, in denen angeblich abnorme Wirkzusammenhänge vorherrschen, kritisch aufzutreten.[2] Die wissen-

2 Hier sei etwa auf Thomas von Aquins Idee hingewiesen, dass Engel eine bahnfreie Bewegung mit diskreter Zeitstruktur ausführen. [*Summa Theologiae* I,53,2]

schaftlich begründete Weltauffassung arbeitet nicht mit einer solchen durch frühkindliche Prägung erzeugten mehrgleisigen methodologischen Einstellung und behauptet ohne Skrupel, dass es *überall* in der Welt mit rechten Dingen zugeht, ohne dabei irgendwelche höheren Welten auszuklammern oder sich in einen vorsichtigen metaphysischen Agnostizismus zu flüchten.[3] Der szientifische Rationalismus, wie er heute von Mario Bunge,[4] Jesus Mosterín[5] und John J. C. Smart[6] vertreten wird, ist generell und umfassend und lässt keine Schlupflöcher für spirituelle, gesetzlose, unmaterielle Agentien offen. Er ist gespensterfrei.

Allerdings muss die wissenschaftliche Methodologie die Beschränkung des Alltagsverstandes auf konkret grobsinnliche Gegenstände der Erkenntnis fallen lassen und theoretische Entitäten, unanschauliche Prozesse und ideale Objekte zulassen, denn nur durch die Vermittlung solcher abstrakter Größen kann der Zugang zu den jenseits der Wahrnehmungsschwelle liegenden Teilen der Realität erlangt werden. Da die Wissenschaft sich nicht darauf beschränken kann, nur den handlungs- und orientierungsrelevanten mesokosmischen Ausschnitt der Realität zu erforschen, muss sie, speziell für den Zugang zur Mikrowelt und zum Kosmos im großen, indirekte Verfahren entwickeln, mit denen die z. T. völlig anders gearteten Gegenstände theoretisch erschlossen werden. Aber unabhängig davon, wie weit die Wissenschaft den indirekten Charakter der Zugangsweisen auch verfeinert, in welche submikroskopischen Bereiche und Parallelwelten sie auch eindringt, stets nimmt sie die Universalität des naturalistischen Ansatzes mit, indem sie die These vertritt, dass es

3 Vgl. dazu R. Dawkins, *The God Delusion*, Bantam Press, London 2006. – D. Dennett, *Breaking the Spell: religion as a natural phenomenon*, New York 2006; S. Harris, *Letter to a Christian Nation*, New York 2006.

4 M. Bunge, *Philosophy in Crisis*, New York 2001.

5 J. Mosterín, *Sciencia Viva*, Madrid 2001.

6 J. J. C. Smart, *Our Place in the Universe: a metaphysical discussion*, Oxford 1989.

auch in den exotischen Gegenden der Realität mit rechten Dingen zugeht. Sollten etwa im Planckbereich bei 10^{-33} cm kleine Elemente in Saitenform mit ihren Schwingungen den Grundstoff der Welt bilden oder in Nebenwelten die Naturkonstanten aufgrund anderer Symmetriebrechungen unterschiedliche Werte aufweisen und damit qualitativ völlig andere Erscheinungsformen der Materie erzeugen, so bleibt es jedoch dabei, dass diese Realitätsteile gesetzesartig und nach durchschaubaren Prinzipien aufgebaut sind und somit den methodischen Annahmen des ontologischen und epistemologischen Naturalismus entsprechen.[7] Der Naturalismus ist in der Tradition des Logischen Empirismus lange Zeit als methodologische These vertreten worden, entsprechend der die Verfahren der Wissenschaft ausreichen, alle auch noch so versteckten und komplexen Vorgänge des Universums zu verstehen. Speziell der Erkenntnisvorgang selbst galt aus traditioneller Sicht, wenn nicht überhaupt als undurchdringlich,[8] so doch naturwissenschaftlich analyseresistent, bis mit den Werken von Willard van Orman Quine sich eine Wende zur Naturalisierung auch dieser widerspenstigen Bastion menschlicher Aktivität durchsetzte.[9] Dieser wies darauf hin, dass der Erkenntnisprozess, das Bewusstsein und auch die Bedeutung der verwendeten sprachlichen Ausdrücke nur Teil der einen Welt sind, die wir bewohnen, und nicht Teil eines davon getrennten Ideenhimmels: »I hold that knowledge, mind and meaning are part of the same world they have to do with, and that they are to be studied in the same empirical spirit that animates natural science.« (»Ich bin der Meinung, dass Geist und Bedeutung der gleichen Welt angehören, mit der sie zu tun haben. Sie

7 B. Kanitscheider, *Die Materie und ihre Schatten*, Aschaffenburg 2007, S. 53.
8 G. W. F. Hegel, *Enzyklopädie der philosophischen Wissenschaften im Grundrisse*, Hamburg 1992, § 10.
9 W. van Orman Quine, *Ontological Relativity and Other Essays*, New York 1969.

müssen in der gleichen empirischen Weise wie alle Naturobjekte erforscht werden.«)[10]

Erkennen ist danach einer von vielen Prozessen in der Welt, der letztlich dazu führt, dass das mit einem Sensorium ausgestattete Wesen sich eine innere Repräsentation seiner Umgebung verschafft, die man als symbolische (also nicht ikonische, d. h. bildlich exakte) Abbildung auffassen kann und die es ihm erlaubt, sich erfolgreich in der Welt zu orientieren. Erkennende Organismen stellen aus naturalistischer Perspektive einfach eine besondere Klasse von Subsystemen der Welt dar, die mit ihrer Umgebung in epistemischer Wechselwirkung stehen; von innen her betrachtet mag diese existenziell bedeutsam sein, von außen erscheint diese Wechselwirkung als eine Relation, die sich von den vielen anderen physikalischen Wechselwirkungen nur strukturell, aber nicht von ihrem Sein her, also ontologisch unterscheidet.

Eine besondere Betrachtung erfordert der Übergang vom beschreibenden, deskriptiven zum Regel vorgebenden, normativen Naturalismus, der für den vorliegenden Kontext entscheidend ist. Normen und Werte führen seit David Humes Analyse ein sprachliches und logisches Eigenleben, die ontische und deontische Ebene gelten als nicht aufeinander reduzierbar, ohne sich durch diese Reduktion auf einen Fehlschluss einlassen zu müssen.[11] Anders gesagt, kann keine Sollens-Aussage aus einer Prämissenmenge gefolgert werden, die nicht mindestens eine normative Aussage enthält. Will man, wie später noch ausgeführt wird, eine echte hedonistische Ethik verteidigen (nicht begründen!), kann man nur Schlüsse der folgenden Form ziehen:

10 Ders., *Epistemology naturalized in Ontological Relativity and other Essays*, New York 1969.

11 D. Hume, *A Treatise of Human Nature, Book III of Morals part I, sec. 1*, Harmondsworth 1969.

Alle Menschen streben von Natur aus nach Lust.

Wir wollen das, nach dem die Menschen spontan streben, als obersten Wert, als das Gute setzen.

Die Lust ist gut.

Es gibt Ansätze, Humes ontische/deontische Barriere zu durchbrechen.[12] Ob dies gelingen kann, ist umstritten. Wir wollen hier die logische Ableitbarkeit nicht verteidigen; jedoch selbst dann, wenn man normative Prinzipien nicht aus der Natur des Menschen formal ziehen kann, lassen sich faktische Befunde der Psychologie, Biologie und Neurologie zur Grundlage einer Ethik machen, wenn man wie im obigen Beispiel ein deskriptives Element zum normativen Axiom erhebt.

Naturalisierung der Ethik kann also Verschiedenes bedeuten. Bioethiker wie E. Wilson und M. Ruse verstehen Moralphilosophie als angewande Wissenschaft: Versteht man die physiologische Basis des wertenden Systems, also die neurologischen Zentren, die de facto die Werturteile fällen, dann werden die moralischen Haltungen und Einstellungen plausibel, und man kann für ein solches von der Stammesgeschichte mit festen Engrammen, also mit festen physiologischen Spuren versehenes System ein darauf zugeschnittenes Normensystem formulieren.[13] Dies bedeutet nicht, vorgefundene Strebungen blind in den normativen Bereich zu übernehmen, sondern Rücksicht zu nehmen auf die Wünsche und Interessen der Menschen, soweit sie nach dem Schadens- und Gegenseitigkeitsprinzip sozialverträglich in den Kanon der zulässigen Handlungen aufgenommen werden können.

Die Verwendung solch übergeordneter Auswahlkriterien, die eine chaotische oder anarchische Gesellschaftssi-

12 M. Bunge, *Chasing Reality*, Toronto 2006, S. 266.

13 E. O. Wilson / M. Ruse, »Moral philosophy as Applied Science«, in: *Philosophy* 61 (1986), S. 173–192.

tuation ausschalten, bedingt keine Zirkularität dieses schwach-naturalistischen Ansatzes, sondern weist darauf hin, dass gewisse regulative Prinzipien vorgegeben werden müssen, wenn man irgendeine Form des Zusammenlebens etablieren möchte. Die Entscheidung dafür, keine auf den aggressiven Strebungen des Menschen gegründete gesellschaftliche Chaos-Situation zu wollen, ist sicher nicht noch tiefer begründbar, sondern muss als axiomatische Setzung angesehen werden. Dennoch ist der Rekurs auf naturwüchsige Strebungen bei der Konstituierung eines Normenkodex nicht trivial. In einer Gesellschaft, die auf die Wünsche der Menschen, ihre Lust zu verwirklichen, Rücksicht nimmt, werden alle, wie man an den Sitten des Sexualverhaltens der griechisch-römischen Antike sieht, glücklicher leben. Ob allerdings ein Reichtum an sexuellen Verhaltensmustern, Toleranz in Liebesdingen oder Sinnenfreudigkeit eine erstrebenswerte Obernorm darstellt, lässt sich nicht aus den bloßen Fakten schließen. Nur die konditionale Aussage lässt sich verteidigen: Wenn man das Glück und die sinnliche Zufriedenheit als τέλος (Zielvorstellung) begreift, muss man den Menschen Freiheit in der Gestaltung ihres Sexualverhaltens einräumen. Wie wir in einem späteren Abschnitt sehen werden, waren die klassischen Menschen in der Zeit der griechisch-römischen Antike durchaus von dieser Leitnorm überzeugt; entsprechend finden sich auch dort die ersten Vorschläge für eine hedonistische, dem individuellen Glück verpflichtete Ethik.

2. Hermeneutik als antinaturalistische Ideologie

Der bisher skizzierte deskriptive und auch normative Naturalismus hat viele kritische Strömungen auf den Plan gerufen. Am ausgeprägtesten hat sich wohl die philosophische Hermeneutik diesbezüglich artikuliert. Der Zeitgeist, in dem die bedeutenden Protagonisten der hermeneutischen Philosophie ihre Wertschätzung erlangt haben, war im Ganzen gesehen verschieden von der gegenwärtigen, nüchternen, fachwissenschaftlich dominierten intellektuellen Geographie. Zwar etablierten sich Anfang des 20. Jahrhunderts auch die empiristisch orientierten Strömungen des Wiener und Berliner Kreises, aber die dominierende Kraft in der philosophischen Landschaft in Mitteleuropa zeigte sich noch vom Geist des deutschen Idealismus und der neukantianischen Tradition beseelt. Nur so ist es zu verstehen, dass Denker wie Martin Heidegger (1889–1976) und im Anschluss daran auch Hans Georg Gadamer (1900–2002) mit ihrer radikalen Infragestellung des Objektivitätsideals des Erkennens, der korrespondenztheoretischen Wahrheitsidee und der Universalität der formalen Logik überhaupt Gehör finden konnten.

Der Angriff auf die der wissenschaftlichen Rationalität inhärenten Erkenntnisprinzipien, v. a. auf das Ideal einer näherungsweise korrekten symbolischen Wiedergabe der Regularitäten einer objektiven Wirklichkeit, steht, wie Hans Albert gezeigt hat, in der antinaturalistischen Tradition des deutschen Idealismus mit seiner Kulmination in Hegels Metaphysik.[14]

Sprachforschern muss dabei zuerst einmal klar sein, dass Hermeneutik im philosophischen Kontext nicht dasselbe wie in linguistischer Hinsicht bedeutet, nämlich die Deutung und Auslegung von schwierig zu verstehenden Texten früherer Kulturepochen, wie etwa dem Spruch des Anaximander. Aber die Rekonstruktion des Sinnes alter Texte ist keinesfalls ein übertragbares Muster auf faktische Wissenschaften, bei denen es darum geht, Sachfragen der Natur oder der Gesellschaft zu lösen.

Die Metapher Text hat inzwischen eine geradezu atemberaubende Karriere gemacht. Der Text wurde – allen logischen Überlegungen zum Thema Semantik und Refe-

14 H. Albert, *Kritik der reinen Hermeneutik*, Tübingen 1994, S. 3.

renz zum Trotz – zum Platzhalter einer universalen Ontologie. Methodisch wurde korrespondierend die Rolle des Verstehens von einem Modus der Subjektivität in eine Form von Faktizität umgewandelt. Für Gadamer liegt im Verstehen ein Verfahren, das die Beschränktheit der szientifischen Wissensgewinnung aufdecken und zu einem grundlegenderen Erkenntnisbegriff schlechthin führen soll. Aus hermeneutischer Perspektive kommt der hypothetisch-deduktiven Methode des Erklärens allenfalls eine Geltung in einem bestimmten Bereich zu: In der gesellschaftlich-geschichtlichen Welt versagt das an Regelhaftigkeit und Gesetzesartigkeit orientierte Denken. Die Erfahrung im Bereich der gesellschaftlich-geschichtlichen Welt lässt sich nach Gadamer nicht mit den empirischen – er spricht im Anschluss an John Stuart Mill noch von »induktiven« – Verfahren wachsender gesetzesartiger Regelmäßigkeit erfassen, weil das Einzelne nicht als Sonderfall einer Regel begriffen wird. Ihr »Ideal ist vielmehr, die Erscheinung selber in ihrer einmaligen geschichtlichen Konkretion zu verstehen«.[15] Damit wird das geschichtliche Ereignis aus dem raumzeitlichen Verlauf aller physikalischen Prozesse herausgenommen, um es einer Sonderbetrachtung zu unterwerfen, die gerade die Verbindung mit den einbettenden Vorgängen unterdrückt.

Dies mag für eine arbeitsteilige Untersuchung gerechtfertigt sein, darf jedoch nicht darüber hinwegtäuschen, dass es sich um eine fiktive Abstraktion handelt, denn alle historischen und geistesgeschichtlichen Vorgänge finden nicht außerhalb der allen Prozessen gemeinsamen kausal verknüpften Ereignismenge der Raumzeit statt. Macht man von einer solchen methodischen Abstraktion einen erkenntnislogischen und ontosemantisch-konstitutiven Gebrauch, landet man bei der unvereinbaren Trennung bzw. beim Schisma der zwei Welten. Damit ist letztlich

15 H.-G. Gadamer, *Wahrheit und Methode*, Tübingen 1960, I,1, S. 2.

eine grundsätzliche nomologische, sich auf Gesetzmäßigkeiten beziehende Skepsis formuliert, entsprechend der dem Bereich der Geisteswissenschaft keine zu erschließende formale Struktur zukommt, kein algorithmisches Muster, das von denkenden Wesen als das unveränderliche Regelsystem herausgehoben und auf den Begriff gebracht werden könnte. Schon von der Abgrenzung her ist diese antiplatonische, auf reine kontingente Akzidenz abhebende Erkenntnisskepsis unplausibel. Speziell die Sprache, die ja für die Hermeneutiker als »das Haus des Seins« zentrale Bedeutung hat, besitzt sowohl grammatische als auch historische Strukturen. Sie hat sich unter dem Zwang der Bedürfnisse, wie Epikur schon sagte, aus den Tiersprachen heraus entwickelt. Auch vom allgemeinen Informationsbegriff her gesehen ist der Gegensatz und die scharfe Abgrenzung von den Regionen des Verstehens und Erklärens unglaubwürdig, da doch in jedem Bereich Information verarbeitet, transformiert und verknüpft wird und dies nach durchaus algorithmisch zu nennenden Regeln und nicht in rein zufälliger Assoziation geschieht.

Der methodische Gegensatz und die Gespaltenheit in den Wegen des Wissenserwerbs zwischen Natur-, Sozial- und Geisteswissenschaft stellt also ein unnötiges, von Autonomiebestrebungen geleitetes Artefakt dar, das die allgemeinen Züge der kritischen Rationalität nicht berücksichtigt. Die Geistes- und Sozialwissenschaften haben ihre ontologisch eigenständige Domäne der Untersuchung, Kultur- und Geistesgeschichte, Ideen- und Traditionsmuster ihre historischen Beziehungen, ohne dass auf der logisch-methodologisch-semantischen Ebene Gegensätze aufgebaut werden müssen, die eine intellektuelle Geographie der zwei Kulturen etabliert und in gegenseitiger Missachtung und Geringschätzigkeit endet.[16] Zudem wird

16 E. Scheibe, »Missverstandene Naturwissenschaft«, in: *Wissenschaft und Aufklärung*, hrsg. von R. Enskat, Opladen 1997.

durch die methodische Spaltung die Geisteswissenschaft eines Teils ihrer Relevanz beraubt. Wenn man ihr die nomologische Dimension völlig entzieht, kann man auch mit den Abhängigkeiten zwischen den beiden Bereichen nicht mehr umgehen.[17]

Nirgendwo wird diese Schwierigkeit so deutlich wie auf dem Gebiet der Werte und Normen. Trennt man die Ethik und die Moralphilosophie von der faktischen Basis des Wertens und Normierens, also von den emotiven Zentren des Menschen, kann man keine Brücken zwischen dem naturwissenschaftlichen Bereich der latenten Dispositionen der Physis und dem manifesten Terrain des sozial verantwortlichen Handelns errichten. Intuitionen in Bezug auf Werte und normative Evidenzen als Elemente des Verstehensbereiches sind danach kaum mit den biologischen Fundamenten dieser Erkenntnisquellen verknüpfbar. Speziell die Verhaltensgenetik und die Soziobiologie haben die strengen Grenzen der Methodologie und der Seinsbereiche überschritten. Indem die Verhaltensgenetiker von einem evolutionsbiologischen Ansatz aus Moralphilosophie als angewandte Wissenschaft betreiben, durchbrechen sie die Schranken der hermeneutischen Methodiker. Dabei stellen letztlich alle deskriptiven Ethiken, die in ihrem Normen- und Wertebestand empirische Züge der menschlichen Natur aufgenommen haben, Verletzungen der geistes-naturwissenschaftlichen Abgrenzung dar. In dem Moment, in dem ein deskriptives Moment, eine anthropologische Konstante wie das menschliche Streben nach Glück, Lust oder Liebe zur Norm erhoben wird, verbindet sich unausweichlich ein Element der Natur mit einer Komponente des Geistes.

17 B. Kanitscheider / F. J. Wetz (Hrsg.), *Naturalismus und Hermeneutik*, Tübingen 1998.

3. Freiheit im neurobiologischen Kontext

Im Anschluss an Descartes hat vor allem der katholische Philosoph Franz Brentano[18] die Evidenz als Wahrheitskriterium proklamiert. Er unterscheidet zwischen unmittelbar und mittelbar evidenten Urteilen. Zu den ersteren gehören die reinen formalen Verstandeserkenntnisse, dann aber auch die Urteile der inneren Wahrnehmung, wenn z. B. eine Person berichtet, dass sie sich momentan im Zustande des Rotsehens befindet. Brentano war zu seiner Evidenztheorie der Wahrheit v. a. durch eine Kritik an der Korrespondenzauffassung (d. h. an der Auffassung, dass die Wahrheit eines Satzes in seiner Übereinstimmung mit den Tatsachen besteht) gelangt, weil er der Meinung war, dass die Korrespondenzauffassung zu einem unauflöslichen unendlichen Regress führen würde, da die Übereinstimmung eines Satzes mit den Tatsachen wieder Gegenstand eines Urteils sein müsste. Gegen die Sichtweise der Evidenz als untrügliches Merkmal der Wahrheit eines Satzes hat v. a. Russell eingewendet, dass dabei der Wahrheitswert eines Satzes nicht mehr von einer Größe jenseits des Satzes selbst abhängt, sondern nur mehr von internen psychischen Qualitäten wie Klarheit und Bestimmtheit.

Deutlich hat sich die analytische Philosophie des Geistes von der These distanziert, die Methode der Introspektion liefere sichere Erkenntnisse. Paul Churchland hat auf die Inkohärenz und Inkompatibilität vieler alltagspsychologischer Überzeugungen mit den Resultaten der Neurobiologie hingewiesen und die mentale Innenperspektive des Psychischen als Illusion bezeichnet, die wie frühere Täuschungen (etwa Quinta Essentia, Phlogiston, Äther) dem Drang der Wissenschaft, aufzuklären, zum Opfer gefallen sind.[19]

18 F. Brentano, *Wahrheit und Evidenz*, Leipzig 1930.
19 P. Churchland, *The Engine of Reason. The Seat of the Soul: A Philosophical Journey into the Brain*, Cambridge 1995, S. 205.

Auch Patricia Churchland[20] ist davon überzeugt, dass man aus evolutionärer Perspektive mentale Eigenwahrnehmungen wie die Existenz eines Selbst als Kern aller Bewusstseinserscheinungen kausal aus Optimierungen der inneren Gehirnzustände erklären kann, so dass eine nicht physikalische Seelensubstanz den gleichen Weg gehen muss wie der Äther in der Speziellen Relativitätstheorie. So radikal wie die Churchlands in ihrem eliminativen Materialismus sind die europäischen Neuroepistemologen i. A. nicht. In einem Teilbereich, der speziell für die Ethik von zentralem Belang ist, haben die deutschen philosophierenden Hirnforscher einen Vorstoß gemacht, der ohne Rücksichtnahme auf metaphysische Empfindlichkeiten darauf abzielt, die Willensfreiheit als solche vollständig zu eliminieren.[21]

Die Idee, dass das Entscheidungsvermögen von allen kausalen Faktoren unabhängig ist, hat theologische Ursachen, die mit dem Problem der Theodizee, also der Erklärung der Übel der Welt angesichts der Güte Gottes, zu tun hat. Aus theologischer Perspektive gilt es zu verhindern, dass über die vollständige Kausalkette, die hinter jeder Entscheidung steht, letztlich Gott für das Vorkommen moralisch verwerflicher Taten verantwortlich gemacht wird.[22] Ein durchgehender gesetzesartiger Determinismus würde die moralische Verantwortung für alles das, was im Universum an malum physicum und malum morale geschieht, auf die Erstursache verlagern. Und dies wäre mit den traditionellen Eigenschaften des höchsten Wesens und seiner Tätigkeit als Schöpfer der Welt unvereinbar.

Andererseits steht außer Frage, dass ein regelhafter, gesetzesartiger Zusammenhang zwischen den emotiven Willens-

20 P. Churchland, »Self-Representation in Nervous Systems«, in: *Science* 296 (2002), S. 308–310.

21 W. Singer / G. Roth, »Das Manifest«, in: *Gehirn und Geist* 6 (2004), S. 30–37.

22 Vgl. Aurelius Augustinus, *Der freie Wille*, übers. von C. J. Perl, Paderborn [4]1986.

zuständen des Gehirns und den ausführenden Körperorganen notwendig ist, um von moralischer Verantwortlichkeit sprechen zu können; jede Art von Entkopplung dieses Wirkzusammenhanges – auch im Sinne einer statistischen Kausalität – schwächt die Möglichkeit, Verantwortung zu übernehmen. Angenommen, die Beziehung zwischen der neuronalen Dynamik und der phänomenalen Handlungsebene wäre durch die Zwischenschaltung von Zufallsgeneratoren nur mehr mit Mitteln der Wahrscheinlichkeitsrechnung zu bestimmen, könnte das Individuum auch nur in einem abgeschwächten Sinn für seine Taten zur Rechenschaft gezogen werden. Läuft aber das makroskopische neuronale Geschehen deterministisch ab, bedeutet dies, dass der Akteur bei identischem Zustand seines Gehirns die gleichen Handlungen ausführen muss, nämlich genauso wie ein Planetensystem bei gleichen Gesetzen sowie identischen Anfangs- und Randbedingungen immer den gleichen Bewegungsablauf zeigen wird. Für eine kontrakausale Willensfreiheit, bei der das Subjekt seine intendierten Vorstellungen gegen den neuronalen Ablauf durchsetzt, ist aus dieser Sicht keine Lücke mehr vorhanden. Sein Freiheitserleben, also die introspektive Unabhängigkeit von seinen eigenen früheren Gehirnzuständen, muss schlicht als Illusion angesehen werden, so wie es schon vor langem Spinoza formuliert hat:

> »Somit lehrt die Erfahrung selbst nicht minder deutlich als die Vernunft, dass die Menschen nur darum glauben, sie wären frei, weil sie sich ihrer Handlungen bewusst, der Ursachen aber, von denen sie bestimmt werden, unkundig sind.«[23]

Da unser Gehirn – zweifellos aus evolutionsbiologisch guten Gründen – für den Handelnden im Moment der Entscheidung völlig dunkel ist, widerspricht die spinozis-

23 Benedictus de Spinoza, *Ethik*, Lat./Dt., revidierte Übers. von J. Stern, Stuttgart 1977 [u. ö.], S. 267 (Teil 3, Prop. 2, Scholium).

tische Deutung keineswegs der These von der naturalistischen Gesetzesartigkeit aller Handlungsabläufe. Die Illusion der Freiheit ist eine Spiegelung der kausalen Dunkelheit bzw. Opazität des Gehirns.[24]

Zu den beliebtesten Einwänden gegen eine vollständige naturalistische Verfassung der »Seelenmaschine« zählt die Unterscheidung von Gründen und Ursachen und damit verbunden, die Herausnahme der ersteren vom Naturzusammenhang. Diese eigenartige vorgebliche Ausnahme des Wirkens von Argumentationen im Unterschied zu psychologischen Motiven läuft auf eine verborgene Dualität hinaus und stößt damit wieder auf sämtliche Einwände gegen eine cartesische gespaltene Ontologie. Sollen in einem Bereich des Denkens (res cogitans) und einem Bereich der Dinge (res extensa) die Gründe auf der Handlungsebene wirksam sein, müssen sie in einen Kausalzusammenhang, in diesem Fall in das neuronale Geschehen, eingebunden werden. Auch Handlungstheorien, wie sie von Donald Davidson entwickelt worden sind und in deren Erklärungen Handlungen durchaus als kausal verstanden werden, weisen darauf hin, dass dies zumindest plausibel ist.[25] Die Befunde aus der Neurologie stützen eine solche Auffassung, denn die kognitiven Prozesse, die den Erwägungen und argumentativen Begründungen zugrunde liegen, lassen sich durchaus physiologisch im Frontalhirn lokalisieren.[26] Eigentlich muss man dies auch erwarten, denn unabhängig davon, was immer die Differenzen von Ursachen und Gründen auch sein mögen, kann der Unterschied nicht die kausale Geschlossenheit der Natur durchbrechen, ohne die Wirksamkeit der rationalen Erwägungen auf der sichtbaren

24 Vgl. dazu auch B. Kanitscheider, »Was können wir tun? Willens- und Handlungsfreiheit in naturalistischer Perspektive«, in: H. Fink / R. Rosenzweig (Hrsg.), *Freier Wille – frommer Wunsch?* Paderborn 2006, S. 117–135.

25 D. Davidson, *Essays on Actions and Events*, Oxford 1980.

26 G. Roth, »Wir sind determiniert. Die Hirnforschung befreit von Illusionen«, in: Ch. Geyer, *Hirnforschung und Willensfreiheit*, Frankfurt a. M. 2004, S. 220.

Handlungsebene zu zerstören. Das aber kann auch der Verfechter einer autonomen Rolle von Gründen gegenüber Ursachen nicht wollen, denn dann wären die Resultate kausal wirkungslos und könnten gar nicht mehr das tun, was sie eigentlich sollen, nämlich die Handlungsalternativen steuern und lenken. Ist moralische Verantwortlichkeit gefordert, dann muss der Mensch der Täter seiner Taten sein, d. h. es muss ein kausaler Zusammenhang zwischen der mentalen Motivationsebene und der sichtbaren Handlungsebene existieren.

Umgekehrt kann man mit vorbewussten, mentalen Zuständen, die noch gar nicht der Reflexion zugänglich waren, keine Verantwortung verbinden. Benjamin Libet weist darauf hin, dass vorbewusste Prozesse Handlungsabsichten einleiten können, deren Auftreten durch keine Kontrollmaßnahme des Individuums gesteuert werden kann. Erst dann, wenn die Motivation auf die helle Bühne der rationalen Reflexion getreten ist, lässt sich die vernunftgelenkte Kontrolle einschalten, die dann bestimmt, ob die Handlung sozialverträglich ausgeführt werden kann. Libet spielt dabei auf einen rigoristischen Zug der neutestamentlichen Bergpredigt an,[27] wo es heißt: »Ihr habt gehört, dass gesagt worden ist: Du sollst nicht Ehe brechen. Ich aber sage euch: Wer eine Frau nur lüstern ansieht, hat in seinem Herzen schon Ehebruch mit ihr begangen.« (Mt. 5,27 f.) Aus neurobiologischer Perspektive ergibt jedoch die moralische Verurteilung der Primärintention keinen Sinn, weil sie der Steuerung entzogen ist und durch unbewusst im Gehirn eingeleitete Prozesse ausgelöst wurde: Das »bloße Auftreten einer Handlungsabsicht unterliegt keiner bewussten Kontrolle, nur die Vollendung in einer motorischen Handlung kann bewusst kontrolliert werden«.[28]

27 B. Libet, »Haben wir einen freien Willen?«, in: Geyer (Anm. 26), S. 283.
28 Libet (Anm. 27), S. 283.

Die in der Bergpredigt vertretene Ethik erhebt also hier eine physiologisch gesehen unsinnige Forderung. Aus einer evolutionsbiologischen Perspektive ist es jedoch sinnvoll, wenn erwachsene Menschen im paarungsfähigen Alter sich gegenseitig spontan darauf abschätzen, ob es sich um einen möglichen Partner handelt. Es ist aber dann immer noch ausreichend Zeit, um eine bewusste Sekundärintention aus gedanklich reflektorischen Motiven zu entwickeln, etwa ob sich weitere Bemühungen lohnen bzw. ob Komplikationen zu erwarten sind, die eine weitere Annäherung an das Objekt der Begierde eher unratsam erscheinen lassen. Aus neurobiologischer Sicht ist also die rigoristische Forderung nach Unterdrückung der Primärintention deshalb nicht sinnvoll, weil sie nicht dem Willen unterliegt. Erst dann, wenn es nach den libidinösen Spontanreaktionen zu weiteren Handlungen kommt, kann von moralischer Verantwortlichkeit gesprochen werden, denn erst dann kann der von den Reizen eines weiblichen Wesens beeindruckte Mann entscheiden, ob er weitere Schritte der Annäherung an die nachbarliche Ehefrau für angemessen hält.

Aus Libets Beispiel wird deutlich, dass erst die Analyse der faktischen Handlungssituation, also das empirische Wissen um das natürliche Subjekt, jenen Punkt freilegt, an dem normative Regulierungen überhaupt eingreifen können. Der naturalistische Bezug in der Ethik ist also vor allem dadurch gegeben, dass die handelnde Person durch die inneren mentalen und die äußeren sozialen Umstände überhaupt in der Lage sein muss, eine bewertbare Handlung zu vollbringen.

4. Normen, Werte und der naturalistische Fehlschluss

Die Debatte um den naturalistischen Fehlschluss gründet in George Edward Moores[29] platonisch fundierter Ethik. Platon glaubte an ein Reich der Werte und eine spezielle intellektuelle Anschauung zur Erkenntnis einer solchen an sich existierenden Ideenwelt.

Die Wertintuition erlaubt uns nach Moore, synthetische Urteile a priori, also Urteile, die zwar über die Realität etwas aussagen, jedoch von der Erfahrung nicht kontrolliert werden, über die präternaturale Formenwelt zu fällen. Vom heutigen Wissensstand um die Neurobiologie des Gehirns und ebenso von der Perspektive unserer Stammesgeschichte aus gesehen, muss es rätselhaft erscheinen, wie ein rein materielles Gehirn Informationskontakt mit einer derartigen Ideenwelt aufnehmen kann, will man nicht gleich jegliche kausale Konzeption von Erkennen über Bord werfen. Die Phylogenie, also die Stammesgeschichte des Gehirns, hat sich in Auseinandersetzung mit der materialen Umwelt und sicher nicht in Wechselwirkung mit Spiritual-Faktoren herausgebildet, deren Herkunft überdies kosmologisch rätselhaft wäre.

Moore wendet sich, wie man es bei dem platonischen Ansatz vermuten muss, deutlich gegen jede deskriptive Bestimmung der ethischen Begriffe: Das Gute kann weder als »überlebensdienlich« noch als das »Angenehme« oder das »Freudvolle« identifiziert werden, denn dies wäre ein kategorialer Definitionsfehler. Aber es ist eine Frage der vorgängigen Festlegung der entsprechenden Kategorien, ob eine solche Identifizierung fehlerhaft ist oder nicht. Jedenfalls handelt es sich dabei nicht um einen Fehlschluss, wenn ethische Prädikate deskriptiv bestimmt werden, sondern höchstens um eine Verletzung der materialen

29 G. E. Moore, *Principia Ethica*, Stuttgart 1970 (1903).

Adäquatheitsbedingungen für eine Definition. William Frankena hat darauf hingewiesen, dass die Bezeichnung »Naturalistischer Fehlschluss« eine Fehlbeschreibung der Logik der Situation ist und dass es bei Definitionen viel eher eine offene Frage darstellt, ob der kategoriale Rahmen getroffen worden ist oder nicht.[30]

Um Moores eigenartige supernaturalistische Redeweise mit dem Naturalismus vereinbar zu machen, hat John J. C. Smart[31] den Vorschlag gemacht, dass man Ausdrücke wie »gut« gar nicht mehr als Eigenschaften und Sätze, in denen »gut« vorkommt, nicht als Aussagen, sondern im Sinne der Ausdrucksfunktion der Sprache als Zeichen moralischer Emotionen ansehen sollte. Mit ethischen Sätzen, z. B. Äußerungen moralischer Entrüstung, reagieren Menschen, folgt man dieser nicht-kognitivistischen Sicht, indem sie Gefühlsäußerungen ihrer emotiven Zentren ihres limbischen Systems kundtun.

Diese Sichtweise harmonisiert besser mit einer biologischen Lokalisierung des Ursprungs der Werte und Normen. In den traditionellen Ethiken erfolgte das Nachdenken über Gut und Böse durchwegs ohne irgendwelchen Rückgriff auf die empirische Natur des Menschen, denn diese hielt man bei moralphilosophischen Fragen für irrelevant. Man muss den Aprioristen allerdings zugestehen, dass die für den Benutzer völlige Undurchsichtigkeit des Gehirns in Bezug auf das Zustandekommen von Wertungen diesem Vorurteil Vorschub leistet. Auf diese Weise konnte sich die Überzeugung bilden, dass das Gehirn hinsichtlich axiologischer, also hinsichtlich wertender Vorentscheidungen leer sei. Erst von dem Moment an, als man erkannte, dass die emotive biologische Basis inhaltlicher Natur ist, bzw. dass sie Orientierungen, Neigungen, präformierte Handlungsmuster enthält, wurde deutlich,

30 W. K. Frankena, »The naturalistic fallacy«, in: *Mind* 48 (1939), S. 464–477.
31 J. J. C. Smart, *Ethics, Persuasion and Truth*, London 1984, S. 22.

dass die Existenz einer absoluten extrasomatischen, also unkörperlichen Welt der Werte, wie Moore sie sich vorgestellt hatte, ontologisch und epistemologisch zweifelhaft war.

Platonismus und Darwinismus lassen sich nicht miteinander versöhnen: Die statische Welt der unzeitlichen Ideen mit der dynamischen Prozesswelt der Veränderung können nicht beide zugleich Erklärungen des Ursprunges der Werte liefern, obwohl auch dies versucht worden ist.[32]

Auch dann, wenn man eine Verbindung von Sollen und Sein in dem oben skizzierten Sinne einer konditionalen Verknüpfung für sinnvoll hält, muss eine Abgrenzung gegenüber den Vertretern des Naturrechtes gezogen werden. Auch sie wenden sich gegen die strikte Trennung von Sein und Sollen, verteidigen dabei aber eine unhaltbare Begründungsfigur. Wenn sich Normen nicht im Sein verankern ließen, so die Argumentationen, wäre eine Ethik unmöglich, da mit einer leeren Menge von Voraussetzungen nichts begründet werden kann. Daher muss das Gute aus naturrechtlicher Sicht seinen letzten Grund in dem Wesen der Dinge haben. Nun stellt schon das Denken in Letztbegründungen im deskriptiven Bereich, wie Karl Popper gezeigt hat, ein Ding der Unmöglichkeit dar. Und Hans Albert hat darauf hingewiesen, dass der Versuch, ein fundamentum inconcussum – ein Fundament, das nicht eingerissen oder auch nur erschüttert werden kann – zu finden, zum Münchhausentrilemma führt, das nur die drei Möglichkeiten der Zirkularität, des Regresses ins Unendliche und des dogmatischen Abbruchs des Verfahrens offen lässt.

Selbst wenn es also gelänge, moralische Vorschriften aus einem »unveränderlichen und selbst einen absoluten Wert darstellenden Grundwesen der Personnatur des

32 V. Hösle, *Platonismus und Darwinismus. Wissenschaft und Öffentlichkeit*, Freiburg i. Br. 2001.

Menschen« (Johannes Messner)[33] abzuleiten, wären diese Vorschriften damit noch nicht letztbegründet, sondern wiederum nur auf ihrerseits unfundierbare deskriptive Züge der Anthropologie zurückgeführt worden. Eine solche naturalistische Verankerung war von den Verteidigern des Naturrechts[34] wie Thomas von Aquin auch nicht beabsichtigt, sondern diese hatten einen Rückgriff auf außermenschliche, aber göttliche Quellen im Sinn. Heutige maßgebende Theoretiker wie Hans Kelsen lehnen jede Art des superpositiven Rechtes, also einer übernationalen Rechtsordnung, ab und halten nur das für eine staatlich bindende Norm, was durch einen rechtsetzenden Akt eines legitimierten Gremiums eines Volkes als positives Recht festgelegt wurde. Unser oben skizzierter Vorschlag einer Rücksichtnahme der Normierung auf die faktische Natur des Menschen schließt jedoch keine Art von logischer Ableitung ein, sondern enthält nur den heuristischen Hinweis, bei der Wahl der normativen Axiome den Blick auf die tatsächlichen Wünsche und Interessen des Menschen nicht aus den Augen zu verlieren. Wenn man will, kann man dies als Brückenprinzip formulieren: Willst du ein Normensystem für Menschen als real existierende lebende Wesen etablieren, denke daran, dass Menschen keine tabula rasa sind, sondern innere Strebungen und Interessen besitzen und dass sie gerne glücklich werden wollen.

Nun hat das Ziel des guten Lebens in der mächtigen, idealistischen Tradition keinen guten Ruf. Hegel sieht im Eudämonismus eine Versündigung gegen die geschichtliche Vernunft, wie Herbert Marcuse anmerkte. In dieser Strömung ist es undenkbar, dass das Ziel des Menschen in der »gemeinen« (sic!) empirischen Wirklichkeit liegen soll, denn dass »das Höchste des menschlichen Daseins durch

33 J. Messner, *Das Naturrecht. Handbuch der Gesellschafts-, Staats- und Wirtschaftsethik*, Innsbruck 1960.

34 Zur Kritik von Naturrechtspositionen vgl. E. Topitsch, *Vom Ursprung und Ende der Metaphysik*, Wien 1958.

die schlechte, empirische Realität vorgeschrieben und durch sie befleckt werde, darin liegt aus idealistischer Perspektive die Niedrigkeit der Glücksphilosophie«.[35]

Nun handelt es sich bei einer solchen Aburteilung schlicht um ein Vorurteil der metaphysischen Vernunftphilosophie. Warum soll man nicht eine Ethik auf einer kontingenten, anthropologischen Konstante aufbauen, bzw. warum muss das τέλος unbedingt in der Notwendigkeit der Vernunft verankert sein? Das Postulat einer apriorischen Notwendigkeit ist Element eines Begründungsdenkens, das seine Wurzeln im Offenbarungsmodell der Erkenntnis besitzt, wie Karl Popper klargelegt hat. Im Vergleich dazu stellt jedes Eudämonie-Ideal einen Gegenpol der Vernunftphilosophie dar, insofern es auf einer kontingenten anthropologischen Konstante fußt. Da eine sichere Fundierung nirgendwo zu haben ist – in den Formalwissenschaften nicht, in der faktischen Wissenschaft schon gar nicht und in den normativen Disziplinen erst recht nicht –, handelt es sich um ein völlig utopisches Ziel, die Prinzipien unseres Handelns auf ein unerschütterbares Fundament stellen zu wollen. Dies bedeutet aber nicht, dass die Prinzipien völlig willkürlich seien. Die natürlich gegebenen Strebungen des Menschen können eine heuristische Leitlinie liefern, eine naturalistisch *orientierte*, aber nicht *fundierte* Ethik aufzubauen. Orientierung meint in diesem Zusammenhang, dass man, solange dies ohne Beschränkung der Allgemeinheit möglich ist, also ohne irgendwelche Auszeichnungen von Individuenklassen, der Natur des Menschen beim Aufbau des ethischen Axiomensystems folgen kann und dass er nur dort, wo Leid oder Schädigung von anderen zu erwarten ist, regulierend eingreifen muss. Eine sichere Fundierung hingegen ist undurchführbar, weil diese logisch

35 H. Marcuse, *Zur Kritik des Hedonismus*, in: Ders., *Schriften*, Bd. 3, Frankfurt a. M. 1979, S. 251.

zwingend zum bekannten Trilemma von Regress, Zirkularität oder dogmatischem Abbruch des Verfahrens führt. Selbst dann, wenn also von einer unumstößlichen *Begründung* einer hedonistischen Ethik keine Rede sein kann, lässt sich doch mit einem Blick auf die Geschichte einiges zur *Verteidigung* dieser Variante einer praktischen Lebensphilosophie anführen.

5. Das Lust-Axiom

Der Hedonist, der philosophische Verteidiger der Lust (ἡδονή), hat in der Geschichte der Denksysteme einen schlechten Ruf, war er doch zumeist Zielscheibe der Kritiker. Dies geschah allerdings nicht nur aus Gründen des Sozialneides, sondern auch deshalb, weil man Zweifel an der philosophischen Geschlossenheit dieses Lebensstiles hatte. Gegner waren zumeist die Verteidiger der Tugend, der sozialen Ordnung, des Staatswesens und der Religion. Vor allem letztere konnten verständlicherweise sich nicht damit abfinden, dass etwas derart Unsakrales wie das persönliche Lustempfinden in den Mittelpunkt der Lebensorientierung gestellt wurde. Viele philosophische Systeme, die sehr oft ja nur eine Weiterführung der Landesreligion darstellten, schlossen sich der Meinung an, dass philosophische Verteidiger einer Lust-Ethik sozial bedenkliche Schädlinge seien, die man bekämpfen müsse.

Erste Äußerung zu einer Lehre der Freude findet sich allerdings schon bei Demokrit von Athen: »Am besten bekommt es dem Menschen, wenn er sein Leben so viel wie möglich in frohgemuter Gelassenheit zubringt und sich so wenig wie möglich missmutiger Stimmung überlässt.«[36] Michel Onfray weist dementsprechend Demokrit die füh-

36 Demokrit, *Fragmente zur Ethik*, Griech./Dt., übers. und kommentiert von G. Ibscher, Stuttgart 1996, S. 41 (Fragm. 189).

rende Rolle bei der Etablierung einer hedonistischen Ethik zu.[37] Systematisch ist dies deshalb einleuchtend, weil der Hedonismus sehr gut mit einer materialistischen Ontologie harmoniert. Demokrit war jedenfalls Anreger und Vorbild für Epikur sowohl in der Naturlehre (Atomismus) als auch bei der Ethik. Bei Epikur hängen diese beiden Gebiete systematisch zusammen und verbinden sich mit einem ausgeprägten erkenntnistheoretischen Sensualismus.

Uneingeschränkt wurde der Hedonismus nur bei den Kyrenaikern verteidigt: ἡδονή ist das τέλος, das oberste Ziel, das höchste Gut. Lust gilt dabei nicht nur als Abwesenheit von Schmerz, also als der neutrale Zustand zwischen den positiven und negativen emotionalen Kategorien; Aristippos charakterisiert die Lust vielmehr als »die zum Bewusstsein gelangte sanfte Bewegung«.[38] Nicht die Nullpunkt-Zustände auf der emotionalen Skala, Schmerz- und Lustlosigkeit sind anzustreben, sondern das positiv getönte emotionale Empfinden stellt den höchsten Wert dar.

Die Motivation, dies zu behaupten, kam für Aristipp aus der Beobachtung der empirischen Basis des Hedonismus: Es ist das natürliche Streben aller Lebewesen (Tiere, Kinder, Erwachsene) nach Lust. Dieses Bestreben hat man später »psychologischen Hedonismus« genannt. Als deskriptive These scheint wenig Zweifel an der Existenz dieser Urtendenz all jener Lebewesen zu bestehen, die überhaupt ein sinnliches Empfindungszentrum besitzen.

Aristipp gibt jedoch keine aprioristische Werteordnung bezüglich der Lustarten vor. Er beruft sich auf keine Wertevidenzen bezüglich des Typus der Lustqualitäten: μὴ διαφέρειν τε ἡδονὴν ἡδονῆς,[39] es gibt keinen Vorzug

37 M. Onfray, *Theorie des verliebten Körpers: Für eine solare Erotik*, Berlin 2001.

38 Diog. Laërt. II,85 [vgl. auch Aristokles bei Eusebios Praep. ev. XIV 18,32].

39 Diog. Laërt. II,87.

der Sinnenlust gegenüber dem Vergnügen an der geistigen Einsicht in Naturzusammenhänge.

Es ist damit Aufgabe des Individuums, die Lustarten zu wählen, die ihm die intensivste Empfindung liefern. Man muss in dieser Offenheit wohl die weise Einsicht des Aristippos erblicken, der Verschiedenheit der Menschen Rechnung zu tragen; die physiologischen Sensibilitäten sind einfach zu unterschiedlich, um eine einheitliche Reihung der Lustformen vorschlagen zu können. Aus dem psychischen Streben aller Menschen nach irgendeiner Form des sinnlichen Genusses folgt aber dann in natürlicher Weise die Empfehlung, diesem Streben zu folgen, soweit es die Umstände gestatten.

Es bedarf somit keiner Verteidigung, gibt man dem Streben nach Lust nach – nur in dem Falle, dass man jemanden hindern will, eine freudebringende Tätigkeit auszuüben, liegt ein Bedarf, dies zu begründen, vor. Vor allem der Mathematiker Eudoxos von Knidos hat diese wichtige Begründungsfigur des Hedonismus betont. Aus der Natürlichkeit des Luststrebens folgt, dass nur *Verbote* für lustvolle Tätigkeit begründungsbedürftig sind, bei Fehlen einsichtiger Gründe gilt das permissive Prinzip des Gewährenlassens.

Die Lust ist nach Aristipp ein Gut, unabhängig davon, wie sie zustandegekommen ist oder welche Folgen sie nach sich ziehen mag; es gibt somit keine konventionellen Einschränkungen bezüglich der Erzeugung der Lustempfindungen. Mit einem solchen liberalistischen Grundsatz waren Spannungen mit den Verteidigern der Rechte der Gesellschaft vorprogrammiert. Diese beriefen sich darauf, dass das Ausleben der individuellen Lustdispositionen unvereinbar mit den Interessen der Gemeinschaft sei. Den Hedonisten interessieren die Folgen seiner Handlungen allerdings nur insofern, als sie ihm Hindernisse bei der Erreichung seiner Fernziele bereiten könnten. Bestehen die Folgen hedonistischen Handelns vermutlich in großer

Unlust, wird der kluge Mensch das Lusterlebnis meiden. Damit zeigt sich überdies die Verbindung zum ›Konsequentialismus‹, also der folgenorientierten Ethik. Es bedarf somit des Einsatzes der φρόνησις, also des Denkvermögens zur Folgenabschätzung der Handlungen, niemals sollte man blind dem Luststreben nachgeben. Die Überlegtheit des Handelns geht auch aus Aristipps Grundsatz hervor, den er angelegentlich eines Vorwurfs geäußert hatte, dass er mit der Hetäre Laïs zusammenlebe.

Ein Philosoph und eine Hetäre bilden ein Paar: Wie kann dies angehen? Dabei war es zu damaliger Zeit keineswegs anstößig, wenn ein ausreichend betuchter Grieche mit Prostituierten Verkehr hatte. Ein Problem hätte nur dann auftauchen können – besonders da die Laïs eine besonders schöne Frau war –, wenn der Philosoph im Rausch der Sinne die Orientierung verliert. Aristipps Antwort war kurz und bündig: »ich besitze, aber werde nicht besessen.« (ἔχω καὶ οὐκ ἔχομαι)[40]

Der besonnene Weise gibt sich der Sinnenlust hin, aber er tut dies nicht in dem Maße, dass er von ihr weggerissen wird, dass er also seine Haltung, seine Ausgeglichenheit verliert. Auf der anderen Seite schützt die Vernunft auch vor unnötigen Skrupeln. Als man Aristipp berichtete, dass seine Laïs auch mit Diogenes Verkehr hatte, meinte ersterer ungerührt: »Ich habe die Laïs, damit sie mir Freude bringt, nicht damit sie anderen keine bereitet.«[41] Ihm war klar: Eifersucht und die Idee des sexuellen Privateigentums sind keine lustfördernden Ideen.

In dieser Hinsicht zeigen sich Parallelen mit dem Kynismus; auch die Kyniker (wie Diogenes von Sinope) waren gegen die Tradition eingestellt. Soziale Regeln stellen nur Konventionen dar, aber der Weise braucht sich nicht an konventionelle Vorschriften zu halten, die die Herr-

40 Athenaios XII,544d.
41 Athenaios, *Deipnosophistae* XIII,588.

schenden nur zur Unterdrückung der Bürger eingeführt haben. Deshalb finden sich bei den Kynikern auch überraschende Vorschläge bezüglich Promiskuität und Frauengemeinschaft, die man eher in den Kreisen der Kyrenaiker vermutet hätte. Aber beide Strömungen haben einen Überschneidungsbereich, nämlich die Verachtung für gesellschaftliche Vorschriften. Die Gewichtung der Lust ist jedoch bei Kynikern und Kyrenaikern verschieden; erstere betreiben Sexualität zur Entspannung, letztere zum Genuss. Diogenes von Sinope macht drastisch deutlich, dass die beste Art, von den Zwängen der Sexualität loszukommen, deren Praxis ist.[42] Ein Hedonist versucht demgegenüber, den sexuellen Genuss zu erhöhen. Auch Aristipp lehrte die Steigerungsfähigkeit der Lust; letztlich besitzt sie keine obere Grenze, so meinte er, es sei vielmehr Sache des Einfallsreichtums, das stärkste Empfinden seinem Körper zu entlocken. Die Frage, wie man das Erleben steigern kann, wie man die Schranken der Lust weiter hinausschieben konnte, hat alle Theoretiker der ἡδονή von Ovid über La Mettrie und de Sade bis hin zu Wilhelm Reich immer wieder beschäftigt. Es darf allerdings nicht übersehen werden, dass ein Übermaß an Genuss irreversible Schäden hinterlassen könnte, eine Tatsache, die nun gar nicht im Sinne eines Langzeit-Hedonismus ist.

Kritik erfuhr die kyrenaische Lehre zunächst durch idealistische Metaphysiker: Besonders die Bestimmung, dass die Lust eine Bewegung sei, war mit dem herkömmlichen Begriff einer Idee unvereinbar. Für Platon war eindeutig, dass der oberste Wert kein Werden, sondern etwas Seiendes sein müsse; Ideen sind zeitlos, ewig und haben nicht an der Veränderung der empirischen Welt teil. Platons Haltung zur Lust sollte allerdings differenziert ge-

42 G. Luck, *Die Weisheit der Hunde. Texte der antiken Kyniker*, Stuttgart 1997, Nr. 385.

sehen werden: Einerseits setzt er den (päderastischen) ἔρως, beim Aufstieg zur Ideenschau und zur Erfahrung des Unendlichen als Erkenntnishilfe ein.[43] Die Knabenliebe, das pädagogische Verhältnis des ἐρωτής (älterer Liebhaber) mit dem ἐρώμενος (geliebten Knaben) hielt Platon für eine sublime Art des spirituellen Aufstieges auf erotischem Wege.[44] War die Knabenliebe mit geistiger Erziehung verbunden, hatte Platon auch nichts gegen den körperlichen Vollzug einzuwenden.

Zudem hat auch Platon die Begründungsunbedürftigkeit des Glückes vertreten: »Und weiter zu fragen bedarf's nicht, weshalb denn der glücklich sein will, der es will, sondern die Antwort scheint vollendet zu sein«.[45] Das wiederum bedeutet, dass die Evidenz des Glücksstrebens so aufdringlich ist, dass schon die Idee einer Begründung absurd erscheint. Allerdings betont er an anderer Stelle[46] auch die dialektische Natur der Lust, weil diese unweigerlich auch mit der Unlust bzw. dem Verzicht auf Vergnügen zusammenhängt. Manche Liebespaare machen von der Dialektik des Lustempfindens Gebrauch, indem sie durch temporäre Enthaltsamkeit das Begehren steigern. Sinnesphysiologisch ist es leicht erklärlich, dass ein ständig gleichbleibender Reiz das Empfinden ermüdet und eine Dosis Schmerz neue Sensibilität weckt. Damit wäre auf jeden Fall die Idee der ewigen Glückseligkeit in Frage gestellt, denn auch die Götter bedürften einer »variatio«, wenn sie in ihrem Wesen als zumindest analog der menschlichen Empfindungsfähigkeit gedacht werden.

Beim späten Platon zeigt sich dann andererseits eine erste Umwertung des sexuellen Geschehens. Er kritisiert

43 Platon, *Phaidros* 246d–249d.

44 Platon, *Symposion* 184e.

45 Platon, *Symposion* 205a, zit. nach: Platon, *Das Gastmahl*, übers. von K. Hildebrandt, Stuttgart 1949 [u. ö.], S. 77.

46 Platon, *Gorgias* 496d.

in erster Linie den Verlust der Vernunftkontrolle, der mit der Liebesleidenschaft verbunden ist, denn die Lust sei »das Unzuverlässigste unter allen Dingen, so dass, wie die Rede geht, in den Lüsten des Geschlechtstriebes, welche für die größten gehalten werden, sogar der Meineid die Verzeihung der Götter erhält, weil nämlich die Lüste wie die Kinder auch nicht die mindeste Vernunft haben«.[47] Damit spricht Platon jenes Argument gegen die sexuelle Lust aus, das dann später Karriere machen sollte, nämlich die Aufhebung der Verstandeskontrolle im Zustand der Erregung. Gegen diesen Einwand haben sich die Hedonisten immer gewehrt, indem sie darauf hinwiesen, dass der Verlust des Verstandes nur eine kurze Zeit um den Höhepunkt der sexuellen Aktivität andauert. Demgegenüber lässt der Verzicht auf die Entladung den Menschen in einem permanenten gespannten Zustand zurück, der genau so, wenn nicht schlimmer, die Tätigkeit des Verstandes beeinträchtigt.

Näher an der Natürlichkeit des Sinnlichen war Platons bedeutendster Schüler Aristoteles, denn dieser leugnet den psychischen Hedonismus, also das faktische Luststreben keineswegs.[48] Er wertet aber die Arten der Lust nach der seiner Meinung nach objektivierbaren Stufenleiter der Werte der Objekte des Begehrens und erklärt die Freude am Erkennen der Ordnung und der Harmonie des Weltalls als vornehmstes Ziel. Auf jeden Fall war Aristoteles trotz seiner Bevorzugung des intellektuellen Vergnügens kein Gegner körperlicher Genüsse. Er soll viel Freude mit seiner geliebten Hetäre Herpyllis gehabt haben, die ihm seinen Sohn Nikomachus gebar und von der Athenaios sagt, dass sie durchaus in der Lage war, seine sexuellen Sonderwünsche zu erfüllen.[49] Es konnte letztlich aber historisch nicht vollständig geklärt werden,

47 Platon, *Philebos*, 65c.
48 Aristoteles, *Nikomachische Ethik* VII,12–15, 11526.
49 Athenaios, *Deipnosophistae* XIII,589; Diog. Laert. V,12.

ob die Vermutung von Hans Baldung Grien, der Aristoteles als Reittier der Herpyllis dargestellt hat (in der Holzschnittfolge *Weibermacht*, 1513) – die Symbolisierung der Abdankung der Vernunft gegenüber dem Trieb – irgendeinen Rückhalt in den tatsächlichen Vorlieben des Akademikers hatte.

In der Moderne setzt man oft Hedonisten mit Epikureern gleich. Man kann aber Zweifel darüber anmelden, ob eine solche Identifizierung gerechtfertigt ist: Epikuros verschiebt den ἡδονή-Begriff in Richtung auf den neutralen Nullpunkt der Lustskala, also dorthin, wo der Mensch weder Schmerz noch Freude fühlt, wo er ausgeglichen und mit sich und der Welt zufrieden ist. Epikur hält somit am Lust-Axiom fest, wählt aber einen anderen Bezugspunkt zur Beurteilung des optimalen Lebensgefühles. Als anzustrebenden Glückszustand erklärt er die καταστηματικὴ ἡδονή, also den ruhigen, statischen Zustand der ἀταραξία, der ausgeglichenen Seelenruhe. Es könnte sein, dass platonisch fundierte Argumente ihn dazu veranlasst haben, die kyrenaische Lust der Bewegung ἡ ἐν κίνησει ἡδονή zu modifizieren. Lust würde damit eher einem zeitunabhängigen Zustand als einem Prozess zukommen. Allerdings scheint es schwierig zu sein, alle genussreichen Tätigkeiten als Zustände auszuzeichnen. Nicht nur die Sexualität, für die Bewegung doch konstitutiv ist, sondern auch sämtliche freudvollen Abläufe zeigen ein kinematisches Moment. Als profaneres Argument hat Hermann Usener, der Herausgeber der Epicurea, vermutet, dass es die Krankheit Epikurs im höheren Alter war, die ihn zu dieser semantischen Verschiebung veranlasst hat. Angenommen, man hat aufgrund einer Krankheit permanent Schmerzen, kann die schmerzfreie Ruhe zum höchsten Glück werden. Jedenfalls sahen bereits antike Autoren die begriffliche Inkohärenz des epikureischen negativen Hedonismus und werteten den positiven Hedonismus der

Kyrenaiker als wesentlich überzeugender.[50] Spöttisch hat man deshalb die katastemische Lust auch die Beschreibung des Befindens lebender Leichen genannt,[51] eine Charakterisierung, die zum Ausdruck bringt, dass der ursprüngliche Sinn von Lust eine emotional positive Tönung besitzt und eben gerade nicht nur in einem ausgeglichenen spannungslosen Seelenzustand besteht.

6. Die Universalisierbarkeit des Hedonismus

Im Rahmen einer naturalistischen Anthropologie stellt die Genussfähigkeit der Lebewesen eine ererbte Disposition dar, die man jederzeit aktivieren kann, sofern man bestimmte Grundregeln der Sozialverträglichkeit einhält. Die erste Hälfte des 19. Jahrhunderts mit einem absolutistischen Staatsverständnis, einer puritanistischen Lebenseinstellung und einer weltabgewandten, schwärmerischen Metaphysik war aber ein ungeeigneter Nährboden für eine naturalistische Ethik wie den Hedonismus. Erst als in der zweiten Hälfte des 19. Jahrhunderts die nüchterne naturwissenschaftliche Betrachtung des menschlichen Körpers sich durchsetzte und auch eine naturalistische Sexualmedizin eine Entmythologisierung der menschlichen Fortpflanzungs- und Lustorgane in Angriff nahm, konnte auch eine Ethik, die auf Sensualismus und Optimierung des Trieblebens aufgebaut war, wieder an Boden gewinnen. Selbst Sigmund Freud, dem wohl bedeutendsten Wegbereiter einer rationalen, vorurteilsfreien Analyse der endothymen, d. h. die Gemütsbewegungen und Triebe betreffenden Tiefenstruktur des Menschen, meldet noch mit seiner Entgegensetzung von Lust- und Realitätsprinzip Zweifel an, ob deren Unterdrückung völlig aus einer Kul-

50 Cicero, *De finibus* II,114.
51 Clemens v. Alexandria, *Stromateis* II,21.

turgesellschaft auszuschließen ist.[52] Erst Wilhelm Reich und dann v. a. Herbert Marcuse haben Modelle entworfen, die auf eine Harmonisierung von Triebfreiheit und gesellschaftlicher Ordnung abzielen.

Ist nun Unterdrückung bzw. Repression vollständig aus dem Gesellschaftssystem entfernbar, könnte man sich eine hedonistische Ordnung im Großen vorstellen. Aber rationalistische Vernunftphilosophen lehnen den Eudämonismus wegen seines empirischen Elementes ab. Englische Empiristen von Hume bis Russell hatten keine Schwierigkeit damit, eine Ethik auf einer kontingenten anthropologischen Konstante aufzubauen. Aber dem idealistischen Prinzipiendenker fehlte die Verankerung des τέλος in der Notwendigkeit der Vernunft. Das Postulat der apriorischen Notwendigkeit stellt jedoch ein Dogma dar, das von einem empiristischen Naturalismus aus gesehen kein Gewicht besitzt. Der Versuch, Ethik auf oberste Vernunftprinzipien aufzubauen, die allen Menschen evident sind, ist ohnehin als obsolete Methodologie einer Normenbegründung erkannt worden. Weder Evidenzen noch Intuitionen schützen eine Ethik vor der Gefahr des Begründungsregresses, ein Grund dafür, dass sich die Hedonisten auch nie in das Abenteuer einer Letztbegründung gestürzt haben. Man kann die unterschiedlichsten Normen zu ethischen Axiomen erheben, ohne zeigen zu müssen, dass diesen Normen eine innere Notwendigkeit zukommt. Auch ohne durch logische Pseudoargumente als unausweichlich charakterisiert zu sein, besitzt die Handlungsmaxime, jene Taten, die einem am meisten Freude bereiten, auszuführen, für die meisten eine unaufdringliche Plausibilität. Und für jene, denen die gegensätzliche Haltung, möglichst viel Leid, Unbill und Schmerz auf sich zu laden, einleuchtet (also Anachoreten, Märtyrer oder Weltverbesserer), ist

52 S. Freud, »Das Unbehagen in der Kultur«, in: *Abriss der Psychoanalyse*, Frankfurt a. M. 1986.

der Hedonismus auch nicht gedacht, diese müssen mit ihrem Leidens-Axiom leben. Für diese gilt, wie die Römer sagten: *Suae quisque fortunae faber est* (»Ein jeder ist seines Glückes Schmied«).[53]

In dem Konzert kontingenter Normen kann auch der Hedonismus seine Stimme erheben und dabei noch den Vorzug einer Verankerung in den Vorgaben der Natur besitzen. Seit Paul Broca wissen wir, dass ein Teil unseres Gehirns die Aufgabe besitzt, Lustgefühle zu produzieren, nämlich das limbische System. Damit wird der Sensualismus des kyrenaischen Hedonismus auf eine materiale Grundlage gestellt und erhält eine faktische Verankerung. Da das limbische System mit seinen für verschiedene Empfindungen zuständigen Teilen eine phylogenetische, d. h. stammesgeschichtliche Funktion besitzt, erhält das bei allen Tierarten anzutreffende Luststreben auch einen evolutionsbiologischen Sinn; der Hedonismus stellt also nur die kodifizierte Ausformulierung einer Naturanlage dar. Die meisten Kritiker des Hedonismus kümmert die naturalistische Fundierung dieser Ethik wenig, da sie ohnehin jede Rücksicht auf Faktisches bei Sollensfragen ablehnen. Ich sehe aber gerade die Stärke dieser Position darin, dass dem Menschen nicht blind ein seiner Natur fremdes Ordnungskonzept aufgezwungen wird, sondern dass die individuellen Strebungen berücksichtigt werden. Der Hedonismus wird sicher angemessen als antiautoritär, unideologisch und ordnungsfeindlich eingestuft, und darin muss man auch seine Stärke sehen. Er soll die Individuen aufrütteln, sich jeder heroischen Domestizierung zu widersetzen, ihr Glück gegen die Übergriffe des mächtigen Kollektivs zu verteidigen.

Der Heroismus hat, wie die geschichtliche Vergangenheit beweist, den Völkern kein Glück, sondern nur Leid gebracht. Heroismus wurde stets mit der Unterdrückung der Freiheit und mit der Opferung des Individuums ver-

53 Sallust, *Epistulae* I,I,2.

bunden. Die geschichtliche Funktion des Hedonismus besteht in erster Linie darin, den Protest dagegen zu artikulieren, das Individuum auf dem Altar des Kollektivs zu opfern. Der Hedonismus lehnt sich somit gegen die Vergewaltigung des Individuums durch das Kollektiv auf. Identifiziert man Moral mit dem Allgemein-Interesse, so ist der hedonistische Protest immer amoralisch. Der Rekurs auf subjektives glückliches Erleben gilt den Generalisten nicht als zulässiges Element der Verteidigung einer Handlungsnorm, denn aus der Sicht des Kollektivs ist »das Glück des Individuums bestenfalls ein wertloser Zufall des Lebens«.[54] Gerade in diesem Absehen vom Individuellen liegt die Inhumanität der kollektivistischen Abstraktion. Die Konzentration auf das Allgemeingültige und Notwendige, die Vernachlässigung des situativ Besonderen verneint das Anliegen dessen, der sich freut oder leidet. Besteht der Hedonist auf seinem selbstgewählten Glück, reagiert das Kollektiv mit Disziplinierungsmaßnahmen: Nicht am Kollektiv orientiertes, abweichendes Verhalten wird in die Nähe zur Straftat gerückt.

Kaum jemand hat das Repressionsproblem eingehender analysiert als Michel Foucault. Er diagnostiziert das Eigentümliche der Repression darin, »dass sie zugleich als Verbannungsurteil und als Befehl zum Schweigen funktioniert, als Feststellung, dass es bei alledem überhaupt nichts zu reden, zu sehen oder zu wissen gibt«.[55] Folgt man Foucault, so gibt es eigentlich in Bezug auf die Sexualität nur zwei Stätten der Toleranz, nämliche die psychiatrische Klinik und das Bordell. An diesen Orten wird die Lust reflektiert bzw. aktiviert, »während überall sonst der moderne Puritanismus seine dreifache Verfügung von Untersagung, Nicht-Existenz und Schweigen durchgesetzt hat«.[56]

54 H. Marcuse, *Zur Kritik des Hedonismus* (Anm. 36), S. 268.
55 M. Foucault, *Sexualität und Wahrheit*, Bd. 1, Frankfurt a. M. 1979, S. 12.
56 Ebd., S. 13.

Als Grund gibt Foucault die gleiche Motivation an, die Marcuse, aber auch Bertrand Russell schon für die Ablehnung des Hedonismus ausgemacht haben, »weil er mit einer allgemeinen und intensiven Arbeitsordnung unvereinbar ist«.[57] Nehmen die Produktion und die Arbeitskraft hohen Rang in der Wertehierarchie ein, kann man nicht dulden, dass sich das Volk in Lüsten ergeht, mit Ausnahme jenes minimalen Restes, der zur Reproduktion gebraucht wird. Foucault weist aber auf noch ein weiteres Moment der Repression hin, das mit dem nun schon lange andauernden Diskurs über Lust-Unterdrückung zusammenhängt. Warum dauert der Klage-Diskurs über die Repression der Lust – insbesondere der sexuellen – schon so lange, warum wird in der gesellschaftlichen Praxis so wenig umgesetzt? Seitdem im 18. Jahrhundert die Aufklärer ihre Befreiungsschläge gegen den gesellschaftlichen Druck in Richtung Konformismus geführt haben, sind Fortschritte in Richtung auf Deregulierung der Verbote von abweichenden Verhaltensmustern immer wieder durch gegenläufige Strömungen unterbrochen worden. Auch gegenwärtig ist wieder eine neue antiliberalistische, neokonservative Reaktion spürbar. Allerdings dürfen wir uns heute über solche Bevormundungen beschweren. Foucault weist nun der Beschwerde, der Anklage zur Unterdrückung selbst eine Rolle zu, denn in der Klage manifestiert sich eine Vorwegnahme bzw. Antizipation von Freiheit: »Ein Hauch von Revolte, vom Versprechen der Freiheit und vom nahen Zeitalter eines anderen Gesetzes schwingt mit im Diskurs über die Unterdrückung des Sexes«.[58] An die Stelle der Revolution tritt die Rede von Aufklärung, Befreiung und virtuellen Lüsten. Den Mächten zu widersprechen, stellt einen Ersatz für die Möglichkeit dar, den Mächten entgegen zu handeln, ist eine Spiegelfechterei mit

57 B. Russell, *Die Eroberung des Glückes*, Frankfurt a. M. 1978.
58 M. Foucault (Anm. 56), S. 16.

virtuellem Lustgewinn, bei der die bestehenden Machtverhältnisse nicht geändert werden. Damit ist auch der Macht-Aspekt der Repression offengelegt: Wer Menschen beherrschen will, muss sie dort packen, wo sie am empfindlichsten sind. Das erklärt auch, warum Herrschende und Kirchenvertreter sich um die weniger intensiven Emotionen, die bei Sport, Spiel, Bewegung, Tanz, Essen und Trinken entstehen, kaum gekümmert haben. Keine Institution hat je eine Wander-Ethik erfunden, um den Menschen vorzuschreiben, wie lange und wie schnell sie ihre Beine bewegen dürfen, wohl aber hat man sich um Sexualität und in schwächerem Maße um Drogen gekümmert, weil man von der »Amoral der Ekstase«[59] überzeugt war.

Was kann man unter den gegenwärtigen sozio-ökonomischen Randbedingungen für einen gelebten Hedonismus erwarten? Der führende Vertreter einer modernen lustorientierten Ethik, Michel Onfray, schließt eng an antike Vordenker der hedonistischen Lebensführung an: Er propagiert mit Nachdruck die Aktualisierung der libertären Zwischenmenschlichkeit und fordert die heutigen Freigeister zur »Dekonstruktion des asketischen Ideals« auf.[60] Sein Schlüsselwort ist die Libertinage, mit der er in erster Linie das Moment der Freiheit verbindet, denn der Libertin »bezeichnet jemanden, der sich von allen gesellschaftlichen Zwängen frei gemacht hat und dem nichts über seine Freiheit geht. Er erkennt keinerlei Autorität an, die ihn kontrollieren könnte, weder auf dem Gebiet der Religion noch auf dem der Sitten.«[61]

Aber ein Hedonismus kann nicht nur negativ bestimmt sein, denn das würde ihn zu sehr angreifbar machen von

59 L. Böllinger, »Betäubungsmittelstrafrecht. Drogenpolitik und Verfassung«, in: B. Kanitscheider (Hrsg.), *Drogenkonsum – bekämpfen oder freigeben?*, Stuttgart 2000, S. 179–196.
60 M. Onfray, *Theorie des verliebten Körpers* (Anm. 37), S. 30.
61 Ebd., S. 29.

allen jenen, die die Menschen mit der traditionellen asketischen Werteordnung beglücken wollen. Deshalb muss ein materialistischer Hedonismus eine auf der ursprünglichen Natur des Menschen basierende »atomistische Theorie des Begehrens« entwerfen. In dieser Theorie ist der Säkularisierungsgedanke zentral, die Ethik der jüdisch-christlichen Tradition von Schuld und Sühne hat die Fleischlichkeit (σάρξ) aufgrund einer spiritualistischen Ontologie entwertet.

Diese platonische, vom Christentum bereitwillig aufgenommene Vergeistigung der Leiblichkeit muss rückgängig gemacht werden, man müsse »das Fleisch verweltlichen, den Leib entheiligen und die Seele als eine von tausend Modalitäten der Materie definieren«.[62] Mit einer »Metaphysik des gegenwärtigen Augenblicks« und dem Lob des »reinen Genusses der Existenz« reiht sich Onfray dabei in eine Tradition mit den römischen Epikureern wie Philodemus von Gadara, Catull, Tibull, Properz und Horaz ein, dem wir die wohl berühmteste, aber auch dichteste Formulierung des epikureischen Credos verdanken: »Dum loquimur, fugerit invida / aetas: carpe diem, quam minimum credula postero.« (»Da wir noch sprechen, ist schon entflohen die neidische Zeit: greif diesen Tag, nimmer traue dem nächsten.«)[63]

Angesichts des Wiedererstarkens der auf theonome, d. h. auf göttliche Gesetzgebung beruhende Repression und absolute Unterwerfung des Individuums angelegten monotheistischen Religionen ist es wohl mehr als dringend notwendig, dass die Philosophie ihre Stimme erhebt, um nicht nur das »sapere aude« (»wage zu wissen«) zu bekräftigen, sondern auch die mühsam in den Wellen der Aufklärung erreichten Handlungsspielräume zu verteidigen. Ein zeitgemäßer Hedonismus ist, so gesehen, viel

62 Ebd., S. 31.
63 Horaz, *Sämtliche Werke*, Lat./Dt., hrsg. von B. Kytzler, Stuttgart 2006, S.30/31 (Carmen 1,11).

mehr als eine Ethik des Genießens und der Lustgewinnung: Er impliziert den Imperativ der Freiheit, Ungebundenheit und der Würde des Individuums.

7. Literaturhinweise

Bunge, Mario: Chasing Reality. Strife over Realism. Toronto 2006.

Hösle, Vittoro: Platonismus und Darwinismus. Wissenschaft und Öffentlichkeit. Freiburg i. Br. 2001.

Kanitscheider, Bernulf: Was können wir tun? Willens- und Handlungsfreiheit in naturalistischer Perspektive. In: H. Fink / R. Rosenzweig (Hrsg.): Freier Wille – frommer Wunsch? Paderborn 2006.

– Die Materie und ihre Schatten. Aschaffenburg 2007.

– / Franz Josef Wetz: Naturalismus und Hermeneutik. Hrsg. von B. Kanitscheider. Tübingen 1998.

– / Bettina Dessau: Von Lust und Freude. Frankfurt a. M. 2000.

Messner, Johannes: Das Naturrecht. Handbuch der Gesellschafts-, Staats- und Wirtschaftsethik. Innsbruck 1960.

Moore, George Edward: Principia Ethica. Stuttgart 1970.

Onfray, Michel: Theorie des verliebten Körpers: Für eine solare Erotik. Berlin 2001.

Quine, Willard van Orman: Ontological Relativity and Other Essays. New York 1969. – Dt.: Ontologische Relativität und andere Schriften. Stuttgart 1971.

Reinsberg, Carola: Ehe, Hetärentum und Knabenliebe im Antiken Griechenland. München 1993.

Siems, A. K. (Hrsg.): Sexualität und Erotik in der Antike. Darmstadt 1994.

Smart, John J. C.: Ethics, Persuasion and Truth. London 1984.

III. Naturalisierung der Kultur

Die Naturalisierung der Kultur – ein vollendbares Projekt?

Von Franz Josef Wetz

1. Einführung

Auf Raphaels berühmtem Gemälde *Die Schule von Athen* werden namhafte Philosophen der Antike in friedlichem Gespräch miteinander dargestellt. Nach Wilhelm Dilthey (1833–1911) macht die Friedensstimmung unter diesen leise auftretenden Gestalten das Besondere von Raphaels Werk aus, weil sie für gegensätzliche Lebens- und Weltanschauungen standen, die sich im wirklichen Leben aufs entschiedenste bekämpft hätten.

Raphaels Gemälde inspirierte Dilthey zu einer Rede, die er anlässlich seines 70. Geburtstags hielt und mit der Überschrift *Traum* versah. Darin teilen sich alle in einem Musentempel versammelten Philosophen des Abendlandes in drei Gruppen: Auf die linke Seite stellen sich Pantheisten wie Spinoza, Schelling und Goethe, welche die Göttlichkeit des harmonischen Universums preisen; in der Mitte finden Idealisten und Theisten wie Platon, Augustinus und Kant einen Platz, für die Gott, Freiheit und Sittlichkeit maßgebliche Größen darstellen, und auf die rechte Seite begeben sich die Naturalisten, »welche ihre Welterklärung auf die feste, allumfassende physische Natur gründen [...] und so den Geist der Natur unterordnen oder auch resigniert unser Wissen auf das nach naturwissenschaftlicher Methode Erkennbare einschränken« (Dilthey, 1977, S. 222). Anders als auf Raphaels Gemälde stehen sich in Diltheys *Traum* die drei Gruppen unversöhnlich gegenüber, so dass sich eifrige Vermittler vergeblich bemühen, ihre Meinungsverschiedenheiten zu beseitigen und die Konflikte zu schlichten. Schließlich lässt sich Dilthey in der Geburtstagsrede aus seinem Traum zu der Erkenntnis erwachen, dass der Streit doch beigelegt werden könne: Obwohl es uns versagt sei, die drei Lebens- und Weltanschauungen zusammen zu bringen, drücke jede von ihnen eine Seite der Wirklichkeit und somit einen Teil der Wahrheit aus, die in allen dreien gegenwärtig sei.

So sympathisch Diltheys Position klingt, plausibel ist sie dennoch nicht. Genau genommen kann nur eine der Lebens- und Weltanschauungen wahr sein, alle gemeinsam können es jedenfalls nicht. Um die Extreme beim Namen zu nennen: Theismus und Idealismus auf der einen Seite, Naturalismus und Materialismus auf der anderen schließen sich gegenseitig aus und lassen sich mitnichten als zwei Teile einer Wahrheit auffassen. In der abendländischen Kulturgeschichte gab es nach Graden der Übereinstimmung abgestuft fast immer alle drei Lebens- und Weltanschauungen nebeneinander, wobei mal die eine, mal die andere vorherrschte.

Auffälliges Kennzeichen der Gegenwart ist ein Erstarken des Naturalismus. Zu den charakteristischen Merkmalen hierfür gehört die Ausdehnung des Erklärungsangebots der heutigen Naturwissenschaften weit in das geisteswissenschaftliche Gebiet hinein. Die Naturwissenschaften tun das inzwischen nicht mehr nur mit Grundsatzerklärungen, sondern auch mit konkreten Modellvorschlägen. Evolutionsbiologie, Kognitionswissenschaft und Neurophysiologie zum Beispiel haben inzwischen begonnen, Schlüsselbegriffe aus dem Wirkungsbereich des Geistes naturalistisch zu rekonstruieren. Hierbei schrecken sie weder vor einer Naturalisierung des Bewusstseins noch vor einer Naturalisierung der Werte zurück, werden diese doch als Gefühlsäußerungen interpretiert, die sich auf bestimmte Hirnbereiche wie etwa das limbische System zurückführen ließen. Heute naturalisiert man sogar die Vernunft, in der man nur noch eine Tätigkeit des Neocortex, nicht mehr aber ein frei über dem Denken schwebendes Vermögen sehen möchte.

Bewusstsein und Werte hätten also ihren idealistischen Charakter verloren, nachdem hinter dem menschlichen Selbst- und Wertempfinden chemische Mechanismen hervorgetreten seien, die jenes zu steuern scheinen. Im Grunde würden fast alle Entscheidungen auf neuronaler und hormoneller Ebene getroffen; die »Person« oder das »Selbst« sei eine Art »Homunculus im Gehirn«. Außerdem seien moralische Intuitionen und Dispositionen weniger ein Produkt der bewussten Reflexion als vielmehr ein Ergebnis der natürlichen Evolution. Offenbar haben alle geistigen Prozesse biophysikalische Ursachen.

Wie leicht entsteht da die Hoffnung, beide – Natur- und Geisteswissenschaften – ließen sich zugunsten der ersteren miteinander verbinden, stellt doch auch die Kultur, einschließlich Kulturwissenschaft, das Produkt natürlicher Biosysteme dar, deren Hirne aus Nerven bestehen, welche wiederum aus Atomen gebildet werden. Heute ist die Suche der Naturwissenschaften nach den Ursachen menschlichen Lern- und Sozialverhaltens, Denkens, Wollens und Fühlens in vollem Gange. Die Forschung hat die Neurowissenschaft, Verhaltensgenetik und Evolutionsbiologie bereits dicht an die Grenzen der Kultur- und Geisteswissenschaften herangeführt. Sinnerkenntnis und Theoriebildung gelten mittlerweile ebenso als Produkte menschlicher Organismen – als evolutions- und neurobiologische Sachverhalte – wie fast jede andere Äußerung des Menschen auch. Darum soll künftig die gesamte Kultur mit Hilfe kausalgenetischer Verfahren aus der Natur erklärt werden.

Allerdings ist das Wort »Kultur« mehrdeutig, und es existieren berechtigte Zweifel, ob es sich überhaupt genau definieren lässt. Am besten erläutert man den Begriff Kultur an Beispielen. Allgemein zählt man zur Kultur Kunst, Recht und Religion, ebenso Technik, Wissenschaft, Wirtschaft und Politik sowie gesellschaftliche Normen, Sitten und Gewohnheiten. Gelegentlich wird von der Kultur im weiten Sinne (zu der die gesamte Lebenswelt mit all ihren Sub- und Gegenkulturen gehört), die sogenannte hohe Kultur unterschieden, also die bildenden Künste, Literatur, Musik und die Glaubensformen, deren Rezeption oft zu einem Akt der Feierstunde und Erhebung wird; so reicht die Kultur von der Erfindung lebenserhaltender Werkzeuge bis zur Erschaffung lebenserfüllender Kunstwerke.

Schlüsseldisziplinen bei der Naturalisierung der Kultur stellen die Neurowissenschaft und Evolutionsbiologie dar. Während erstere die sogenannten *proximaten Ursachen* oder Nahursachen erforscht, die erklären sollen, wie etwas funktioniert, stehen im Mittelpunkt der letzteren die sogenannten *ultimaten Ursachen* oder Fernursachen, die Aufschluss darüber geben sollen, warum etwas der Fall ist.

(1) Aus neurowissenschaftlicher Sicht sind die *proximaten Ursachen* unseres bewussten Lebens neuronale Prozesse. Entsprechend gehen Denken, Fühlen, Wollen, Glauben, Hoffen und Lieben kausal aus physiko-chemischen Vorgängen des Hirns hervor. Philosophischer Streitpunkt ist dabei aber die Art des Zusammenhangs. In der Philosophie werden mittlerweile zahlreiche Auffassungen zum Körper-Geist-Problem vertreten. Zwei extreme Formen sind die Identitätstheorie und der eliminative Materialismus, in denen sich der Begriff Ursache nicht einmal mehr sinnvoll gebrauchen lässt. Nach der Identitätstheorie ist der Geist mit dem Gehirn identisch: Mentale Ereignisse gelten hier als physische Vorgänge. Geistige Phänomene und alles, was wir erleben, werden mit Nerventätigkeiten gleichgesetzt, gefühlte Schmerzen mit gereizten C-Fasern. Der eliminative Materialismus, den Richard Rorty und Patricia Churchland früh vertraten, geht sogar noch einen Schritt weiter, indem er die Existenz mentaler Phänomene ganz und gar leugnet. Mentalistische oder psychologische Verhaltenserklärungen sollten zugunsten neurobiologischer Beschreibungen aufgegeben

werden. Statt von Schmerzen etwa sollte nur noch von gereizten C-Fasern die Rede sein (vgl. Pauen/Stephan, 2002).

(2) Im Unterschied zur Neurowissenschaft untersucht die Evolutionsbiologie die *ultimaten Ursachen* menschlichen Verhaltens. Davon ausgehend, dass alle natürlichen Lebewesen an ihrer Erhaltung und einer möglichst reichen wie auch zahlreichen Reproduktion interessiert sind, werden die Ursprünge fast aller kulturellen Äußerungen als Versuche gedeutet, sich Überlebens- und Fortpflanzungsvorteile zu verschaffen. Die natürliche Selektion zwinge die in den Kampf um begrenzte Ressourcen gestellten Menschen zu eigeninteressierter Nutzenmaximierung, und die sexuelle Selektion zur Selbstanpreisung durch offensichtliche, ostentative Energieverschwendung, die herausragende Gesundheit, vorzügliche Fitness und ein intaktes Immunsystem anzeigen soll. Dabei entsprechen den nutzlosen Federn von Pfauen, Fasanen und Paradiesvögeln die Angebereien der Menschen mit körperlicher Schönheit, demonstrativem Reichtum und Müßiggang. Auch hier sollen solche Potenzdemonstrationen die Paarungschancen erhöhen. Obgleich die biologischen Strategien der Daseinsbehauptung und Fortpflanzung mit dem Ziel der Genvervielfältigung im Laufe der Kulturgeschichte verändert und überlagert wurden, blieben sie doch die ursprünglichen Antriebsquellen des Menschen – evolutionäre Programme, die der Einzelne auf der Bühne des Lebens ausführen müsse. Die Kultur, ja alles Menschliche hat nach dieser Sichtweise einen biologisch funktionalen Hintergrund (vgl. Voland, 2000).

Im Folgenden sei die Plausibilität dieser Thesen und die Konsequenzen daraus näher beleuchtet, indem als erstes einige geschichtliche Stationen des Naturalismus beleuchtet und im Anschluss eine Reihe kulturphilosophischer Einsprüche gegen die Alleinherrschaft der Naturwissenschaften aufgezählt werden (die jedoch nicht das Ende des

Naturalismus bedeuten, wie der vierte Abschnitt zeigen wird), bevor schließlich im fünften Abschnitt beispielhaft erläutert wird, warum selbst eine vollendbare Naturalisierung der Kultur in bestimmter Hinsicht unvollständig bleiben muss.

2. Meilensteine in der Geschichte des Naturalismus

Naturalismus ist ein vieldeutiges Wort, das eine Reihe von Positionen umfasst, die sich nicht alle ohne weiteres miteinander vereinbaren lassen. Gemeinsam ist allen Naturalismen die Überzeugung, dass es in der Welt mit rechten Dingen zugeht, für alles eine natürliche Erklärung gibt und die Wirklichkeit mit wissenschaftlichen Mitteln wenigstens hypothetisch, wenn auch unvollständig, erkannt werden kann. Man kann zwischen einem weltanschaulichen und einem methodischen Naturalismus unterscheiden.

(1) Entsprechend dem weltanschaulichen Naturalismus ist das mit mehr als 100 Milliarden Galaxien erfüllte, sich ausdehnende bzw. expandierende Universum alles, was es gibt. Beginnend mit der Welt im großen, dem unermesslichen Kosmos, und endend beim Menschen, einem winzigen Stäubchen in diesem Kosmos, verstehen Naturalisten die Wirklichkeit als einen wert- und zweckfreien Zusammenhang. Darin stellt der Mensch als Zufallsprodukt einer langen, ungerichteten Naturgeschichte ein von Genen und Neuronen bestimmtes Teilchen dar. Innerhalb des Universums ist der Mensch ein vergängliches Stück um sich selbst besorgte Natur auf einem winzigen Planeten am Rande einer durchschnittlich gebauten Spiralgalaxie.

(2) Den methodischen Naturalisten zufolge lässt sich mit Hilfe der modernen Naturwissenschaften die gesamte Wirklichkeit, soweit sie uns Menschen bekannt ist, hypothetisch erklären. Die Methoden der Naturwissenschaft

stellten den einzigen Weg zu verlässlichem Wissen dar. Während die weltanschaulichen Naturalisten die Natur im weitesten Sinne verabsolutieren, streben die methodischen Naturalisten eine Alleinherrschaft der Naturwissenschaften im Reich der Erkenntnis an.

Avant la lettre gab es seit jeher naturalistische Welt- und Menschenbilder in der abendländischen Wissensgeschichte – im Altertum wurden solche vertreten durch Demokrit (460–371), Leukipp (tätig um 460 v. Chr.), Epikur (342–271) und Lukrez (96–55). Sie alle leugnen die Göttlichkeit der Natur und bestreiten überdies die Existenz einer dem Ganzen zugehörigen göttlichen Ursprungsmacht. Insgesamt gibt es für sie nur dreierlei, nämlich erstens unendlich viele unentstandene und unvergängliche Atome, zweitens die unendlich weite, unentstandene und unvergängliche Leere, den Raum, und drittens die anfangs- und endlose Bewegung der Atome in diesem Raum. Das Ganze der Welt, das die Leere, die Atome, die Bewegung der Atome in der Leere sowie die aus den Verflechtungen der Atome hervorgegangenen zahllosen Sonnen- und Planetensysteme enthält, ist selbst unentstanden und unvergänglich, sei also von niemandem erschaffen. Der Mensch stellt, so die Denker, einen vergänglichen Teil des Ganzen dar. Selbst dessen Geist ist eine Zusammensetzung aus feinen Atomen, die wie der Körper insgesamt im Augenblick des Todes auseinander fallen. Alles Werden und Vergehen ist ein Verbinden und Trennen von Atomen (vgl. Wetz, 1994, S. 51 ff.).

Im christlich mittelalterlichen Denken wurden die materialistischen Welt- und Menschenbilder der Antike weitgehend zurückgedrängt, bevor sie dann in der Neuzeit erneut wieder an Einfluss gewannen. Vor allem Pierre Gassendi (1592–1655) hat in der Neuzeit die materialistische Weltanschauung der Antike wieder ans Licht gezogen. Stellvertretend für die vielen materialistischen Positionen der Neuzeit sei hier nur auf Julien Offray de La Mettrie und Paul Henri Thiry Baron d'Holbach hingewiesen. Ähnlich wie für die antiken Atomisten ist für Holbach das Universum von einer »unermesslichen Weite« (Holbach, 1978, S. 80) und von unzähligen sich stets verändernden Sonnensystemen erfüllt. Das gesamte Weltgeschehen hat, so Holbach, weder ein Ziel noch eine zweckmäßige Ordnung. Die anfangs- und endlos, aus Materie und Bewegung bestehende Natur ist »das große Ganze [...], außerhalb dessen nichts existiert« (ebd., S. 32); selbstgenügsam bestehe es aus sich heraus. Mit Bezug auf den Menschen bestreiten La Mettrie und Holbach die Existenz einer vom Körper unterschiedenen immateriellen und unsterblichen geistigen Seele, halten diese Annahme für eine »unverständliche Hypothese« (La Mettrie, 2001, S. 17), »ein Hirngespinst, eine Gedankenbildung« (Holbach, 1978, S. 84). Denn in Wahrheit ist, so Holbach, der Geist oder die Seele »nur der Körper selbst, betrachtet im Hinblick auf einige seiner Funktionen oder Fähigkeiten, die er seiner besonderen Natur und Gestaltung verdankt« (ebd., S. 85). In diesem Zusammenhang äußern La Mettrie und Holbach bereits die Vermutung, dass der Mensch nur ein Zufallsprodukt eines natürlich ablaufenden Entwicklungsprozesses sein könnte.

Stellvertretend für viele Positionen des 19. Jahrhunderts sei hier lediglich eine naturalistische Weltauffassung herausgegriffen: Nach David Friedrich Strauß (1808–1874) ist das Weltall bei allem Wechsel, Werden und Vergehen im Ganzen unentstanden und unvergänglich. Als Inbegriff zahlloser Sonnensysteme ist das Universum grund- und zwecklos. Das All stellt alles dar, was es gibt, folglich ist nichts anderes außer ihm. Der Mensch, spätes Ergebnis der Naturgeschichte, ist ein sterbliches Lebewesen unter anderen (vgl. Strauß, 1895).

Zahlreiche Ansätze des 20. Jahrhunderts werden von einer naturalistischen Hintergrundphilosophie getragen, die für religiös-metaphysische und idealistisch-vernunftphilosophische Deutungsmuster nicht mehr offen ist. Darin wird die Wirklichkeit tendenziell auf die Welt der Physik und alle sonstigen Erfahrungswissenschaften reduziert. Zu herausragenden Vertretern dieses Standpunktes zählen Willard Van Orman Quine (1908–2000), John J. C. Smart (geb. 1920) und David Armstrong (geb. 1926). Für diese gilt (zumindest tendenziell) nur eine Art von Erkenntnis, nämlich die der verschiedenen Einzelwissenschaften. Diese bilden wiederum zusammen eine Gesamttheorie der Natur, außerhalb derer es sonst nichts gibt. Armstrong bringt diese Weltansicht treffend auf den Punkt: Seine Annahme lautet, »dass es diese raumzeitliche Welt nicht nur gibt, sondern dass sie auch alles ist, was es gibt« (Armstrong, 1984, S. 83). Aufs Neue wird hier der Mensch als vollständig vergängliches Stück Natur vorgestellt, dessen Denken, Fühlen, Wollen und Handeln von genetischen Vorgaben und neuronalen Prozessen stärker bestimmt wird, als unser Alltagsverstand für gewöhnlich wahrhaben möchte.

3. Kulturphilosophischer Antinaturalismus

Kritische Stimmen gegen naturalistische Welt- und Menschenbilder gab es seit jeher in der abendländischen Geschichte, ob bei den griechischen und römischen Stoikern, spätantiken Kirchenvätern, mittelalterlichen Scholastikern oder neuzeitlichen Rationalisten. Zahlreiche Geistesströmungen der Moderne verbindet sogar eine tiefe Abneigung gegen den Naturalismus. Deutsche Idealisten, Neukantianer, Phänomenologen, Lebensphilosophen und Hermeneutiker widersetzen sich alle sowohl der Verabsolutierung der sinn- und wertfreien Natur als auch der Alleinherrschaft der Naturwissenschaften. Ende des 18. Jahrhunderts wandte sich vor allem Immanuel Kant (1724–1804) gegen die sogenannten »frechen und das Feld der Vernunft verengenden Behauptungen des Materialismus, Naturalismus und Fatalismus« (Kant, 1989, S. 145). Auch Johann Gottlieb Fichte (1762–1814) nennt den Naturalismus »kalt und frech« (Fichte, 1962, S. 40). Hier werde der Mensch lediglich als ohnmächtiges Glied in der Kette strenger Naturnotwendigkeit gesehen: »Ich bin eine durch das Universum bestimmte Äußerung einer durch sich selbst bestimmten Naturkraft.« (ebd., S. 31), sagt der Naturalist. Als solche ist man, so Fichte, keine freie Person mehr, sondern »es ist die Natur in dir, die für ihre eigene Erhaltung sich interessiert« (ebd., S. 42). Das Naturganze bestimmt alles, was man war, ist und sein wird. Nach Fichte macht ein solches Denken »mich unbeschreiblich elend, indem es mich selbst aus mir vertilgt« (ebd., S. 43). Fichte bekämpfte diese Position wie auch der spätere Begründer der Phänomenologie, Edmund Husserl (1859–1938), der in einem Brief an den Neukantianer Heinrich Rickert zu Beginn des 20. Jahrhunderts schrieb: »Wir beiden kämpften als Bundesgenossen gegen den Naturalismus als unseren gemeinsamen Feind« (Husserl, 1993, S. 178). Dabei ging es den Protestierenden aus den verschiedensten Geistesrichtungen stets um mehr als nur um die Beseitigung erkenntnistheoretischer Ungereimtheiten und Widersprüche, mit denen der Naturalismus bis auf den heutigen Tag zu kämpfen hat. Hauptsächlich ging es ihnen um die Rettung der Welt als harmonischer Schöpfungsordnung, eines wohlstrukturierten Vernunftgebildes oder naturwissenschaftlich letztlich uneinholbaren Sinngeschehens.

Im Übergang vom 19. zum 20. Jahrhundert befürchteten Hermeneutiker wie Wilhelm Dilthey, Historiker wie Johann Gustav Droysen (1808–1884) und Theologen wie Ernst Troeltsch (1865–1923), dass die Naturalisierung der Kultur zu einer wachsenden Verarmung und Verödung unseres Lebens wie auch zur Verstümmelung der geschichtlichen Wirklichkeit führen werde, da sich bestimmte geisteswissenschaftliche Phänomene schlicht nicht mit naturwissenschaftlichen Methoden erfassen ließen. Die Tatsache, dass menschliches Denken, Wollen, Fühlen und Handeln natürliche Ursachen habe, bestritten sie dabei keineswegs.

Dilthey hat die Hermeneutik den verstehend-beschreibenden Geisteswissenschaften zugeordnet und dabei ausdrücklich deren »gänzliche Verschiedenheit« (Dilthey, 1981, S. 140) von den zergliedernd-erklärenden Naturwissenschaften betont. Seiner Ansicht nach ermöglicht gerade die Hermeneutik »das Wesen der Geisteswissenschaften zu erkennen und sie von den Naturwissenschaften abzugrenzen.« (Dilthey, 1981, S. 89) Ähnlich unterschied Droysen zwischen dem »sittlichen Kosmos, [...] der Menschenwelt« (Droysen, 1958, S. 13), mit dem sich die Hermeneutik befasst, und der »natürlichen Welt« (ebd., S. 16), auf welche die Naturwissenschaften eingehen. Auch Troeltsch betont die »logische und sachliche Selbständigkeit des Gebietes, das wir (als) das historisch-ethische bezeichnen dürfen« (Troeltsch, 1961, S. 83), welches er von Natur und Naturwissenschaft deutlich abgrenzt.

Den Hermeneutikern des ausgehenden 19. und beginnenden 20. Jahrhunderts ähnlich, vertreten auch die Neukantianer der Südwestdeutschen Schule die Auffassung, dass Natur und Geschichte aufgrund ihrer völligen Verschiedenheit nach unterschiedlichen Methoden behandelt werden müssen. An der »Scheidung von Naturwissenschaften und Geisteswissenschaften« (Windelband, 1894, S. 142) festhaltend, bezeichnet Wilhelm Windelband (1848–1915) erstere als »nomothetisch«, weil sie sich auf das »Allgemeine in der Form des Naturgesetzes« (ebd., S. 142) beziehen, letztere als »idiographisch«, weil sie das »Einzelne in der geschichtlich bestimmten Gestalt« (ebd., S. 142) darstellen. Ähnlich charakterisiert Heinrich Rickert (1863–1936), in den Einzelheiten klarer und deutlicher als Windelband, die Naturwissenschaften als »generalisierend« (Rickert, 1926, S. 43), die Geisteswissenschaften, die er im Unterschied zu den Hermeneuten »Kulturwissenschaften« (ebd., S. 7) nennt, aber als »individualisierend« (ebd., S. 79). Hier wie sonst auch werden Natur und Geschichte, Natur und Kultur streng voneinander getrennt. Charles Percy Snow prägte hierfür in einem berühmten Vortrag von 1959 das Schlagwort von den »zwei Kulturen« und verstand darunter das konfliktreiche Nebeneinander der geistes- und naturwissenschaftlichen Wirklichkeitszugänge (vgl. Snow, 1967).

Einige Kulturphilosophen gehen sogar so weit, alles als historische Gebilde zu verstehen, was eine geschichtliche Relativierung alles Denkens über den Menschen, seine Werte, Weltanschauungen und seine Kultur bedeutet (vgl. Husserl, 1981, S. 49 ff.; Troeltsch, 1961, S. 102 ff.; Rickert, 1924, S. 129 ff.). Heute wie damals nennt man diese Sichtweise »Historismus«. Diese Neigung der Historisten, alles geschichtlich zu relativieren, besteht in der universalen Hermeneutik Hans-Georg Gadamers fort. In dieser ordnet er nicht nur Natur und Naturwissenschaft, falls er überhaupt auf sie zu sprechen kommt, der geschichtlichen Welt ein, sondern ihr sogar unter. Er ist überzeugt, dass außer den Naturwissenschaften auch die Geisteswissenschaften Wahrheiten aussprechen, und dass die Wahrheit, auf die es eigentlich ankommt, besonders in ihnen zu finden sei. In pointierter Zuspitzung gesprochen, sollen gerade sie es mit Wahrheit zu tun haben, jene dagegen in erster Linie Methode sein (vgl. Gadamer, 1960). Dabei bleibt aber unklar, was die Naturwissenschaften dann überhaupt noch wert sind. Alles in allem ist Gadamers Hermeneutik also nicht in der Lage, die Naturwissenschaften angemessen zu würdigen. Andere Vertreter eines Kulturalismus vertreten im Gegenzug zum Naturalismus eine Position, entsprechend der die Naturwissenschaften als Resultat kultureller Praktiken zu sehen seien, auf denen sie gründeten und an die sie so stets gebunden blieben (vgl. Hartmann/Janich, 1996).

4. Naturalisierung der Kultur

So ernst die kulturphilosophischen Vorbehalte gegen den Naturalismus zu nehmen sind, sie bedeuten jedoch keineswegs ein Ende des Naturalismus. Das sich in nahezu unermessliche Weiten hin erstreckende, expandierende Universum mit seinen Milliarden von Sonnen umfassenden Milliarden Milchstraßen könnte durchaus alles sein, was es gibt. Innerhalb dieses Universums wäre der Mensch dann nichts weiter als ein vergängliches Stück um sich selbst besorgte Natur auf einem winzigen Planeten am Rande einer durchschnittlich großen Spiralgalaxie. Freilich geben die modernen Wissenschaften keine Auskunft darüber, wie es sich letzten Endes mit Mensch und Welt verhält; sie bleiben vor dieser Frage einfach stumm. Dennoch ist in der Moderne die Vermutung aufgekommen und hat sich mittlerweile für viele zur Gewissheit verdichtet, dass das physische Weltall ohne ersten Grund und höchsten Zweck existiert. Tatsächlich fehlt jeder beweisbare Anhaltspunkt für irgendetwas Darüberhinausgehendes.

(1) Diesem Standpunkt stehen die modernen Naturwissenschaften bereits in *methodischer Hinsicht* sehr nahe, insofern sie grundsätzlich die Beantwortung der Frage nach dem Sinn der Welt offen lassen. Aus naturwissenschaftlicher Sicht stellt das raumzeitliche Universum – eine Welt aus Theorien und Formeln – ein wertneutrales Faktum dar. Wie schnell kippt diese Beschränkung auf die welthaften Tatsachen in die Vermutung um, dass diese auch schon alles sind! So entsteht aus dem methodischen Verzicht auf die Ergründung höherer Sinn- und Wertbestimmungen leicht die allgemeine Meinung, dass es derlei gar nicht gibt.

(2) Aber die modernen Naturwissenschaften haben sich nicht nur in methodischer, sondern zunehmend auch in *inhaltlicher Hinsicht* zum Komplizen des weltanschaulichen Naturalismus entwickelt. Die Forschung ist mittler-

weile bis zu einem Punkt gekommen, der höhere Sinndeutungen zwar nicht von vornherein ausschließt, sie aber als hoffnungslos veraltet erscheinen lässt. Mag es auch logisch möglich sein, in die kosmische und menschheitliche Geschichte einen höheren Sinnzusammenhang hineinzulegen, so haftet solchen Modellen doch häufig etwas Konstruiertes und Künstliches an, und dies mindert das Maß ihrer Glaubwürdigkeit erheblich. Anders formuliert: eine Welt aus Wasserstoff und Helium, Wellen und Korpuskeln, Supernova-Explosionen, rotierenden Neutronensternen und einem evolutionären Wechselspiel zufällig streuender Mutationen mit dem Kampf ums Dasein ist spürbar anders als eine Welt, deren Firmament vom Werk göttlicher Hände kündet, die diese Welt fürsorglich tragen. Vor solchem Hintergrund nehmen sich alle Sinnüberformungen von Mensch und Welt wie verzweifelte Rettungsversuche aus, die durch Umdeutungen, Anpassungen, Zusatzhypothesen und andere Hilfsmittel fragwürdig gewordene Positionen trotzig weiter aufrecht halten wollen. Sicherlich bleiben solche gegen ein Maximum kritischer Argumente möglich, zumal sich religiös-metaphysische Deutungsmuster nicht endgültig widerlegen lassen. Aber sind diese Deutungsmuster noch überzeugend?

Davon abgesehen lässt sich trotz aller Bedenken gegen die Vorstellung, der Mensch sei eine ohnmächtige Marionette im anonymen Spiel blinder Naturkräfte, keineswegs ausschließen, dass diese Deutungsmuster dennoch unser gesamtes Leben beherrschen und lenken. Möglicherweise geht diese Annahme zu weit und stellt eine Übertreibung dar, obwohl wir vermutlich abhängiger von uns vor- und übergeordneten Sprachstrukturen, chemischen Botenstoffen, Genprogrammen und Hirnprozessen sind, als wir zugeben möchten.

Große Aufmerksamkeit schenkt man gegenwärtig insbesondere den physischen Voraussetzungen menschlichen Verhaltens. Alles menschliche Denken und Tun besitzt biologische Wurzeln, wird behauptet: Der Mensch sei keine biophysische Tabula rasa, eher schon ein vergängliches Stück ohnmächtige Natur, das von genetischen Vorgaben und neurophysiologischen Vorgängen gesteuert wird. Der wissenschaftliche Fortschritt halte eben viele Kränkungen für uns bereit: Hat die neuzeitliche Kosmologie zuerst die stolze Anmaßung des Menschen, Zentrum der Welt zu sein, der Lächerlichkeit preisgegeben, so hat anschließend die biologische Evolutionslehre die Menschheit erbarmungslos in das zufallsblinde Naturgeschehen hineingezogen. Statt Mittelpunkt der Schöpfung ist der Mensch nun zu einer bloßen Randfigur im Universum geworden, ist nicht mehr dessen Krone, sondern vielmehr ein Lebewesen unter anderen – ein sorgengeplagtes Säugetier. Doch anscheinend gehen diese Entzauberungen des Menschen noch nicht weit genug: Genetik, Neuro- und Computerwissenschaften verstärken heute den Verdacht, dass der menschliche Organismus ein neuronales Mehrprozessorensystem und eine ohnmächtige Überlebensmaschine ist. Der Mensch – ein lebendiges Stück Fleisch auf gelenkigen Knochen, zusammengehalten von Bändern und Sehnen, bewegt von Muskeln, durchströmt von Blut – scheint deshalb nicht bloß auch ein Tier, sondern zugleich Artgenosse der von ihm selbst erfundenen Computer zu sein: Der Mensch wird verstanden als ein komplexes Informationsverarbeitungssystem, dessen Geistesleben stärker als bisher vermutet von seinen Erbanlagen und Hirnprozessen bestimmt wird. Die gegenwärtig immer weiter um sich greifende Naturalisierung des Geistes bis hinein in die Erkenntnistheorie, Ethik, ja die gesamte Kultur bildet einen Teil dieser Entwicklung unserer Zeit.

5. Beschränkungen eines schrankenlosen Naturalismus

Doch wie erfolgreich die Naturwissenschaften auch sein mögen, es bestehen erhebliche Zweifel an der Übertragbarkeit ihrer Methoden und Ergebnisse auf die Kulturwissenschaften. Mit Recht muss man fragen: Wird uns die Molekulargenetik und Hirnforschung eines Tages tatsächlich erklären können, wie es zu Stilwandlungen und Geschmacksverschiebungen in Malerei, Musik und Dichtung, zur Entstehung von Johann Sebastian Bachs *Matthäus-Passion* oder Alban Bergs *Violinkonzert* und deren ästhetischer Wertschätzung kam? Hat ein Kant- und Goetheforscher erst ein Studium der Biochemie zu absolvieren, bevor er seine Arbeit der Interpretation aufnehmen kann? Setzt diese Arbeit wiederum die Methoden der Naturwissenschaften, gar der Mathematik voraus? Oder verlangt sie hauptsächlich solche Kunstfertigkeiten wie das Schreiben, Erzählen, Reflektieren, den Sinn fürs Ästhetische, Feinfühligkeit, Urteilskraft, Klugheit und dazu ein breites kulturgeschichtliches Wissen, kurz: Bildung? Freilich haben selbst solche Fähigkeiten physische Grundlagen; nur stellt sich die Frage, ob diese wirklich relevant für das Gelingen einer formalen oder inhaltsbezogenen Kunstbetrachtung, der Interpretation literarischer oder musikalischer Bedeutungszusammenhänge, das Verständnis kultureller Wandlungen, Fragen der künstlerischen Gestaltung sind. Noch einmal anders formuliert: Niemand bezweifelt, dass Töne als Schalldruckwellen mit bestimmter Frequenz, Rhythmen oder Harmonien als nach numerischen Regeln geordnete Zeitabläufe und Frequenzverhältnisse erklärbar sind – aber befähigt solches Wissen bereits dazu, eine Messe von Palestrina oder ein Streichquartett von Beethoven zu verstehen?

Obgleich die Naturwissenschaften auf der einen Seite, die Kulturwissenschaften auf der anderen Seite nicht ohne weiteres miteinander zu verschmelzen sind, wäre es nach alledem aber ein Irrtum zu glauben, dass naturwissenschaftliches Wissen grundsätzlich belanglos für das menschliche Selbstverständnis, für Ethik und schließlich für Kultur ist. Freilich soll damit nicht die Eigenart der Geisteswissenschaften geleugnet werden; kein Romanist, Germanist, Sozio- und Theologe muss tatsächlich Biologie und Astrophysik studiert haben, um seine Aufgaben angemessen wahrzunehmen. Dennoch sollten sie den Entdeckungen von Physik, Chemie oder Neurophysiologie gegenüber aufgeschlossen sein, die Erkenntnisse der Naturwissenschaften stärker als bisher zur Kenntnis nehmen. Brückendisziplinen wie Kognitionswissenschaft, Bio- und Soziolinguistik oder Soziobiologie, die sich aus Ethologie, Ökologie und Genetik zusammensetzt, aber ebenso die Neurologie tragen Wesentliches zum Verständnis menschlichen Denkens, Verhaltens und Wertempfindens wie auch zum Selbstverständnis des Menschen selbst bei.

Darüber hinaus bilden die Ergebnisse der modernen Naturwissenschaften eine wichtige Grundlage für weiterführende Reflexionen philosophischer, theologischer, literarischer und rechtlicher Art. In diesem Sinne kann man etwa fragen: Sind die höheren Sinnmodelle von Mythos und Religion noch mit den heutigen Naturwissenschaften vereinbar? Wie werden die Menschen damit fertig, winzige Staubkörnchen in einem unermesslichen Weltall zu sein? (Vgl. Wetz, 1994) Bleiben die Begriffe Schuld und Verantwortung sinnvoll angesichts der starken Abhängigkeit des Einzelnen von anonymen Naturprozessen? Können die traditionellen Ideen der angeborenen Menschenwürde und Menschenrechte in einer säkularen Kultur mit zunehmend naturwissenschaftlichem Weltbild ihre herkömmliche Bedeutung behalten oder müssen sie als Illusionen aufgegeben werden? (Vgl. Wetz, 2005)

Diese und ähnliche Fragen ergeben sich fast zwangsläufig aus der Annäherung der Natur- an die Kulturwissenschaften wie auch umgekehrt. Auf diese Weise wird deutlich, dass die Ergebnisse der Naturwissenschaften – über ihre technologischen Errungenschaften hinaus – erhebliche Auswirkungen auf Kultur und Kulturwissenschaft haben.

Aber selbst ein schrankenloser Naturalismus in Verbindung mit der Überzeugung, alle Bereiche der menschlichen Kultur mit naturwissenschaftlichen Mitteln erklären und somit als Naturgeschehen beschreiben zu können, unterliegt gewissen Beschränkungen. Mit diesen Behauptungen sollen weder die »zwei Kulturen« erneut auseinander dividiert noch die naturalen Fundamente aller kulturellen Sinnbildungen geleugnet, es soll auch nicht die Überlegenheit des einen Denkstils über den anderen propagiert werden. Statt dessen gilt es vielmehr zu zeigen, dass der Naturalismus selbst dann bestimmte Grenzen hat, wenn nichts mehr ihm irgendwelche Grenzen zieht. In pointierter Zuspitzung formuliert: Die Naturalisierung der Kultur muss auch als vollendbares Projekt unvollendet bleiben! Dies sei im Folgenden anhand dreier Beispiele verdeutlicht.

a) *Unüberwindbare Ethik*

(1) Wir Menschen sind sogar dann zur Freiheit verurteilt, wenn wir von ultimaten und proximaten Ursachen bestimmt werden, »hinter unserem Rücken« also ein uns nicht verfügbares anonymes Naturgeschehen abläuft. Um es mit Jürgen Habermas auszudrücken, der hier an Richard Rorty anknüpft (vgl. Rorty, 1981; Habermas, 2005): Es gibt einen unhintergehbaren epistemischen Dualismus zwischen Teilnehmer- und Beobachterperspektive, der uns keineswegs auf ein Denken in zwei Kulturen, Gegenstandsbereiche oder Welten festlegt, sondern lediglich für zwei unterschiedliche methodische Zugänge eigenen

Rechts steht. Erstere Sichtweise steht für unsere intersubjektiv geteilte Kultur mit ihren mentalistischen Sprachspielen, letztere für die naturwissenschaftlich objektivierte Natur, die mit einem speziellen Vokabular dargestellt wird, in das sich unsere konkrete Lebenswelt mit ihren vielfältigen Texten, Institutionen, Lebensformen und Handlungsmustern nicht ohne Bedeutungsverluste übersetzen lässt: Die Dritte-Person-Perspektive (objektiv-wissenschaftliche Außenperspektive: »Er tut dies und das«) wird niemals der Ersten-Person-Perspektive (subjektiv-erlebte Innenperspektive: »Ich tue dies und das«) ihr Gewicht nehmen können. Genau genommen bleibt sogar die Beobachter- an die Teilnehmerperspektive gekoppelt, die Wissenschaft also in der Lebenswelt verankert, insofern es immer Wissenschaftler sind, also konkrete Menschen, die sich mit kommunizierbaren Argumenten über ihre Methoden und Deutungen verständigen müssen. Dies gilt selbst dann, wenn sie sich auf einen neutralen Beobachterposten zurückziehen. So verstanden legt die Erste-Person den Verfahrensweg der Dritten-Person fest.

Darüber hinaus werden selbst hartgesottene Naturalisten ihre Kinder loben und tadeln, die Möglichkeit freier Meinungsäußerung gutheißen, nachvollziehbare Gründe für ihre Position vorzutragen versuchen, sich fürsorglich um ihre Familie kümmern, wenn diese in eine bedrohliche Situation geraten sollte, ja sich auch um sich selbst sorgen, wenn es um Fragen der eigenen Lebensplanung geht. Es besteht, so Richard Rorty, »keine Hoffnung (oder Gefahr), daß die Erkenntnis seiner selbst als en-soi [Objekt] jemandes Existenz als pour-soi [Subjekt] ein Ende machen wird« (Rorty, 1981, S. 419). Die Aufgabe, sich mit den Härten des Realen auseinanderzusetzen, stellt sich auch harten Naturalisten ihr ganzes Leben lang, und dies unabhängig davon, ob nun der wissenschaftlich-philosophische Naturalismus recht hat oder nicht. Der frühe Wittgenstein formuliert das so: »Wir fühlen, daß selbst, wenn alle möglichen wissenschaftlichen Fragen beantwortet sind, unsere Lebensprobleme noch gar nicht berührt sind« (Wittgenstein, 1977, S. 114). Das heißt: Wir alle bleiben Gefangene der Ersten-Person-Perspektive, wie weit auch immer unser Leben sich mit Begriffen der Dritten-Person-Perspektive erfassen lässt. Die eindimensionale Sicht vom Menschen im harten Naturalismus, dessen Richtigkeit hier dennoch – allen Bedenken und Ungereimtheiten zum Trotz – unterstellt sei, befreit den Einzelnen weder aus gesellschaftlicher Not noch von existenziellen Fragen. Denn unabhängig davon, in welchen proximaten Ursachen unser Denken, Wollen und Handeln wurzelt, muss trotzdem weiter gedacht, gewollt und gehandelt werden!

Üblicherweise wird zwischen Willens- und Handlungsfreiheit unterschieden. Letztere besteht in der Freiheit, ungehindert das tun zu können, was man möchte, also in der Befreiung von äußerlichen Zwängen. Die so verstandene Handlungsfreiheit ist mit absoluter Determination vereinbar, könnte doch das unbeeinträchtigte Wollen vollständig bedingt sein. Dagegen steht Willensfreiheit für die Fähigkeit des Menschen, das unmittelbare Wollen, das heißt persönliche Wünsche, Neigungen und Interessen einklammern und Überlegungen über Leben und Welt anstellen zu können. Ein Wille ist dann nicht mehr frei, wenn der Einzelne die Fähigkeit verliert, sich von seinem unmittelbaren Wollen lösen und noch überlegt vorgehen zu können, wenn er also unter innerem Zwang steht, so dass er seine Ziele nicht mehr durch nüchternes Abwägen festlegen und sein Handeln nicht mehr nach sachlichen Gründen steuern oder ändern kann. Aber selbst dann, wenn die Bedingungen der Willensfreiheit erfüllt sind, könnten dennoch reflektiertes Abwägen zwischen Gründen, überlegte Wahl und bewusstes Verhalten genetisch und neurophysiologisch beeinflusst, ja bestimmt sein. Allerdings folgt hieraus nicht, dass wir uns den Aufwand des Reflektierens und Argumentierens sparen können. In diesem Falle verliefe die Determination für uns unmerklich durch das freie Wollen und Reflektieren hindurch.

Doch selbst in dem Falle, dass wir ohnmächtige Marionetten wären, müssten wir unser Leben eigenverantwortlich führen und könnten dabei weder unsere Gene noch Neuronen befragen, wie wir uns entscheiden sollten. Wir sind vielmehr stets auf unsere Klugheit und Urteilskraft, auf Zusammenarbeit und Verständigung miteinander angewiesen. Ähnliches gilt für das liberale Recht auf freiheitliche Selbstbestimmung sowie für alle übrigen Menschenrechte. Selbst wenn es Freiheit an sich nicht geben sollte, so bleibt die Freiheit im alltäglichen, politischen und rechtlichen Sinne als Möglichkeit zur Selbstentfaltung, auch dann ein schützenswertes Gut, jeweils begrenzt durch die Freiheit unserer Mitmenschen.

Genauso wenig können wir aufhören, Kinder, Jugendliche und Erwachsene zu erziehen und zu bilden, ja an deren Lernfähigkeit zu glauben. Selbst als ohnmächtige Teile der Natur sind wir wie bisher an freiheitlicher Selbstbestimmung, politischer Mitwirkung, einem Leben ohne geistige Unterdrückung, Angst und Not interessiert; wir leiden weiter an den Widersprüchen zwischen unseren Vorhaben und deren Scheitern, unterscheiden zwischen gelingender und misslingender Lebensführung, beschäftigen uns mit Themen wie Selbstachtung und gegenseitigem Verstehen, empfinden alle das Leben erniedrigenden Kräfte als grausam. Darum wird sogar ein noch so überzeugter Naturalist wohl niemandem nur deshalb das Recht einräumen, seine Mitmenschen bloß als Objekte zu behandeln, weil er eine wissenschaftliche Theorie vertritt, entsprechend der der Mensch ein von proximaten Ursachen gesteuertes Objekt ist. Denn, paradox formuliert, schwerer als die Erkenntnis absoluter Determination wiegen seit jeher die menschliche Bedürftigkeit und Verletzbarkeit, die nach Abhilfe verlangende Not überall auf der Welt sowie das Freiheitsverlangen der Menschen. Diese geben uns genügend praktische Argumente an die Hand, aus welchen Gründen wir uns stets für eine von Leid freie, gerechtere Welt einsetzen sollten, selbst dann, wenn der Lauf der Welt theoretisch bereits vollständig feststehen sollte. Ähnlich, wie also der harte Determinismus uns nicht von der Sorge um uns entlastet, so entlässt er uns erst recht nicht aus der Pflicht, angesichts weltweiter Not, uns für das Leben zu engagieren.

(2) Nun sind proximate Ursachen, also Nahursachen, die erklären, wie etwas funktioniert, nicht gleich ultimate Ursachen, also Fernursachen, die erklären, warum etwas der Fall ist: Evolutionsbiologisch betrachtet denken und handeln wir gleichfalls keineswegs voraussetzungsfrei. Unser selbst gestaltetes, ja sogar moralisch ausgerichtetes Leben weist einen biologisch funktionalen Hintergrund auf: Es gehorcht tieferen Kräften, die bereits oben als Fernursachen bezeichnet wurden (vgl. Uhl/Voland, 2002). Die beiden wichtigsten Antriebskräfte stellen unser Streben nach Selbsterhaltung und Fortpflanzung dar. Begrenzte Ressourcen und eine bedrohliche Umwelt verwandeln das erstere Streben in einen Kampf ums Überleben, bei dem einige, oft auch viele auf der Strecke bleiben: eine natürliche Selektion. Gleichzeitig konkurrieren die Lebewesen um wichtige Ressourcen um der Fortpflanzung willen. Sie sind darauf aus, ihre Gene weiterzugeben. Auch hier herrscht ein erbitterter Wettkampf mit Gewinnern und Verlierern, geht es um sexuelle Selektion. So sparsam die Lebewesen auf der einen Seite mit ihren Kräften und Mitteln beim Überlebenskampf angesichts knapper Ressourcen umgehen, so festlich großzügig erweisen sie sich bei der Erzeugung von Nachkommen respektive der Weitergabe ihrer Gene, wie etwa die aufwändigen Bauten der Laubenvögel, die Federschwänze der Pfauen oder die Farbenpracht tropischer Fische beweisen. Jedoch dient solch vermeintlicher Luxus einem natürlichen Zweck, nämlich der Signalgebung, die verborgene Quali-

täten des Trägers verrät. Nutzloser Schmuck sagt etwas über die Verfassung eines Lebewesens aus, dass es nämlich so gesund, stark, mächtig und vital ist, dass es sich eine solche Pracht, die ansonsten eine bloße Kraftverschwendung wäre, leisten kann. Damit steigt seine Attraktivität als Sexualpartner für das Weibchen, das von einem solchen Männchen gesunde und vitale Junge erwarten darf.

Dieser Mechanismus wirkt bei uns Menschen fort, die gleichfalls durch äußere Schönheit und Kraft, aber auch durch Geld, Macht und Besitz einander zu beeindrucken suchen. Der Ursprung solchen Imponiergehabes liegt im Kampf um sexuelle Anerkennung, so die Soziobiologen, in einem Kampf, der wiederum von dem Bestreben geleitet werde, das eigene Erbgut möglichst erfolgreich weiterzugeben.

Ähnlich hätten auch alle ethischen Werte biologischen Ursprung; gelebte Moral stellt nichts anderes dar als eine Ausführung evolutionärer Programme. Jeder Versuch einer rationalen Moralbegründung, bei der die Geltung ethischer Gebote nachgewiesen werden soll, ist, so die Soziobiologen, ins Leere geschrieben. Daher sollte auf Legitimationsansprüche in der Ethik verzichtet werden. Letztlich ist Ethik eine Frage des Geschmacks, der Macht und Verführbarkeit. Hinter moralischen Intuitionen stecken biologisch fundierte Präferenzen, etwa genetische Eigeninteressen wie der Überlebens- und Fortpflanzungstrieb. Selbst dem menschlichen Gemeinschaftssinn geht es, so der Ansatz, in letzter Beziehung nicht etwa um das Gemeinwohl, sondern um genetischen Eigennutz, es geht darum, wie man als Einzelner am besten überleben und dabei sein Erbgut im Spiel der Evolution eine Generation weitertragen kann. Vernunft wird in diesem Zusammenhang verstanden als ein Teil der Vollstreckungsmaschine evolutionär bewährter Programme. Weit davon entfernt, eine Wertauszeichnung des Menschen darzustellen, ist sie selbst, so die Soziobiologie, ein Nebenprodukt der Evolution, das ursprünglich im Dienst menschlicher Selbstbehauptung und Selbstanpreisung steht. Sicherlich kann unsere Vernunft auch lebenshinderlich sein, das Dasein stören, das sich möglichst ungestört in alltägliche Gewohnheiten und Wonnen zurückziehen möchte. Zugleich aber bildet sie doch ein dem Leben dienliches Organ, ist sie ein unverzichtbares Instrument der Daseinsbewältigung.

Es soll im Folgenden nicht um die Frage gehen, ob tatsächlich hinter allem altruistischen Verhalten, dem selbstlosen Zurückstellen eigener Ziele zugunsten eines fremden Wohls, egoistische Mechanismen am Werke sind – etwa im Fall von Bemühungen, von anderen als verlässlicher, guter Freund gemocht zu werden, oder der Gene, die an ihrer Vervielfältigung interessiert sind. An Stelle dessen soll vielmehr der grundsätzlichen Frage nachgegangen werden, ob – wenn hinter ethischen Normen biologisch verankerte Interessen und Präferenzen stehen – dann wirklich jede rationale Moralbegründung und Geltungsreflexion überflüssig und unmöglich wird.

Unter den skizzierten Voraussetzungen ist es zwar richtig, dass es keine vorpositiven, also nicht durch uns Menschen gesetzte, sondern uns vorgegebene Moralnormen gibt. Das Gebot »Du sollst nicht töten« etwa lässt sich nicht mehr als »objektiv gültig«, das heißt: als nicht mehr unabhängig davon gültig beweisen, ob Menschen den Wunsch oder das Interesse haben, dass nicht getötet wird. Aber mag dieses Gebot wie andere Normen auch nicht rational begründbar sein, so gilt dies doch ihrer Vertretung, Akzeptanz und Befolgung (vgl. Hoerster, 2003). Das »Du sollst nicht töten« gründet auf dem biologisch fundierten Interesse der Menschen zu überleben, das am besten gewährleistet wird in einer Gesellschaft, in der ein allgemeines Tötungsverbot gilt und in der von diesem Verbot nur in Ausnahmefällen wie Notwehr abgewichen werden darf, wenn das Verbot das eigene Überleben gerade verhindern würde. In diesem Sinne ist dieses Gebot sowohl intersubjektiv als auch rational begründet. Es ist dem allgemeinen Wunsch der Menschen dienlich, als gefährdete Lebewesen zu überleben. In diesem Fall gilt die Norm als rational, sofern sie sich gegenüber aufgeklärten und urteilsfähigen Menschen darlegen lässt. Aus diesem Grunde sollten diese Menschen aus wohlverstandenem Eigeninteresse diese Norm vertreten, akzeptieren und befolgen. Sie besitzt außerdem soziale Geltung, insofern Politik Recht und Öffentlichkeit solches tatsächlich tun. Aus diesem Grunde ist es nur teilweise richtig zu sagen, dass die soziobiologisch fundierte Genese der Moral die Frage nach der Geltung der Moral ins Leere laufen lässt. Moralische Normen für sich betrachtet mögen nicht rational begründbar sein, die allgemeine Zustimmung ihnen gegenüber aber ist es sehr wohl, nämlich dann, wenn von gewissen elementaren Interessen der Menschen ausgegangen wird, die sich aus ihrer biologischen Natur ergeben.

b) *Unverzichtbare Kultur*

Genauso wie mit der Ethik verhält es sich mit Kultur und Bildung, die sich selbst dann nicht erübrigen, wenn wir sie in die Sprache der Naturwissenschaften übersetzen könnten.

Während Idealisten wie Hegel und Schelling die allmähliche Entstehung der Kultur mit dem schrittweisen Erwachen des menschlichen Geistes erklärten, führten Gesellschaftskritiker wie Adorno, Horkheimer und Foucault die Kultur auf ein Herrschafts- und Weltbemächtigungsstreben der Menschen zurück. Im Unterschied dazu stellt die Kultur nach den Hermeneuten Dilthey und Gadamer vorrangig ein Stück Selbstverständigung des Einzelnen über sich und die Welt dar. Die Lebensphilosophen Georg Simmel (1858–1918) und Henri Bergson

(1859–1941) werten die unterschiedlichen Kulturprodukte als Manifestationen des überschäumenden Lebens. Ihre Existenz verdankt die Kultur, so die Wertphilosophen Heinrich Rickert und Wilhelm Windelband, der menschlichen Erfassung gültiger Werte wie Wahrheit, Schönheit und Gerechtigkeit, die als Wissenschaft, Kunst und Recht verwirklicht werden. Nach Ernst Cassirer gründet die Kultur auf dem schöpferischen Reichtum des Menschen, der als animal symbolicum ganz unterschiedliche Sinn- und Symbolwelten in Mythos, Wissenschaft, Kunst, Politik und Recht hervorbringt.

Doch ursprünglicher noch als jede idealistische Reflexion, technokratische Natureignung, hermeneutische Selbstverständigung, kreative Lebensformung, intuitive Werterfassung und schöpferische Symbolbildung ist, glaubt man Arnold Gehlen und Hans Blumenberg, die Hilflosigkeit des Menschen. Diese stellt die eigentliche Geburtsurkunde der Kultur dar, die mit größerem Recht hierauf Erbansprüche erhebt als jede menschliche Erhabenheit und Größe mit ihrem Reichtum an Talenten. Die Kultur kann als Versuch gedeutet werden, die Mängel der Menschen – Verletzlichkeit, Wehrlosigkeit, Unbeweglichkeit – zu kompensieren und die übermächtige Wirklichkeit der eigenen inneren und fremden äußeren Natur auf Distanz zu halten.

(1) Ähnlich gehört entsprechend der soziobiologischen Auffassung alle Kultur in den Kontext existenzieller Selbstbehauptung, aber auch sexueller Selbstanpreisung, und selbst dann, wenn sie sich mittlerweile von Überlebenskämpfen und Paarungssituationen weitgehend entfernt haben sollte. Ursprünglich sind künstlerische, sportliche und wissenschaftliche Leistungen, so der Ansatz, zeichenhafte Mittel sexueller Selbstwerbung gewesen – sie gleichen prachtvollen Schwanzfedern, imposanten Kopfornamenten oder Hörnern und Geweihen. Sie alle verschwenden nutzlos Energie, die Überlegenheit signalisiert.

Auf diese Weise werden das Prestige und damit die Paarungschancen der Betroffenen erhöht.

Zugleich steht die Kultur im Dienst der Selbstbehauptung des hilflos in die Welt geworfenen Menschen. Das menschliche Leben ist ein riskantes, mit vielfältigen Unvorhersehbarkeiten belastetes Unternehmen, das unter einem ständigen Zwang zur Bewährung steht. Die Kultur hilft diesem Lebewesen, dessen Entstehung so außerordentlich unwahrscheinlich und dessen Existenz so gefährdet ist, ebenso, besser mit seinem Dasein fertig zu werden, und verschafft ihm so einen speziellen Überlebensvorteil. Die Kultur stellt also eine Art und Weise dar, in der Leben und Wirklichkeit nach Maßgabe humanspezifischer Interessen angeeignet und bewältigt werden. Auf diese Weise können Musik, Malerei, Literatur, Sport und Gelehrsamkeit als kulturell übertragene, transformierte Strategien der Fortpflanzung und Daseinsbehauptung interpretiert werden. Diese archaischen Verhaltensmuster sind zwar in der Kulturgeschichte verändert, überlagert und abgeschwächt worden, ganz ausgelöscht wurden sie aber anscheinend nicht. Die soziobiologische Erklärung ist also weit davon entfernt, die Kultur in Frage zu stellen; im Gegenteil erklärt sie sogar deren Unvermeidlichkeit.

(2) Demgegenüber scheint die neurowissenschaftliche Erklärung der Kultur gefährlicher werden zu können. Jedoch besteht auch hier keinerlei Anlass zur Beunruhigung. Bildhaft formuliert: Gefühle wie Liebe sind möglicherweise erklärbar als Fortpflanzungsstrategie zur besseren Genmischung und als Zusammenspiel von Neuronen mit chemischen Botenstoffen, Töne als Schalldruckwellen und Farben als elektromagnetische Strahlungen bestimmter Wellenlängen, die – in ihrer Wirkung auf den Sinnesapparat – Veränderungen an den Sinneszellen hervorrufen, die dann wiederum elektrochemische Vorgänge im Hirn auslösen: Trotz allem bleiben eine gelungene Partnerschaft, eine uns ansprechende Melodie und ein Bild, das

uns berührt, genau das, was sie für uns schon immer waren, nämlich ein Sinnerleben eigener Art.

»Perzeptionen«, also Sinneseindrücke wie Farben, Töne und Gerüche, »Propriozeptionen«, also Körperempfindungen wie Schmerz, Lust, Durst und »Emotionen«, also Gefühle wie Freude, Trauer oder Angst sind subjektive Erfahrungen, die »phänomenale Qualitäten« oder »Qualia« genannt werden (vgl. Heckmann/Walter, 2006). Solche subjektiven Zustände oder Qualia fühlen sich auf eine bestimmte Art und Weise an; es ist irgendwie, die Farbe »Rot« zu sehen, Schmerzen zu spüren oder Angst zu haben. Doch selbst wenn bis heute ungeklärt geblieben ist, warum neuronale Prozesse zu Angst-, Schmerz- oder Rotempfindungen führen, so steht doch inzwischen außer Frage, dass neuronale Prozesse und Empfindungen aufs engste miteinander zusammenhängen, das phänomenale Bewusstsein also einen physiologischen Hintergrund hat. Aber unabhängig davon, wie weit sich das phänomenale Bewusstsein mit naturwissenschaftlichen Mitteln erklären lässt, werden wir auch künftig wohl weder neuronale Prozesse noch chemische Botenstoffe oder elektromagnetische Wellen und Schalldruckwellen, sondern eben Lust und Liebe, Farben und Töne, Bilder und Musikstücke erleben.

Selbst im Zeitalter des Naturalismus sind wir nicht dazu bereit, damit aufzuhören, von künstlerischem Verstehen, tonangebendem Geschmack und von Stilwandel z. B. als der inneren Entwicklung kultureller Formen zu sprechen. Auf dieselbe Weise können wir nicht aufhören, bestehenden Sitten, der vorherrschenden Moral und geltendem Recht gemäß zu handeln. Ebenso behält die Vorstellung vom Fortleben des Vergangenen in der Gegenwart, das einmal als tragendes Gut, ein anderes Mal als belastende Fessel erlebt wird, weiter Sinn.

Naturwissenschaftliche Erklärungen können also das reproduktive und produktive Verstehen menschlicher Sinngebilde von der alltagspraktischen Verständigung bis zur expliziten Interpretation literarischer Werke, gesetzlicher Vorschriften, komplizierter Partituren und sozialer Riten nicht ersetzen. Doch damit nicht genug: Solche Sinngestaltungen des Menschlichen, die dem kulturellen Raum seine Struktur geben, bleiben auch künftig wichtige Ressourcen für die Orientierung und die Artikulation von Sinn, die wesentlich zum Gelingen des sorgenvollen, niemals gesicherten Daseins beitragen können. Die menschliche Kultur bleibt als eine unüberwindbare Form existenzieller Daseinsbewältigung bestehen. Das aber bedeutet: Wie weit auch immer Naturalismus und Naturforschung die Kultur überholen werden, so werden sie diese lebensweltlich dennoch nicht einholen.

An dieser Stelle ist zu unterscheiden zwischen Kultur haben und Kultur kennen; beides nennen wir Bildung. Niemand ist nur ein ohnmächtiges Stück der Natur, sondern jeder von uns ist ebenso ein Bedürfniswesen, ein Rechtssubjekt und Mitglied einer Kulturgemeinschaft, die geprägt wird durch verschiedene Lebensformen, Traditionen und Institutionen wie Theatern, Museen oder Konzerthäusern. Wir Menschen finden uns von Geburt an in solche verschiedenen Traditionen eingebunden, von denen wir nicht nur unsere Sprache und Sozialstruktur, sondern auch unsere kulturelle Bildung empfangen haben; wir sind eingebettet in eine bestimmte geschichtliche Überlieferung. Die Geisteswissenschaften, die ihre eigenen Methoden entwickelt haben und sich berechtigter Autonomie erfreuen, erforschen diese Zeugnisse der Kultur als Erzeugnisse von Geschichte und Gesellschaft, als Dokumente des schöpferischen Reichtums der Menschen ebenso wie als Ausdrucksformen menschlicher Schutzbedürftigkeit, Sorge und existenzieller Not. Um diese kulturellen Leistungen angemessen verstehen zu können, bedarf es seit jeher weniger eines festen Kanons methodischer Regeln als vielmehr eines Sinns für das Allzumenschliche, bedarf es der Klugheit, Merkfähigkeit, einer gewissen Empfindlichkeit sowie eines breiten kulturgeschichtlichen Wissens. Allerdings sollten die Geisteswissenschaften nicht bloß Kulturwissen erarbeiten, sondern auch bestimmte Kulturfertigkeiten wie elegantes Reden, gewandtes Schreiben, stilvolles Komponieren und feinsinniges Rezipieren ausbilden, allgemeine Wertorientierungen anbieten sowie ethische Grundeinstellungen wie Achtung, Sorgfalt oder Unvoreingenommenheit kultivieren und eine fast uneingeschränkte Gesprächsbereitschaft beim Einzelnen wecken.

Aus alldem wird deutlich, dass weder der methodische noch der weltanschauliche Naturalismus das qualitative Bewusstsein, die Erste-Person-Perspektive, Geisteswissenschaften, Kultur und Bildung im herkömmlichen Sinne überflüssig macht (vgl. Kanitscheider/Wetz, 1998).

c) *Unvermeidbare Lebensfragen*

Angenommen, man sei tatsächlich nur ein bloßes Stück Natur, so bedeutet dies aber nicht nur, trotzdem sein Leben selbst führen und gestalten zu müssen, sondern ebenso in Fragen der Weltauslegung, des Selbstverständnisses und der Gesellschaft gänzlich sich selbst überlassen zu sein.

Jahrhunderte lang war man von der Existenz einer metaphysischen Wesensnatur des Menschen überzeugt, in dem die philosophische Tradition ein Geschöpf ersten Ranges sah: Die Denker der Antike sahen in ihm einen Teil der göttlichen Vernunft, die Philosophen des Mittelalters und der Neuzeit ein alle übrigen Lebewesen an Vollkommenheit überragendes Ebenbild Gottes, und die deutschen Idealisten ein aus der Natur herausragendes Vernunftwesen oder absolutes Ich. Dabei gaben sie alle einerseits vor zu wissen, wer oder was der Mensch im Letzten sei, andererseits, wie dieser sein Leben führen und worauf er es abstellen solle. Lebensdeutung und Lebensorientierung wurden aufs engste miteinander verbunden: Immer glaubte man, dass aus dem, was der Mensch sei, sich ableiten lasse, was er oder sie zu tun habe. Selbstbestimmung bedeutete soviel wie Freiheit zur Erfüllung des eigenen Wesens, Entfaltung zu dem, was man im Grunde schon ist. Darüber, wie dies geschehen sollte, waren jedoch die Meinungen sehr geteilt: Für die einen bedeutete es ein Leben gemäß dem Geiste und der Vernunft, für die anderen soviel wie Hinwendung zu Gott und den Nächsten, für wieder andere Ausleben der individuellen Triebe oder im Gegenteil deren völlige Beherrschung, wenn nicht gar Ausschaltung.

In dem Maße nun, wie sich die Vorstellung vom Menschen als weitgehend ohnmächtigem Teil der physischen Natur durchsetzt, wird auch die Idee der metaphysischen Natur des Menschen und damit jede Form normativer Wesensbestimmung fragwürdig. Entkernt man die menschliche Natur um ihre metaphysischen Anteile, so kann man die Frage nicht mehr beantworten, als was er sich verstehen und woran er sich im Leben halten soll. Diese Frage kann er jetzt nur noch an sich selbst stellen. Damit führt die Naturalisierung des Menschen überraschenderweise zum Gegenteil dessen, was zunächst zu befürchten stand: Je mehr sich die Vorstellung vom Menschen als weitgehend ohnmächtigem Teil der physischen Natur durchsetzt, umso zweifelhafter wird die Idee von der metaphysischen Wesensnatur und damit die von seiner normativen Wesensbestimmung; je unsicherer und unglaubwürdiger diese Wesensnatur und Wesensbestimmung aber werden, desto stärker wird sein Leben und Selbstverständnis von dem abhängig, als was er sich beschreibt und erfindet. Jetzt muss er nicht nur trotzdem sein Leben selbst führen, sondern sich sogar noch selbst deuten und all jene Werte setzen, an denen er sich orientieren möchte, weil es keine metaphysische Natur mehr gibt, die ihm hierüber klar Auskunft geben könnte. Es existiert lediglich eine biologische Natur, in Kontrast zu der das menschliche Verhalten, soweit es sozialverträglich ist, nicht unbedingt normiert werden sollte. Doch ändert die ethische Rücksicht hierauf nichts an der grundsätzlichen Erkenntnis, dass der Mensch ganz auf sich gestellt ist – und das nicht, obwohl er nur ein ohnmächtiges Stück Natur, sondern gerade weil er ein solches ist. Um es mit Friedrich Schillers Reiterlied zu sagen: »Da tritt kein anderer für ihn ein, / Auf sich selber steht er da ganz allein!« (vgl. Schiller, 1862, S. 56).

6. Literaturhinweise

Armstrong, David: Naturalistische Metaphysik. In: Bernulf Kanitscheider (Hrsg.): Moderne Naturphilosophie. Würzburg 1984.
Dilthey, Wilhelm: Gesammelte Werke. Bd. 8. Darmstadt 1977.
– Der Aufbau der geschichtlichen Welt in den Geisteswissenschaften, Frankfurt a. M. 1981.
Droysen, Johann Gustav: Historik. Darmstadt 1958.
Fichte, Johann Gottlieb: Die Bestimmung des Menschen. Stuttgart 1962.
Gadamer, Hans-Georg: Wahrheit und Methode. Tübingen 1960.
Geyer, Christian: Hirnforschung und Willensfreiheit. Frankfurt a. M. 2004.
Habermas, Jürgen: Zwischen Naturalismus und Religion. Frankfurt a. M. 2005.
Hartmann, Dirk / Janch, Peter: Methodischer Kulturalismus. Zwischen Naturalismus und Postmoderne. Frankfurt a. M. 1996.
Heckmann, Hein-Dieter / Walter, Sven (Hrsg.): Qualia. Paderborn 2006.
Hoerster, Norbert: Ethik und Interesse. Stuttgart 2003.
Holbach, Paul Henri Thiry Baron d': System der Natur. Frankfurt a. M. 1978.
Husserl, Edmund: Philosophie als strenge Wissenschaft. Frankfurt a. M. 1981.
– Briefwechsel. Bd. 5. Dordrecht 1993.

Kanitscheider, Bernulf / Wetz, Franz Josef: Hermeneutik und Naturalismus. Tübingen 1998.
Kant, Immanuel: Prolegomena zu einer jeden künftigen Metaphysik. Stuttgart 1989.
Keil, Geert / Schnädelbach, Herbert: Naturalismus. Frankfurt a. M. 2000.
La Mettrie, Julien Offray de: Der Mensch eine Maschine. Stuttgart 2001.
Pauen, Michael / Stephan, Achim (Hrsg.): Phänomenales Bewusstsein – Rückkehr zur Identitätstheorie. Paderborn 2002.
Rickert, Heinrich: Die Probleme der Geschichtsphilosophie. Heidelberg 1924.
– Kulturwissenschaft und Naturwissenschaft. Tübingen 1926.
Rorty, Richard: Spiegel der Natur. Frankfurt a. M. 1981.
Schiller, Friedrich: Wallensteins Lager. In: Schillers Werke. Bd. 4. Stuttgart 1862.
Snow, Charles Percy: Die zwei Kulturen. Stuttgart 1967.
Strauß, David Friedrich: Der alte und der neue Glaube. Bonn 1895.
Troeltsch, Ernst: Der Historismus und seine Probleme. Aalen 1961.
Uhl, Matthias / Voland, Eckart: Angeber haben mehr vom Leben. Heidelberg/Berlin 2002.
Voland, Eckart: Grundriss der Soziobiologie. Heidelberg/Berlin 2002.
Wetz, Franz Josef: Lebenswelt und Weltall. Stuttgart 1994.
– Illusion Menschenwürde. Stuttgart 2005.
Windelband, Wilhelm: Geschichte und Naturwissenschaft. Straßburg 1894.
Wittgenstein, Ludwig: Tractatus logico-philosophicus. Frankfurt a. M. 1977.

IV. Kulturalisierung der Kultur

Kulturelle Arbeit – Zur anthropologischen Notwendigkeit und Schwierigkeit humaner Sinnstiftung

Von Volker Steenblock

> »Ist die menschliche Natur keine im Guten selbstständige Gottheit: sie muß alles *lernen*, durch Fortgänge *gebildet* werden, im *allmählichen Kampf* immer weiterschreiten [...]«.[1]

1. Einführung

Am heutigen Quai Saint-Thomas (Sankt-Thomas-Staden) Nr. 7 in Straßburg hatte im Jahre 1770 der Student *Johann Wolfgang Goethe* im damaligen Gasthaus »Zum Geist« eine Begegnung besonderer Art, über die er in *Dichtung und Wahrheit* berichtet:

> »Gleich unten an der Treppe fand ich einen Mann, der eben auch hinaufzusteigen im Begriff war, und den ich für einen Geistlichen halten konnte. Sein gepudertes Haar war in eine runde Locke aufgesteckt, das schwarze Kleid bezeichnete ihn gleichfalls, mehr noch aber ein langer, schwarzer, seidner Mantel, dessen Ende er zusammengenommen und in die Tasche gesteckt hatte. Dieses einigermaßen auffallende, aber doch im Ganzen galante und gefällige Wesen, wovon ich schon hatte sprechen hören, ließ mich keineswegs zweifeln, daß er der berühmte Ankömmling sei und meine Anrede mußte ihn sogleich überzeugen, dass ich ihn kenne. Er fragte nach meinem Namen, der ihm von keiner Bedeutung sein

1 J. G. Herder, *Auch eine Philosophie der Geschichte zur Bildung der Menschheit* (1774), hrsg. von H. D. Irmscher, Stuttgart 1990 [u. ö.], S. 31.

konnte; allein meine Offenheit schien ihm zu gefallen, indem er sie mit großer Freundlichkeit erwiderte, und als wir die Treppe hinaufstiegen, sich sogleich zu einer lebhaften Mitteilung bereit finden ließ. Es ist mir entfallen, wen wir damals besuchten; genug, beim Scheiden bat ich mir die Erlaubnis aus, ihn bei sich zu sehen, die er mir denn auch freundlich genug erteilte. Ich versäumte nicht, mich dieser Vergünstigung wiederholt zu bedienen, und ward immer mehr von ihm angezogen. Er hatte etwas Weiches in seinem Betragen, das sehr schicklich und anständig war, ohne daß es eigentlich adrett gewesen wäre. Ein rundes Gesicht, eine bedeutende Stirn, eine etwas stumpfe Nase, einen etwas aufgeworfenen, aber höchst individuell angenehmen, liebenswürdigen Mund. Unter schwarzen Augenbrauen ein Paar kohlschwarze Augen, die ihre Wirkung nicht verfehlten, obgleich das eine rot und entzündet zu sein pflegte«.[2]

Der Ankömmling war Johann Gottfried Herder, Theologe und Philosoph (1744–1803). Als kurzzeitiger Erzieher des Erbprinzen von Holstein-Eutin war Herder in Straßburg, um jenes missliche und schmerzhafte Augenleiden behandeln zu lassen, auf das Goethes Bericht anspielt. Über Wochen trafen sich beide immer wieder; »groß und bedeutend« empfand Goethe »die Einwirkung dieses gutmütigen Polterers«.[3] Der war zwar seinerseits – übrigens nur vier Jahre älter – nicht ganz so begeistert und fand den damals erst 21-jährigen Goethe, der als Student seine wegen einer Krankheit abgebrochenen Leipziger Studien fortsetzen wollte und, lebhaft am gesellschaftlichen Leben teilnehmend, anderthalb Jahre in der Stadt blieb, »äußerst leicht und viel zu leicht und spat-

2 J. W. Goethe, *Aus meinem Leben. Dichtung und Wahrheit*, hrsg. von W. Hettche, Bd. 1: *Text*, Stuttgart 1991, S. 430f. (10. Buch); hilfreich war mir H. Bock, *Literaturreisen. Straßburg und das Elsaß*, Stuttgart 1993.

3 Ebd., S. 433.

zenmäßig« (Brief vom 21. März 1771). Herder ließ sich dann aber trotz der Qualen seiner Augenoperationen in einer Weise auf Goethe ein, die sich für die hier anzusprechenden Verhältnisse als relevant, ja, gleichsam als paradigmatisch und als »Initialzündung« erweist. Herder trat dabei nach Goethes Bericht nicht ohne Eleganz und ohne Inszenierung im Gewande eines weltmännischen Geistlichen offenbar durchaus unverblümt als ein bewusster Anwalt der Kultur und gar als »Lehrer der Menschheit« auf.[4] Dies geschah nicht ohne Grund, haben sich doch – im Nachhinein betrachtet – seine späteren Schriften, insbesondere die mehrbändigen *Ideen zur Philosophie der Geschichte der Menschheit* (1784–91) sicherlich für ein weithin geteiltes Verständnis als eines der wichtigsten kulturphilosophischen Werke bis heute erwiesen. Obwohl der seinerzeitige Einfluss Herders auf Goethe sich kaum in exakte Einzelheiten hinein konkretisieren lässt (Goethe fand im Rückblick den Keim all dessen bereits angedeutet, was Herder hernach noch ausführen sollte), bezieht er sich insgesamt in einer neuen Weise sehr bewusst auf etwas für unsere Fragestellung ganz Entscheidendes: auf ein sozusagen *genuin kulturelles Spektrum*, das von der im Elsass überlieferten Volkspoesie[5] über die Baukunst des Straßburger Münsters bis hin zum Dramatiker Shakespeare reicht. In Sonderheit bleibt Goethe Herders Mahnung in Erinnerung, dass »die

4 Wie er bereits in seiner Rigaer Abschiedspredigt beansprucht hatte, vgl. auch K. O. Conrady, *Goethe*, Königstein 1982, S. 112 ff.

5 … die Herder den jungen Frankfurter Dichter aufforderte, vor Ort aufzusuchen und zu sammeln, was auf dessen Dichtung und auch sonst bekanntermaßen einigen Einfluss hatte. Goethe war derart beeindruckt, dass er seinen in einem Brief vom Februar 1770 bezeugten Plan, nach Studiumsabschluss nach Paris weiterzureisen, strich. Das Straßburger Münster, Herder und Shakespeare verbanden sich für ihn zu einer besonderen Einheit, deren Bedeutung auch nach einem halben Jahrhundert und einer gewissen Abkühlung des Verhältnisses die Würdigung Herders in *Dichtung und Wahrheit* eindrucksvoll unterstreicht.

Heutiger Blick auf den Quai Saint-Thomas Nr. 7

Dichtkunst eine Welt- und Völkergabe sei, nicht ein Privaterbteil einiger feinen gebildeten Männer«.[6]

In nicht wenigen Treffen und Gesprächen macht Herder – im Umgang, wie der Dichter noch aus der Nachschau beklagt, allerdings bisweilen recht abrupt – seinem faszinierten Besucher, der ihn später nach Weimar holen wird, vor allem dieses eine deutlich, dass nämlich die Kultur in ihrem Entstehen *aus menschlichen Lebenskontexten* heraus zu begreifen ist. Von ihr gilt – wie schon von der Sprache (wie Goethe bei seinem neuen Bekannten damals bereits einschlägig nachlesen kann) –, dass »der Mensch

6 Goethe, *Aus meinem Leben* (Anm. 2), S. 437f. – »Da unser Geschlecht selbst aus sich machen muß, was aus ihm werden kann und soll: so darf keiner, der zu ihm gehört, dabei müßig bleiben«; J. G. Herder, *Briefe zur Beförderung der Humanität* (Werke in 10 Bdn., hrsg. von M. Bollacher [u. a.]), hrsg. von H. D. Irmscher, Frankfurt a. M. 1991, S. 164.

als Mensch wohl aus eigenen Kräften« ihrer fähig sei, statt sie einfach als göttliche Schenkung entgegengenommen zu haben.[7] Herder erkennt in diesen Zusammenhängen, was kein Nachdenken über die Kultur seither ignorieren kann: dass die kulturbildende Kraft der Vernunft notwendig aus den Menschen selbst – sozusagen »von unten« – kommt, statt bloßes Dokument höherer Sinnstiftung zu sein. Dies bezeichnet den Ausgangspunkt dessen, was der vorliegende Beitrag als »Entdeckung der kulturellen Arbeit« vorstellen möchte.

Gegenwärtig erfährt die Kulturreflexion – längst mehr als eine Bindestrich-Philosophie – neue, gesteigerte Bedeutung und Aufmerksamkeit. Das Interesse an der Kultur ist gewachsen, der Kulturbegriff aufgewertet, einschlägige Forschungsfelder entwickeln sich, der »Cultural turn« bezeichnet eine fast sprichwörtliche »Wende«.[8]

Was aber bedeutet es eigentlich, die »Kultur« (als deren Teil auch das Bemühen des Menschen um die Normen seines Zusammenlebens und Handelns gesehen werden kann und muss), in einem grundsätzlichen Sinne als Ergebnis und Vollzug menschlicher Anstrengung und Aspiration aufzufassen? Der folgende Beitrag schildert zunächst anhand des *Verhältnisses von Natur und Kultur*, aus welchen Prämissen heraus Herder zu seiner Auffassung gelangt, die den Menschen unter dem Signum kultureller Arbeit angetreten sieht, worin deren *Kern* liegt und welche *Fortentwicklungen bzw. Komplikationen* sie mit dem 19. Jahrhundert findet. Unsere Überlegungen weiten sich sodann bis zu unserer Gegenwart aus, in der sich mit Herbert Schnädelbach *heutige Konstellationen* des Herder'schen Gedankens konstatieren lassen. Dieser hat

7 Goethe, *Aus meinem Leben* (Anm. 2), S. 435.

8 R. Konersmann, »Cultural turn: Beweggründe, Ausdrucksformen, Konsequenzen«, in: G. Kühne-Bertram / H.-U. Lessing / V. Steenblock (Hrsg.), *Kultur verstehen. Zur Theorie und Geschichte der Geisteswissenschaften*, Würzburg 2002, S. 51–58.

schließlich auch Konsequenzen für die Betrachtung der Errungenschaften und Teilsektoren der Kultur, etwa für die Reflexion auf Werte und Normen, hinsichtlich derer sich am Ende an Herders humanistische Perspektive wiederum anknüpfen lässt.

2. Natur und Kultur

Das Treffen Goethes und Herders als gleichsam »archimedischer Punkt« in der Etablierung eines neuen, bis heute prägenden Kulturverständnisses hat in den deutschen Geisteswissenschaften schon immer Begeisterung ausgelöst (wenn auch teilweise – hier nicht näher zu betrachten – in einem Sinne, den eben deren kulturelle Arbeit wiederum hinter sich gelassen hat). Der Historiker Friedrich Meinecke (1862–1954) hat das Verständnis der Kultur als »historischer Arbeit« – d. h. aus jeweiligen Lebenswelten heraus erfolgender und nur aus diesen Kontexten auch zu verstehender Arbeit – als »einen europäischen Hergang« inszeniert, »der in Deutschland zur Reife gedieh und in Goethe das mächtige Schmelzmittel« geliefert habe, um auch »die geschichtliche Welt aus ihrer Erstarrung zu befreien«. Der Dichter erscheint ihm als »schaffender Spiegel«, als »Kraft, mit der die Überlieferungen und Kulturwerte von drei Jahrtausenden empfangen und wieder neu geboren werden«.[9] Die »Blüten und Früchte« der kulturellen Hervorbringungen der Nationen – im Idealfall »erfüllte schöne Möglichkeiten« – eröffnen sich als »neue Sehweise des menschlichen Lebens überhaupt«.

Der Gründungsvater der unter diesem Blickwinkel zur Kulturdeutung angetretenen Geisteswissenschaften, Wilhelm Dilthey (1833–1911), attestiert Goethe ein »Verständnis des Lebens aus ihm selbst«, das ihm schließlich »das

9 F. Meinecke, *Die Entstehung des Historismus* (Werke, Bd. 3, hrsg. von H. Herzfeld [u. a.]), Stuttgart [u. a.] 1957 ff., S. 545 ff., 576, 580.

größte Gedicht nach Shakespeare«, nämlich den *Faust*, »zum Abbild der Welt selber« werde geraten lassen. Und Dilthey zieht – regelrecht ins Schwärmen geratend – auch sofort die von Goethe selbst bereits explizit genannten[10] Bezüge zur *Bildungsidee* weiter aus, einem Grundbegriff aller Reflexion über die Kultur auch nach der subjektiven Seite ihrer Träger hin. »Höchstes Glück der Erdenkinder sei nur die Persönlichkeit«, so meint Dilthey mit dem Dichter, für die dann der im 19. Jahrhundert mit zunehmend nationalen und stilisierenden Untertönen,[11] aber eben zugleich mit allem Recht bewunderte Goethe selbst in gewisser Weise formvollendet dasteht als »wunderbare Einheit und Harmonie in diesem Dasein. Es gibt in ihm kaum Rätsel und Dissonanzen«.[12] Es gilt, »die eigene Individualität freudig zu fühlen, die fremde gelten zu lassen«.

Die hier angesprochene Bestimmung der Kultur ist nach ihrer subjektiven wie auch ihrer objektiven Seite ohne Zweifel eine, die in den »idealistischen« Kategorien von Vernunft und Sinnstiftung denkt. Eine solche Identitäts- und (mit ihr verbunden) kulturelle Sinngewinnung stellt jedoch nicht nur, wie es die schöne Formulierung vom »höchsten Glück« vielleicht glauben lassen könnte, eine kulturelle Spät- und Luxusbildung dar. Sie ist vielmehr *existentiell*, man möchte sogar sagen, sie ist eine Sache von Leben und Tod.[13] Sie ist auch kein Additum, kein

10 Goethe, *Aus meinem Leben* (Anm. 2), S. 438.

11 Noch in mancher kritischen Historismus-Darstellung zeigt sich ein weitgehender Dispens für dessen Begründer, den »kosmopolitischen« und »kulturbezogenen« Herder. Vgl. G. G. Iggers, *Deutsche Geschichtswissenschaft. Eine Kritik der traditionellen Geschichtsauffassung von Herder bis zur Gegenwart*, München 1971, 43ff.

12 W. Dilthey, *Das Erlebnis und die Dichtung* (1905), Göttingen [15]1970 (vgl. jetzt auch *Ges. Schriften*, Bd. 26, 2005), S. 141, 157, 168f., 175.

13 Wahrscheinlich kommt dem Menschen durch seine bewusste Existenz eine grundsätzliche Selbstbezüglichkeit von Anfang an zu, die in Grenzsituationen wie Hunger oder Schmerz in gleichsam nicht mehr hinterfragbarer Art und Weise evident wird, sich in ihrer formalen reflexiven Struktur jedoch mit sehr verschiedenen Inhalten füllen kann. Nachdem die Rede von einer

»Danach« – nach der Sicherung der materiellen Selbsterhaltung nämlich –, sondern sie ist eine Leistung menschlicher Arbeit[14] *von Anfang an*, so wie die materielle Selbsterhaltung ebenfalls von Anfang an ein Grundproblem und eine Aufgabe historischer Arbeit ist. *Kultur* erscheint in diesem Zusammenhang als Inbegriff menschlicher Selbstbehauptung im weitesten Sinne, wie sie außer in den Feldern der mythischen und religiösen Daseinsdeutung und der Regelung des Zusammenlebens in Moral, Politik und Recht vor allem ganz grundsätzlich in Lebensunterhalt und Ackerbau, Handel und Wirtschaft erfolgt und zu der schließlich vor allem auch Handwerkskunst, Technik und Medizin ebenso wie Kunst und Musik, Literatur und Philosophie gehören. Dies Grundverhältnis, nämlich dass *alle kulturelle Sinnbildung dem Menschen eine primäre Notwendigkeit ist*, findet sich bei Herder darin ausgedrückt, dass für ihn vergleichbar mit Platons Prometheus-Mythos eine Sicht auf die Natur des Menschen – vor allem auf den Menschen als »biologisches Mängelwesen« – gleichsam den Hintergrund bildet, vor dem die ebenso notwendige

individuellen wie kollektiven »Identität« im Zeitgeist der Postmoderne zugunsten einer zu befürwortenden »Patchwork«-Alternative (Identität besteht nur noch aus Versatzstücken, wie ein Fleckenteppich) unter dem Verdacht der Selbstkolonialisierung nur noch als Zwangsverhältnis gedacht worden sein mag und alle Formen der Sinnbildung, -interpretation bzw. -diskussion nur noch als deren Durchstreichung oder Beliebigkeitserklärung vorkamen, verschaffen sich derzeit Stimmen wieder deutlicher Gehör, denen zufolge ein »Selbst«, einen inneren Zusammenhang bzw. eine Kohärenz als Ausgangs- wie Zielpunkt kultureller Bildung nicht nur vorauszusetzen, sondern auch ins Zentrum geisteswissenschaftlicher Überlegungen zu setzen sei. Diese Restitution erscheint im Prinzip berechtigt, wo sie vormalige quasimetaphysische Teleologien nicht reproduziert und die Komplexionsstufen durchaus nachvollziehbar aufgewiesener Vielfalt nicht unterbietet.

14 Zum Begriff »kultureller Arbeit« vgl. V. Steenblock, *Kultur* oder *Die Abenteuer der Vernunft im Zeitalter des Pop*, Leipzig 2004, S. 20ff. – Vgl. auch A. Arndt, »Der Wert der Arbeit«, in: P. Breitenstein / V. Steenblock / J. Siebert (Hrsg.), *Geschichte – Kultur – Bildung. Philosophische Denkrichtungen* (FS J. Rohbeck), Hannover 2007, S. 54–64.

wie riskante wie eigentlich interessante Sphäre der Kultur wahrnehmbar wird.

Dieser Punkt ist im nächsten Abschnitt wieder aufzugreifen. Vorab ist jedoch diese Beobachtung grundsätzlich festzuhalten: Interessanterweise bezieht Herder eine Betrachtung der *Natur*, aus der heraus sich die Kultur entwickelt, in seine geschichtsphilosophische Schrift *Ideen zur Philosophie der Geschichte der Menschheit* grundlegend mit ein. Dies geschieht in der späteren Weimarer Zeit und im Gedankenaustausch wiederum mit Goethe,[15] dessen sich entwickelnde naturphilosophische Anschauungsweise der Welt- und Menschenentwicklung Herder teilte.

Gleich das erste Kapitel der »Ideen« stellt im Sinne einer naturphilosophischen Betrachtungsweise ganz grundsätzlich und lapidar fest: »Unsere Erde ist ein Stern unter Sternen«. Die weiteren Abschnitte beschreiben – Herder verarbeitet einschlägige zeitgenössische Literatur – sodann einen stufenweisen Entwicklungsprozess von der anorganischen Materie über das Tier- und Pflanzenreich hin zum vernunftbegabten, seiner selbst bewussten Menschen. Dessen aufrechter Gang – mit dem er ein »Kunstgeschöpf« wird,[16] statt ausschließliches Naturwesen zu bleiben – ist für den Theologen Herder Zeichen von etwas, auf das am Ende noch einzugehen sein wird, ist nämlich Zeichen seiner im göttlichen Schöpfungsplan angelegten *Humanität.*

Herders »Situierung« der Kultur innerhalb der Natur, ja: deren Analogisierung[17] unter dem Vorzeichen eines von

15 »Herders neue Schrift (der erste Teil der ›Ideen‹) macht wahrscheinlich, daß wir erst Pflanzen und Tiere waren; was nun die Natur weiter aus uns stampfen wird, wird uns wohl unbekannt bleiben. Goethe grübelt jetzt gar denkreich in diesen Dingen, und jedes, was erst durch seine Vorstellung gegangen ist, wird äußerst interessant. So sind mir's durch ihn die gehässigen Knochen geworden und das öde Steinreich.« (Charlotte von Stein an Karl Ludwig Knebel, Weimar, 1. Mai 1784).

16 J. G. Herder, *Ideen zur Philosophie der Geschichte der Menschheit* (Werke, Bd. 3.1), hrsg. von W. Pross, München/Wien 2002, S. 126.

17 Vgl. H. D. Irmscher, *Johann Gottfried Herder*, Stuttgart 2001, S. 129ff.

Gott geordneten Kosmos, in dem sich das Individuum ebenso gut aufgehoben fühlen kann wie in einer letztlich göttlich intendierten Geschichte, verweist auf eine gerade heute aktuelle, freilich unter signifikant andere Vorzeichen geratene Debatte, nämlich auf die Debatte zwischen »Naturalismus« und »Kulturalismus«.

Verlassen wir den Rahmen der kulturellen Welt, schwindet alle *Bedeutung* und *Sinnzuschreibung*, die wir – modern – als Menschen *einander erweisen*, schnell dahin. Im kosmischen Rahmen ist eine sinngarantierende »Erheblichkeit der Welt« in der Gegenwart überhaupt in Zweifel geraten, wie sie ihr letztendlicher Status als aus dem Nichts heraufbefohlener göttlicher Schöpfung noch sichern mochte.[18] Da umkreist nach moderner Auffassungsweise unser Planet, auf dem wir als kluge Tiere das Erkennen erfanden (Nietzsche), eine vor den Dimensionen des Weltalls bedeutungslose Sonne, unbewusst vollzieht das Universum seine physikalischen Abläufe. Hinter den unerreichbar weiten Sternen gähnt das All, schwarz und still und unbegreiflich: keine Heimat mehr. Niemand wird der von ihm möglich gemachten Menschenepisode,

18 Zwar spricht Herder davon, dass bei Vorstellung des Alls »die Einbildungskraft sowohl als der Verstand in diesem Meer der Unermesslichkeit und ewigen Größe sich verliert und nirgends Ausgang und Ende findet«. – »Allein«, so fährt er fort, »das bloße Erstaunen, das uns vernichtigt, ist wohl kaum die edelste und bleibendste Wirkung. Der in sich selbst überall allgnugsamen Natur ist das Staubkorn so wert, als ein unermessliches Ganze. Sie bestimmte Punkte des Raums und des Daseins, wo Welten sich bilden sollten und in jedem dieser Punkte ist sie mit ihrer unzertrennlichen Fülle von Macht, Weisheit und Güte so ganz, als ob keine andre Punkte der Bildung, keine andre Weltatomen wären«. Herder, *Ideen* (Anm. 16), S. 18. – Zu berücksichtigen ist in diesem Zusammenhang, dass Goethe wie Herder wie die deutschen Diskussionskontexte eher einem »Gegen-« bzw. »Paradiskurs« zur in der Neuzeit »naturwissenschaftlich« sich ausbildenden Rationalität zuzuordnen sind; vgl. V. Steenblock, *Arbeit am Logos. Aufstieg und Krise der wissenschaftlichen Vernunft*, Münster 2000, S. 139ff. sowie zur Interaktion von Natur- und Geisteswissenschaften bei »Weltbild«-Konstruktionen wie den hier angesprochenen: V. Steenblock, *Theorie der Kulturellen Bildung*, München 1999, S. 279ff.

die nur kurz aufblitzte, eine Träne nachweinen: – dies ist es, womit nach dem aktuellen Stand unseres Wissens sozusagen zu rechnen ist. Keine Zeit kann an den in ihr jeweils realisierten Rationalitätsstandards vorbei philosophieren; weil aber die einen Großsinn unterstellenden Modelle von Religion und Metaphysik angesichts zeitgenössischer Wissenschafts- und Weltbild-Konzeptionen ins Wanken geraten sind, ziehen heutige »Naturalisten« Konsequenzen aus dem Ende aller Natur und Kultur umfassenden Geborgenheits-Konstruktionen. So empfiehlt z. B. Franz Josef Wetz eine »Kunst der Resignation«, nämlich, »die eigenen Sinnerwartungen an Leben und Welt anzupassen«.[19] Vielleicht unterschätzt dies die kulturerzeugende und -bewegende Macht menschlicher Sinnkonstruktionen über alle Weltvergeblichkeitserfahrungen hinaus, die es zu »Gesamtdeutungen« der Welt in »Sinnkategorien« zu drängen scheint. Jedoch ist der Schlussfolgerung zweifellos zuzustimmen, dass die Entzauberung und *Naturalisierung* von Kosmos und Umwelt eine *Humanisierung* des Menschen durch Bildung und Kultur keineswegs erübrigen, sondern ganz im Gegenteil als spezifisch nötige Leistung angesichts einer dem Menschen vollständig »fremd« gewordenen Gesamt-Natur um so schärfer profilieren und um so dringlicher erfordern.

Für eine heutige Lektüre der Kulturtheorie Herders ist es dabei vielleicht gar nicht einmal von sonderlicher Bedeutung, ob man das Weltall und die Natur letztlich im Horizont des christlichen Schöpfer- und Erlösergottes deutet oder ob man sie im Lichte heutigen physikalischen und biologischen Wissens betrachtet und dieses Wissen so interpretiert, wie es im Anschluss an Hans Blumenberg

19 F. J. Wetz, *Die Kunst der Resignation*, Stuttgart 2000, München (dtv) 2003, S. 110ff., S. 182; vgl. auch Ders. / B. Kanitscheider (Hrsg.), *Hermeneutik und Naturalismus*, Tübingen 1998 sowie G. Keil / H. Schnädelbach (Hrsg.), *Naturalismus. Philosophische Beiträge*, Frankfurt a. M. 2000. Vgl. schließlich auch den Beitrag von Wetz im vorliegenden Band.

Wetz tut. Denn obwohl für den Theologen Herder das All und die Natur eher in Geborgenheits- und Sinnkategorien erfahrbar sind, setzt er die kulturelle Existenz des Menschen – wie im nun folgenden Abschnitt darzustellen ist – doch nicht ohne Schärfe, nicht ohne einen Bruch mit dessen natürlicher und tierischer Daseinsweise neu an. An der Sonderstellung des Menschen gibt es nämlich nichts zu deuteln, eines steht nicht in Zweifel, nämlich die Tatsache, dass mit der Kultur und ihren Kategorien von Sinn und zielbewusster Arbeit eine neue Qualität in die Welt tritt, die sich von der natürlichen Existenz als überwundener Sphäre unterscheidet.

3. Kulturelle Arbeit als notwendiger Bildungsprozess

Der Mensch erweist sich als ein auf dem Wege der Spezialisierung zurückgebliebenes, aber gerade dadurch nicht in seine Umwelt fest »eingespanntes«, sondern »weltoffenes« Wesen, so Herder. Er sieht in ihm den »Freigelassenen der Natur«, der sich mittels der merkmalsetzenden Sprache zur »Welt« in ein Verhältnis setzen[20] und Kultur entwickeln kann.[21] Arnold Gehlen (1904–1976) hat in der philosophischen Anthropologie des 20. Jahrhunderts diesen Bruch noch erheblich stärker akzentuiert und auf die existentielle Bedrohung hingewiesen, die sich der Mensch durch diese Freilassung einhandelt. Er lebt nun nicht mehr als unbewusstes Glied einer Umwelt, sondern er »hat Welt« bzw. – in der späteren Interpretation des Neukantianismus – er

20 Das dadurch mögliche reflexive Selbstbewusstsein des Menschen hat Helmuth Plessner (1892–1985) als die »exzentrische Positionalität« des Menschen bezeichnet.

21 J. G. Herder, *Abhandlung über den Ursprung der Sprache* (1772), nach: E. Heintel (Hrsg.), J. G. H., *Sprachphilosophische Schriften*, Hamburg 1960, S. 15ff.

»setzt Zwecke«.[22] Nur ein nicht mehr instinktdeterminiertes Wesen kann einen zugleich zur Natur in Distanz tretenden wie in Sprache, Mythos und Wissenschaft kulturell neu zugreifenden Standpunkt erlangen, ein biologisches »Mängelwesen«[23] – in der Sprache Herders: – »Besonnenheit« entwickeln. »Als nacktes, instinktloses Tier betrachtet, ist der Mensch das elendeste der Wesen«, schreibt Herder; »tönende Verba« aber werden kompensierend und zugleich neu zugreifend seine »ersten Machtinstrumente«.[24] Weil es also *in der Natur* des Menschen liegt, *Kultur zu haben* (bzw. als nicht mehr hinreichend instinktgeleiteter »Freigesetzter« der Natur noch wesentlich radikaler und grundsätzlicher: *Kultur entwickeln zu müssen*), wird die Kultur in einem materiellen wie in einem »ideellen« Sinne zur *Aufgabe* menschlicher Arbeit und Konstruktion. Schreibt Herder im 29. der an die *Ideen* anschließenden *Briefe zur Beförderung der Humanität* (1793–97) vom Menschen: »Er konstituieret sich selbst«,[25] dann bedeutet das wesentlich, dass der Mensch dies *als kulturelles Wesen qua Arbeit tut*, bzw. – wie als Herausgeber *Hans Dietrich Irmscher* im Nachwort formuliert –, dass der Mensch »in der kulturellen Produktion sich selbst bestimmt«.[26]

22 »Kultur« ist immer »das von einem nach gewerteten Zwecken handelnden Menschen entweder direkt Hervorgebrachte oder, wenn es schon vorhanden ist, so doch wenigstens um der daran haftenden Werte willen absichtlich Gepflegte«; in diesem Sinne ist zu verstehen, »dass in allen Kulturvorgängen irgendein von Menschen anerkannter Wert verkörpert ist«: »Naturprodukte sind es, die frei aus der Erde wachsen. Kulturprodukte bringt das Feld hervor, wenn der Mensch geackert und gesät hat« (H. Rickert, *Kulturwissenschaft und Naturwissenschaft*, Tübingen [7]1926, S. 18).

23 Differenzierend W. Welsch, »Anthropologie im Umbruch«, in: *Information Philosophie* 2 (2007), S. 7–15, der mit Herder und über Herder hinaus unter Kritik des Mängelwesentheorems zeigen möchte, wie qua »Emergenz« »wir Menschen nicht durch göttliche Begabung, sondern infolge evolutionärer Veränderungen den Weg zur Kultur gefunden haben«.

24 Herder, *Abhandlung über den Ursprung der Sprache*, hrsg. von H. D. Irmscher, Stuttgart 1966 [u. ö.], S. 80 ff.

25 Herder, *Briefe zur Beförderung der Humanität* (Anm. 6), S. 153.

26 Irmscher, Nachwort, ebd. S. 826.

Dabei sind im Rahmen dieser kulturellen Produktion offenbar gerade auch »ideelle« Anstrengungen, *kulturelle Sinnbildungsleistungen* also, für den Menschen erforderlich, um überhaupt leben und überleben zu können. Der Prozess der Weltgewinnung verlangt es danach in einem der *conditio humana* entstammenden Sinne, dass wir als Menschen, die es qua Evolution auf diesen Erdball verschlagen hat, Erfahrungen machen und diese deuten müssen, um ein Verhältnis zu uns selbst und zu den anderen zur Orientierung unserer Lebenspraxis und unseres Handelns ausbilden zu können. Dies betrifft, wie eingangs bereits angedeutet, sowohl die subjektive als auch die objektive Seite der Kultur: Um sich kulturell auf der Bühne des Lebens zu behaupten, wo der Mensch es qua Natur nicht (mehr) kann (ein Überleben ihm gleichsam genetisch nicht mehr in Aussicht gestellt ist), muss er Hand in Hand mit den Projektionen, die er über die *Beschaffenheit der Welt* entwickelt, zugleich ein Bild und eine Zielinterpretation seiner selbst, muss er eine *Identität* gewinnen. In der Sprache gegenwärtiger Kulturreflexion liest sich dies wie folgt: Identität hält, so Jörn Rüsen, »Selbsterfahrung und Selbstentwurf als Dauer des eigenen Ich oder Wir so zusammen, dass die Leidenserfahrung des Ausgeliefertseins, dass Kontingenz und Tod ausgehalten und zu einem Handeln überwunden werden können, das zugleich normativ motiviert und erfahrungsgestützt erfolgt«.[27]

Kulturelle Arbeit stellt all dem zufolge einen notwendigen Prozess dar, den mit Leben zu erfüllen sich der Mensch aufgrund seiner besonderen Lebensverhältnisse gezwungen sieht, nämlich sich beständig aktiv handelnd und deutend um sich selbst und seine Welt zu bemühen. Auf Grund genau der konkreten Notwendigkeitslage, auf die diese Arbeit antwortet, erfolgt sie immer aus den jeweiligen Lebensverhältnissen heraus. Kulturelle Arbeit ist

27 J. Rüsen, *Kultur macht Sinn. Orientierung zwischen Gestern und Morgen*, Köln 2006, S. 202.

in diesem Sinne stets *in der Menschengeschichte* erfolgende Leistung: Sie ist *geschichtliche Arbeit.*

Den ersten nachhaltigen Hinweis auf diesen Grundcharakter der menschlichen Arbeit an und in der Kultur leisten die bereits erwähnten *Ideen*. Die kulturelle Arbeit, obwohl in Auseinandersetzung mit immer neuen Situationen in einer jeweiligen neuen Gegenwart zu leisten, ist dabei bereits mit jedem zweiten Schritt über elementare Erstleistungen hinaus – seit es menschliche Errungenschaften gibt, die es zu bewahren lohnt – zugleich auf ein Anknüpfen an die Gehalte bereits entwickelter *Traditionen* angewiesen. Sie hat auf deren Vorgaben zu achten,

> »denn kein einzelner von uns ist durch sich selbst Mensch geworden. Das ganze Gebilde der Humanität in ihm hängt durch eine geistige Genesis [d. i. Entwicklung], die Erziehung, mit seinen Eltern, Lehrern, Freunden, mit allen Umständen im Lauf seines Lebens, also mit seinem Volk und den Vätern desselben, ja endlich mit der ganzen Kette des Geschlechts zusammen, das irgend in einem Gliede eine seiner Seelenkräfte berührte. [...] Der Nachahmende aber muss Kräfte haben, das Mitgeteilte und Mitteilbare aufzunehmen und es, wie die Speise, durch die er lebt, in seine Natur zu verwandeln. Von wem er also? Was und wie viel er aufnehme? Wie er es sich zueigne, nutze und anwende? Das kann nur durch seine, des Aufnehmenden, Kräfte bestimmt werden; mithin wird die Erziehung unseres Geschlechts in zwiefachem Sinn genetisch und organisch: genetisch durch die Mitteilung, organisch durch die Aufnahme und Anwendung des Mitgeteilten. Wollen wir diese zweite Genesis des Menschen, die sein ganzes Leben durchgeht, von der Bearbeitung des Ackers Kultur oder vom Bilde des Lichts Aufklärung nennen, so steht uns der Name frei; die Kette der Kultur und Aufklärung reicht aber sodann bis ans Ende der Erde.«[28]

28 Herder, *Ideen* (Anm. 16), S. 308ff.

4. Fortentwicklungen und Komplikationsstufen der »kulturellen Arbeit«

Die Art und Weise, wie wir kulturelle Errungenschaften auffassen, sie uns zu eigen machen und sie weiterführen, ist selbst wiederum der unablösbare Teil und das Verdienst neuer kultureller Prozesse. Die Leistungen kultureller Sinnstiftung und unseres sich aufarbeitenden Vernunftbemühens erzeugen – stellt man die Sinnbildungsarbeit auf Dauer – die menschliche Geschichte. Für Herder ist eine entsprechend sich etablierende *Bildungsentwicklung* das Medium, in welchem dieses »Sich-Aufarbeiten« – der historische Prozess als »Kette der Kultur« – stattfinden kann. Dem kann man, ohne diese Perspektive in irgendeiner Form zu denunzieren,[29] an dieser Stelle nun sicherlich jene eingangs bereits bedachte konkretere Seite noch anfügen, die sich eröffnet, wenn man Karl Marx' (1818–1883) Diktum von der »geschichtlichen Arbeit« einbezieht. Marx möchte »die Selbsterzeugung des Menschen als einen Prozess« fassen und den »gegenständlichen Menschen«, also den »wahren, weil wirklichen Menschen«, »als Resultat seiner eigenen Arbeit« begreifen.[30] Wie Feuerbach geht er von der auch in Leiblichkeit und Sinnlichkeit aufzusuchenden und historisch sich ausbildenden, nicht in einer »rein geistigen« und realgeschichtsfreien Subjektivität zu findenden Individualität des Menschen aus. Marx stellt damit den Prozess der Kultur in den Kontext der *materiellen* Auseinandersetzung des Menschen mit seiner Welt. Die kulturelle Arbeit erfolgt in dieser wie überhaupt in ebenso vielen Medien und Ausdrucksformen, wie sich aus den an-

29 Vgl. bereits W. Harich, »Herder und die bürgerliche Geisteswissenschaft«, Einleitung zu: J. G. Herder, *Zur Philosophie der Geschichte*, Bd. 1, Berlin 1952, S. 7–82, 20f., der unter seinerzeitigen Verhältnissen den »Aufklärer« Herder als Vorläufer von Marxismus und Darwinismus empfahl, auch wenn dem der rechte Begriff der *Arbeit* noch gefehlt habe.

30 K. Marx, *Frühschriften*, hrsg. von S. Landshut, Stuttgart 1971, S. 269.

thropologischen Grundvermögen des Menschen Betätigungsfelder ergeben.[31]

Es stellt dabei wohl eine Grunderfahrung dar, dass diese Arbeit im Ablauf des Lebens und der Generationen geradezu unvermeidlich Folgen hervorruft, die in ihren alsdann festzustellenden Ergebnissen weder gewollt noch vorauszusehen waren, und dies macht uns ihren Begriff nachhaltig kompliziert.[32] In Theorie wie Praxis dürften etwa die Pioniere in den Kulturfeldern der Naturwissenschaften und ihrer technischen Verwendbarkeiten kaum das Ausmaß der alsbald um sich greifenden Dominanz von Ökonomie und Industrie geahnt haben, welche heute die Agenda für fast alle Lebenszusammenhänge in unserer Welt setzt. In den Gesellschaften der entwickelten Moderne tritt die kulturelle Arbeit in Verhältnisse ein, welche so sehr in das Zeichen des Marktes und von Wissenschaft und Technik geraten, dass diese als die modernen Motoren aller zivilisatorischen Abläufe begriffen werden können. Indem der Mensch in der Gestaltung seiner Welt stets Wirkungen produziert, die ihn selbst wiederum betreffen und verändern, schlägt auch das Entstehen jener auffallenden Gegenwartsdominante auf ihn zurück. Die Imperative dieser Dominante der Gegenwart scheinen sich gegenwärtig – gerade oder ausgerechnet im Zuge seiner kulturellen Weiterarbeit – in alle Bereiche der Kultur zu fressen, so wie diese einstmals primär religiös imprägniert waren. Viel beklagt wird eine gewisse Ohnmacht allen ge-

31 Marx folgt bekanntlich Ludwig Feuerbach darin, einen von der Religion erzeugten schädlichen Realitätsverlust überwinden zu wollen. Darüber hinaus aber müssen die Projektionsbedingungen eines »aparten Geistes«, wie noch Hegel ihn vorgestellt hatte, selbst noch als realer historischer Mechanismus im Sinne der Marx'schen Theorie durchsichtig gemacht werden.

32 Schon deswegen wäre es eine Illusion, bei aller Herausstellung des Eigencharakters des Kulturellen ein Quasi-Naturhaftes – in der Beantwortung unserer Sinnzuschreibungsversuche »Stummes« – in der Kultur zu leugnen. Vgl. das Kapitel »Natur« in: V. Steenblock, *Kultur …* (Anm. 14), bes. S. 56 ff.

sellschaftlichen Gestaltens und nachhaltigeren Bildungsanliegens gegenüber der zivilisatorischen Wirkmacht der Ökonomie, die sich unter dem Signum des »Sachzwanges« gleichsam unhinterfragbar zu etablieren weiß.

Zusammen mit den bereits auf »Kollisionskursen« beschriebenen Eigenwegen der menschlichen Kulturen[33] bilden die Imperative der Ökonomie die wichtigsten Faktoren im Prozess der Überziehung unseres Planeten mit einer sich rasant ausbreitenden menschlichen Bevölkerung, der Erschließung aller Ressourcen und ihrer industriellen Verwertung und damit der Schaffung der materialen Basis aller Kultur, freilich in weltweiten Zuständen höchster sozialer Ungleichheit, deren Opfer ihrem Protest nur mit Mühe – derzeit nicht zuletzt wohl in bestimmten Erscheinungsformen der Religion – Ausdruck zu verleihen vermögen.[34] Kein besonderer planender Wille, keine spezifische Absicht steuert diese Entwicklung als ganze, so will es scheinen. Und diese Entwicklung ist auch nicht einfach Ergebnis wohlwollend oder schuldig Handelnder, so viele wohlwollend oder schuldig oder auch nur gedankenlos Handelnde es gibt, sondern diese Entwicklung ist eher Inbegriff einer Eigendynamik kultureller Systeme auf der Basis des unaufhörlichen Dranges des Menschen, sich

33 Samuel P. Huntington, *Kampf der Kulturen* (»The Clash of Civilizations«), München 1996.

34 Die katastrophalen Gesamtumstände des menschheitlichen Zivilisationsprozesses werden seit nunmehr über 30 Jahren vom »Club of Rome« bilanziert. Vgl. D. Meadows [u. a.], *Die Grenzen des Wachstums* (»The Limits to Growth«), Reinbek 1973. Sie stellen eine eminente ethisch-politische Herausforderung über alle einzelnen »angewandten Ethiken« hinaus dar, der ambitionierte Bemühungen wie die Klimainitiative des ehemaligen US-Vizepräsidenten Al Gore unter schwierigen, einer »Weltinnenpolitik« nicht günstigen Bedingungen zu begegnen suchen. (»Weltpolitik« nämlich, so scheint es, gilt eher der Frage, in welcher Form sich die als letzte imperiale Macht verbliebenen USA unter Begleitung Europas gegen die im Zeichen des Kapitalismus aufkommenden Milliardenvölker der Chinesen und Inder werden behaupten können). Vgl. F. J. Radermacher, »Die Global Marshall Plan Initiative«, in: Ders. [u. a.], *Towards a World in Balance*, Hamburg 2006, S. 185–193.

fortzupflanzen, seine eigenen Sinnwelten auszubilden und zumutbar (oder auch luxuriös) zu leben. So sehr menschliches Handeln als willentlich gestaltend und kraftvoll bildend in einem vielfältigen Spektrum unterschiedlicher Interessen, Entwicklungsstandards, Lebensformen und Religionen erscheinen mag, so sehr ließe es sich offenbar im immanenten Vollzug dieser mächtigen Sphären auch als preisgegeben an deren Gesetzmäßigkeiten, als ausgeliefert an eine letztliche Anonymisierung der Handlungszusammenhänge begreifen.

»Kulturelle Arbeit« ist demnach alles andere als einlinig im Sinne einfacher menschlicher Handlungen zu verstehen. Um Varianten der alten Einsicht, dass die Menschen zwar ihre Welt selbst machen, aber nicht unter frei zu wählenden Umständen, wird kein Deutungsangebot des Kulturellen herum kommen, so wenig wie um die Notwendigkeit, diese Fragen nicht dem freien Spiel jeweils wirksamer Kräfte zu überantworten, sondern zu versuchen, diese Fragen zu Gegenständen bewusster Gestaltung werden zu lassen.

5. Ohne Sicherheitsnetz: Zur Sichtweise der kulturellen Arbeit in der Gegenwart

Zu den bisher dargestellten Kennzeichnungen eines Begriffes »kultureller Arbeit« tritt für die sich vollständig ausprägende Moderne fortgeschrittener Gesellschaften ein Weiteres hinzu. Für sie gilt nämlich insbesondere und verschärfend, wie der Philosoph Herbert Schnädelbach konstatiert, dass unsere Kultur »vollständig reflexiv« wird, d. h. dass »sie sich in ihrer theoretischen und praktischen Selbstdeutung auf nichts mehr beziehen« kann, »was nicht Kultur wäre«. Sie muss, mit Jürgen Habermas formuliert, »ihre Normativität aus sich selber schöpfen«, d. h. »die

Regeln und Kriterien ihres theoretischen und praktischen Weltumgangs selbst finden, erfinden und in Geltung setzen«.[35] Die alle Kulturverhältnisse über Jahrhunderte leitende Unterstellung »höherer« Steuerung wird abgelöst durch das, was die menschliche Vernunft als autonome Vernunft aus sich und der Welt machen kann, in der es ja insgesamt eher verzweifelt unvernünftig zugeht: Dies ist eine Bürde und Verantwortung also mindestens so sehr wie eine Freisetzung.

Die Sinnbildung und Einrichtung ihres Lebens, die durch die Menschen in ihrer Welt geleistet werden sollen, sind, so legt all dieses für unseren Blick auf die kulturelle Arbeit nun zusammenfassend nahe, im Vornherein nirgends angeleitet und durch nichts garantiert, nämlich nicht durch das Wirken höherer Mächte und noch nicht einmal durch den Einfluss »der« Vernunft oder »der« Wissenschaft, wie man unter dem Eindruck des Erfolgsweges der experimentellen Naturwissenschaften und in der Emphase des Aufklärungszeitalters eine Zeitlang angenommen hat. Kultur ist die Lehre, die wir uns als Menschen am Ende selbst erteilen – ohne ein Sicherheitsnetz, das uns Akrobaten auffinge: »Die vollständige Reflexivität einer Kultur ist aber«, so Schnädelbach, »zugleich die kulturelle Situation, in der es mit der menschlichen Endlichkeit ernst wird«. An dieser Stelle »kann sich niemand mehr auf transhumane Mächte und Instanzen beziehen, wenn es um das geht, was in der Kultur alle angeht. Die so verstandene moderne Kultur ist so zugleich eine profane Kultur; nichts in ihr verweist auf ein heiliges, göttliches Jenseits«. Ein solcher »›Mangel‹ drückt zugleich verstärkend das aus, was wir seit Max Weber wohl allgemein als

35 H. Schnädelbach, »Philosophie in der modernen Kultur«, in: F. Hermanni / V. Steenblock (Hrsg.), *Philosophische Orientierung*, München 1995, S. 25–39, sowie ders., »Zur Philosophie in der modernen Kultur«, in: G. Kühne-Bertram / H.-U. Lessing / V. Steenblock (Hrsg.), *Kultur verstehen*, Würzburg 2004, S. 137–141, bes. 140.

Grundstruktur der Moderne anzusehen haben: die unübersteigbare Pluralität von Lebensformen und Weltbildern; vollständig reflexiv gewordene Kulturen sind dezentrierte Kulturen«.[36] Der Gestaltungscharakter kultureller Leistungen wird, so könnte man sagen, im Zuge neuzeittypischer Krisenschwellen als solcher bewusst, wenn die unbefragte Authentizität der Herkunft nicht mehr mit einer quasi naturwüchsigen Prägekraft das menschliche Leben bestimmt. Nicht jede der Kulturen bezieht sich in diesem Sinne notwendig kritisch auf sich selbst. Jahrtausende lang lebten die Menschen sozusagen lediglich immanent in der Kultur – »und viele tun es heute noch«.

In der etablierten Moderne jedoch wird die Arbeit der Vernunft als Inbegriff der notwendig aus historisch situierten Horizonten heraus erfolgenden konstruktiven, sich »aufarbeitenden« Leistungen in ihren ganz speziellen Problemlagen handelnder und denkender Menschen immer mehr für sich selbst durchsichtig.[37] Im mutwilligen Spiegel der Philosophie erscheint in einer nachgerade berühmt gewordenen Formulierung »Wahrheit« gar als »bewegliches Heer von Metaphern, Metonymien, Anthropomorphismen« – »kurz eine Summe von menschlichen Relationen, die, poetisch und rhetorisch gesteigert, übertragen, geschmückt werden, und die nach langem Gebrauche einem Volk fest, kanonisch und verbindlich dünken; die Wahrheiten sind Illusionen, von denen man vergessen hat, dass sie welche sind«.[38]

Der Zugang der Menschen zu ihrer Welt, so lernen

36 Schnädelbach, ebd.

37 Jeder Begriff kultureller Rationalität bliebe deshalb leer, der sich nicht systematisch und nachhaltig auf die Handlungs- und Denkzusammenhänge und Lebensverhältnisse der Menschen einließe. Auch hierin besteht ein wichtiger Bezug zum Bildungsgedanken.

38 F. Nietzsche, *Über Wahrheit und Lüge im außermoralischen Sinne* (1873), in: Ders., *Kritische Studienausgabe*, Bd. 1, München 1988, S. 880. – Der entscheidende Punkt der Kulturreflexion ist hierbei freilich, dass diese Illusionen *Wirklichkeiten schaffen.*

eben diese Menschen jedenfalls, erfolgt mittels der jeweils geschichtlich durchgesetzten und institutionell etablierten, wenngleich stets umstrittenen Zugriffe und Methoden, die ihnen in ihren jeweiligen Problemhorizonten zur Verfügung stehen. Ihre Fragestellungen, Antwortversuche und noch deren Rationalitätsformen haben Konstruktionscharakter, ihre Vernunft lebt von den Projektionen, Perspektiven und Interpretationen, mit deren Hilfe sie ihre Erfahrungen organisieren und korrigieren. Mit ihnen haben sie die Möglichkeit der Innovation, eines sozusagen »geistigen Überschusses«, der Einführung eines Neuen oder auch lediglich der Setzung neuer Akzente oder der Wiedergewinnung eines Alten oder seiner Uminterpretation.

In all dem liegt das, was man vielleicht als *historisches Apriori der Kultur* bezeichnen kann: Es existiert kein anderer Zugriff auf die Felder der Kultur als ein selbst kultureller. Einsicht wie Teilnahme am menschlichen Leben sind in Kulturvollzügen situiert. Jeder Grundlegungsemphase folgt die Kritik, die nicht nur Detailfragen präzisiert, sondern oft genug auch die nur auf einen ersten Blick klaren Konturen verwischt und komplexere Verhältnisse an den Tag legt. Das, was zunächst wie eine erfolgreiche Lösung aussieht, wird auf den zweiten Blick manches Mal als zugleich ambivalent erkannt. Fortschritte aus der Sicht des einen Beobachters erscheinen als Rückschritte aus der des anderen. Eine solche Situation ist signifikantes Element kultureller Arbeit; über eine solche Situation lässt sich am theoretischen Reißbrett schlechthin nicht entscheiden. Natürlich halten wir bestimmte Sachverhalte mit weniger guten oder auch mit sehr guten Gründen für »wahr« bzw. »falsch«. Solche Wertungen aber – auch als zutiefst gültig empfundene Beurteilungen – bleiben an konkrete Prozesse, an Referenzsubjekte bzw. Referenzformationen gebunden.

Widersprochen wird mit dieser Ansicht den Varianten jener möglichen Auffassungsweise, denen zufolge die Kultur in systematisch immer schon vorgegebene bzw. vorherbestimmbare Formen gleichsam einrückt und damit ein Überzeitliches realisiert,[39] so dass nach dessen Erreichung die Zufälligkeiten bzw. Kontingenzen des Aufstieges am Ende uninteressant wären. Unsere menschliche Wahrheit wird im Kulturprozess erzeugt. Widersprochen wird der Abgabe geschichts-, prozess- oder begründungslogischer Garantien, die der kulturellen Arbeit in der bisherigen Theorieentwicklung gelegentlich zugedacht worden sind, mit der unterschwelligen Anmutung, dass sie diese nun nur noch abzuarbeiten brauche. Nur derjenige, der als Messias sprechen könnte, stünde über den von Menschen mühevoll erarbeiteten endlichen und teils widersprüchlichen Formen des Lebens. Die Arbeit selbst – gerade in ihrer Gebrochenheit, Widersprüchlichkeit, Umstrittenheit, allzu häufigen Vergeblichkeit – verkörpert aber den Kern der Kultur. Die Kultur bildet sich in historisch komplexen Lagen in der Abarbeitung an jeweiligen Konstellationen heraus, und zwar in der Beschäftigung mit konkreten Aufgaben, in immer neuen Umwelten, mit immer neuen Leistungen und Resultaten. Nur in dieser Arbeit, die bestimmte anthropologisch vorgegebene Handlungsantriebe in neue kulturelle Möglichkeitsfelder führt, entwickelt der Mensch seine Welt. »Die menschliche Natur ist keine im Guten selbstständige Gottheit:« – so sagt Herder bereits früh – »sie muss alles lernen, durch Fortgänge gebildet werden, im allmählichen Kampf immer weiter schreiten«.[40]

39 Vgl. R. Rorty, *Philosophie und der Spiegel der Natur*, Frankfurt a. M. 1982.
40 Herder, *Auch eine Philosophie …* (Anm. 1), S. 31.

6. Kulturelle Arbeit und Kulturformen – Abschließende Bemerkungen

Keines der vorgenannten Argumente richtet sich dagegen, dass es in unseren Kulturformen durchgesetzte und mehr oder weniger etablierte Verfahrenweisen und Prinzipien bzw. Kriterien und Korrektive gibt, die darüber entscheiden, was jeweils als akzeptabel gelten kann und was nicht. Die Einsicht in ihren Charakter historisch rückgebundener Arbeit bedeutet für die kulturelle Vernunft keine Beliebigkeit. Hierauf hinzuweisen, ist wichtig, weil ein interessiertes Missverständnis dies gelegentlich behauptet hat. Viel kultureller Anspruch lebt von der Inszenierung, nicht das irdische Kind menschlicher Arbeit zu sein. Zeitlose, aus höchster Valenz zufließende Herkünfte bieten hier natürlich zu allen Zeiten glänzende Möglichkeiten. Mancher sucht – sei es aus ernsthafter Sorge, sei es aus wohlbedachter Theoriestrategie – Relativismus und moralische Gefahr gleichsam komplementär zur eigenen Ermächtigungsattitüde einschlägig zu verwenden.

Die kulturelle Arbeit kann wachsen, Standards setzen, Errungenschaften ausprägen, Evidenzen erzeugen, indem sie ihre Ergebnisse wie die Kriterien für diese Ergebnisse und die Einsicht in deren Folgen immer neu aus sich selbst heraus ausbildet. Sie leistet dies unter (in sich wieder zu differenzierenden und bzw. ihrerseits vielgestaltigen) Dominanten, etwa – wie in den großen religiösen Epochen, im Erfahrungshorizont »Gott«, oder wie besonders ab dem 18. Jahrhundert – im Zeichen der Wissenschaft usw.[41] Und sie leistet dies in bestimmten Grundformen kultureller Praktiken, die offenbar bestimmten ursprünglichen Ver-

41 Den kulturellen Leitsektoren scheinen, wie man bemerkt hat, bestimmte Rationalitätsformationen in den Wissenschaften zu entsprechen: Zunächst dominierte die Theologie, dann die Philosophie des Aufklärungszeitalters, dann die Physik; derzeit scheinen vor allem Ingenieurwissenschaften und Ökonomie Inbegriff leistungsfähiger Vernünftigkeit zu sein.

mögen des Menschen entstammen. Sie erzeugt dem Menschen in Sprache und Mythos, Religion und Lebensweise jene kulturellen Räume, die er alsdann bewohnt. Wichtig und wirksam können wissenschaftliche Erkenntnisse als Kulturprodukte werden, großartig und prägend erscheinen uns mit allem Recht die Errungenschaften der Philosophie, Dichtung und Kunst. Die Musik Mozarts etwa kann wie von göttlicher Höhe in unsere Welt versetzt erscheinen, obwohl wir genau wissen, wie zutiefst menschlich der Mensch war, dessen Arbeit sie hervorgebracht hat.

Die Inhalte der kulturellen Welt, die wir erschaffen, sind begründungspflichtig. *Werte* stellen in diesem Kontext *jene normativen Gesichtspunkte* dar, an denen sich die kulturelle Arbeit orientiert.[42] Sie etablieren sich in historischen Erfahrungs- und Veränderungsprozessen, die zu einer ohne Zweifel konstatierbaren und überaus verteidigenswerten kanonischen Aufwertung relevanter Kulturgüter führen, die mittels der Kulturerrungenschaft *Bildung* wiederum die Perspektive beinhalten, dass ihr gemeinsam errungener Status sich ausweiten möge in ein Voranschreiten der zivilisatorischen Entwicklung. Als Ergebnisse kultureller Arbeit lassen sich Rationalitätsschübe und Reflexionsgewinne vergegenwärtigen wie etwa die Entwicklung der philosophischen Vernunft in der griechischen Antike, der Aufbau von Formen einer Rechtsordnung in Rom, die Fortschritte der naturwissenschaftlichen Rationalität ab dem 16. Jahrhundert, die Etablierung der Menschen- und Bürgerrechte vor allem in der Epoche der Aufklärung, schließlich als zentrale Orientierungsgröße der Gedanke der Menschenbildung selbst: Diese Ergebnisse sind das Produkt einer langen Auseinandersetzung mit den Erfahrungen der abendländischen Geschichte. Herders »Ideen«, auf die wir hier noch einmal zurück-

42 Den Normgründungen in den Religionen treten die der Philosophie an die Seite; vgl. die Beiträge im Band 2 der vorliegenden Kolleg-Reihe zur Praktischen Philosophie.

kommen, verkennen übrigens, wie in diesem Zusammenhang zu bemerken ist, keinesfalls die dunklen Seiten der Geschichte, deren Schatten in den Katastrophen des 20. Jahrhunderts und angesichts gegenwärtiger weltweiter sozialer Ungleichheit im Zeitalter der Globalisierung eher noch länger geworden sind. Über die Fülle der individuellen Gestaltwerdungen des Kulturellen hinaus nimmt Herder dennoch an, dass dem Kulturprozess eine Perspektive eingeschrieben ist. Nicht nur die *Ideen*, auch seine *Humanitätsbriefe* gehen hiervon aus. Im 27. Brief heißt es:

> »Humanität ist der *Charakter unsres Geschlechts*; er ist uns aber nur in Anlagen angeboren, und muss uns eigentlich angebildet werden. Wir bringen ihn nicht fertig auf die Welt mit; auf der Welt aber soll er das Ziel unsres Bestrebens, die Summe unsrer Übungen, unser *Wert* sein [...]. Das Göttliche in unserm Geschlecht ist also *Bildung zur Humanität* [...]. Humanität ist der Schatz und die Ausbeute aller menschlichen Bemühungen, gleichsam die Kunst *unsres Geschlechtes*«.[43]

Der kulturellen Arbeit entspricht eine in letzter Instanz anvisierte spezifisch kulturelle Zielvorstellung. Entsprechend verweist für Herder die Kulturgeschichte als Bildungsentwicklung auf eine normative Vision, die gemeinhin als *Humanität*, ihre Theoretisierung eines allgemein Menschlichen als Idee des *Humanismus* bezeichnet wird. In einer signifikanten Steigerung der Bilder spricht er in Überbietung der bereits erwähnten »Kette der Kultur« am Ende von der »goldenen Kette der Bildung«:

43 Herder, *Briefe zur Beförderung der Humanität* (Anm. 6), S. 148. »Humanisierung« ist für Herder dabei eine christliche Veranstaltung, eines seinerseits zur »Milde« gleichsam »humanisierten« Christentums freilich, das erkennbar nicht (mehr) in den Kategorien von Erbsünde und Weltgericht daherkommt (vgl. Brief 124).

»Goldene Kette der Bildung also, du, die die Erde umschlingt und durch alle Individuen bis zum Thron der Vorsehung reicht, seitdem ich dich ersah und in deinen schönsten Gliedern, den Vater- und Mutter-, den Freundes- und Lehrer-Empfindungen verfolgte, ist mir die Geschichte nicht mehr, was sie mir sonst schien, ein Gräuel der Verwüstung auf einer heiligen Erde«.[44]

Zu dieser Aussage passt jene Formulierung aus den *Ideen*, denen zufolge die durch Sprache ermöglichte Kultur ein aufgelöstes göttliches Rätsel sei: Mit der Selbstbewusstwerdung der Geistesgeschichte wachsen, wie man formuliert hat, die vormals göttlichen bzw. »divinen Qualitäten« der Sinngarantie des menschlichen Lebens dem Menschen alsbald universalgeschichtlich selber zu. Bei Marx gipfelt – auf seine Weise mit kaum geringeren normativ gegründeten Vermutungen – die kulturelle Arbeit in jenem vielkritisiert letzthinnig gedachten Anspruch, dass der Kommunismus »das aufgelöste Rätsel der Geschichte« sein werde.[45] Man weiß freilich, wie fraglich diese geschichtsphilosophische Perspektive mittlerweile ist. Bekümmert um das im vorstehenden Abschnitt mit Herbert Schnädelbach diskutierte Problem, dass die nicht zuletzt auch geschichtsphilosophisch repräsentierte »Tradition des kulturellen Universalismus des Westens« sich als bloß westlicher Partikularismus herausstellen und »eine Bedrohung für den Eigensinn anderer Kulturen« darstellen könnte und zugleich im »Clash of Civilizations« von deren Vertretern ebenso wie unter dem Eindruck postmodernen Sinnzerfalls noch im Westen selbst für irrelevant gehalten werden könnte, wird gegenwärtig etwa mit explizitem Rekurs auf Herder gegenüber unreflektiertem Eurozentrismus ebenso wie gegenüber einer »kulturellen

44 Herder, *Ideen* (Anm. 16), S. 313f.
45 Herder, *Ideen*, S. 315f.; Marx, *Frühschriften* (Anm. 30), S. 235.

Monadologie«, die die Kulturen als »semantische Universen« ohne wirkliche Kommunikation betrachtet, nach einer normativen »Menschheitsperspektive« gesucht. Diese Suche sieht sich freilich mit dem Problem konfrontiert, dass ganz offenkundig *Differenzen* konstitutiv sind für kulturelle Identität. Solche Differenzen werden nicht zuletzt von den Religionen repräsentiert. Diese sind als Unsterblichkeitsversprechen an die Menschen über den Tod hinaus – höchste Form der Sinngebung – oder auch dadurch, dass sie als kulturelle Formationen eine ideelle Unsterblichkeit beanspruchen, geradezu vulkanisch aktive Sinnproduzenten und außerordentlich virulente Normerzeuger.

Eine denkbare »Lösung« der ihnen inhärenten Konfliktträchtigkeit, nämlich deren »Entpartikularisierung« in der Art des »Projektes Weltethos« (Hans Küng) nähme wohl gerade diese *spezifischen* Kräfte nicht ernst genug, die ihre weltanschaulichen und moralischen Überzeugungen speisen (so wenig wie womöglich ein »Global Marshall Plan« ihre sozioökonomischen, politischen und kulturellen Eigendynamiken). Eine Lösung wäre also nicht im Sinne eines kleinsten gemeinsamen Nenners zu finden, sondern gerade im Diskurs über die Differenzen. Entsprechend sucht etwa Jörn Rüsen nicht nur über die deutsche Tradition hinaus europäische und auf den angelsächsischen Sprachraum bezogene, sondern globale und interkulturelle, indische, chinesische, islamische usw. Perspektiven einzubeziehen, aus denen er den Konvergenzpunkt eines *neuen interkulturellen Humanismus* anvisiert: »Kann sich der Universalismus von Heilsvorstellungen nur exklusiv entfalten, wenn er seine religiöse Substanz bewahren und zur Geltung bringen will?« Die Antwort lautet für ihn, dass dies vielmehr »inklusiv« geschehen müsse, indem es den Akteuren gelingt, »diesen anderen Allgemeinheitsanspruch als Geist vom eigenen Geiste der Universalität der Religion wahrzunehmen und ihn freizusetzen aus den Zwängen der Unterwerfung und der Anverwandlung alles Differenten«. Der eigene Universalismus würde dann den Zwangscharakter verlieren, »seine innere Negativität, seine mörderische Kraft«, statt dessen sich aber »der eigene Universalismus vollenden, indem er seine besondere kraftvolle Partikularität in derjenigen der anderen spiegelt und sich dadurch in seiner Eigenheit behauptet, ja bestärkt, wenn nicht gar vollendet«.[46]

Hinter dieser Zielvorstellung einer diskursiven ethischen Kultivierung an Stelle eines quasi naturhaften Selbstlaufes der Lebensvollzüge durch lediglich jeweilige Eigensteuerung, d. h. jeweiligen Verfolg »exklusiver« Ansprüche, steht am Ende in einer letzten Hinsicht eine Vision von *Bildung*. Diese führt auf die Perspektive, das, was Menschen geistig erreichen können, individuell und für alle im Sinne schrittweiser Realisierung anzustreben; Bildung steht damit gerade an jener Stelle, an der im Projekt der kulturellen Arbeit anzusetzen wäre. Wie die Kultur überhaupt ist sie nicht nur Gegebenes, sondern vor allem auch Aufgegebenes. Auch in diesem Punkt ist deshalb zum Abschluss unserer Überlegungen auf Herders und Goethes Treffen zurückzukommen: Das, was als Ergebnis menschlicher Anstrengung als Kulturgut eine auch für andere prägende Kraft entfalten will, muss in jeweiligen Kontexten neu – und damit in gewisser Weise immer auch wieder anders – ergriffen und zum Leben erweckt werden.

Kulturelle Arbeit in diesem Sinne ist als Ergebnis aus alledem nicht die Arbeit des Sisyphos. Sie ist aber wie alle menschliche Errungenschaft ein historisch erarbeitetes, auch historisch gefährdetes Projekt; gegen alte und neue Verhängnisse gibt es offenbar – man wird das bedauern – keine Garantie. Dies macht die Bildungsarbeit aber gerade nicht überflüssig.

46 Rüsen, *Kultur macht Sinn* (Anm. 27), S. 238.

7. Literaturhinweise

Busche, Hubertus: Was ist Kultur? In: Dialektik. Zeitschrift für Kulturphilosophie 1 (2000) S. 69–90; 2 (2000) S. 5–16.

Konersmann, Ralf (Hrsg.): Kulturphilosophie. Leipzig ²1998 (Textsammlung).

– Kulturphilosophie zur Einführung. Hamburg 2004.

Recki, Birgit: Kultur/Kulturphilosophie. In: H. J. Sandkühler (Hrsg.): Enzyklopädie Philosophie Bd. 2. Hamburg 1999. Sp. 1093–1102.

Rüsen, Jörn [u. a.] (Hrsg.): Handbuch der Kulturwissenschaften. 3 Bde. Stuttgart/Weimar 2004.

– Kultur macht Sinn. Orientierung zwischen Gestern und Morgen. Köln 2006.

Steenblock, Volker: Theorie der kulturellen Bildung. Zur Philosophie und Didaktik der Geisteswissenschaften. München 1999.

– / Kühne-Bertram, Gudrun / Lessing, Hans-Ulrich (Hrsg.): Klassische Texte der Kulturphilosophie. Hannover 2008.

Kulturbejahung und Kulturverneinung

Von Birgit Recki

1. Was ist Kultur und wieso ist sie ein Gegenstand der Praktischen Philosophie?

Unter Praktischer Philosophie werden traditionell und konventionell vor allem die Ethik und die Politische Philosophie verstanden – die eine als Disziplin der bewertenden und regelnden Orientierung des individuellen, die andere als Bestimmung des rechtlich geschützten staatlichen Handelns. Dabei sprechen gute Gründe dafür, auch die Kulturphilosophie als Teil der Praktischen Philosophie zu begreifen. Zwar leitet diese sich vom Begriff der *praxis*, des kommunikativen, auf den Prozess der gemeinsamen Problembewältigung bezogenen Handelns ab, und diesen Teil hat Aristoteles im ersten Buch der *Nikomachischen Ethik* von der produktiven *poiesis*, dem Herstellen von Werken aller Art, wirkungsmächtig abgegrenzt. Es könnte nach dieser Gegenüberstellung so aussehen, als bildeten *praxis* und *poiesis*, Handeln und Herstellen, einen Gegensatz. Doch übertragen wir zur raschen Vergewisserung die Unterscheidung gemäß einem großen Vorbild in ein vergrößerndes Medium: In seiner *Politeia* macht Platon den Vorschlag, die Frage nach dem gerechten Menschen mit Blick auf den wohlgeordneten Staat zu beantworten, denn der Staat sei der in großen Buchstaben geschriebene Mensch; hier sei also besser erkennbar, was Gerechtigkeit ist.[1] Wir greifen dieses methodische Vorbild auf und lesen die Gesellschaft als die großgeschriebene *praxis*, die Kultur als die großgeschriebene *poiesis*. Die Einsicht, dass wir wohl kaum einen Gegensatz zwischen Gesellschaft und Kultur behaupten würden, dürfte auch klarmachen: In

1 Platon, *Politeia* 368d–369a.

dieser Einteilung handelt es sich eher um eine spezifische Differenz innerhalb der zweckgerichteten menschlichen Tätigkeiten und der durch sie begründeten Geltungssphären. Die Tatsache, dass wir jene aus der Perspektive der durch Kant begründeten modernen Handlungstheorie ausnahmslos in einen weiten, auf die Grundstruktur absichtsvollen Tuns zugespitzten Begriff des Handelns fassen, sollte auch Auswirkungen auf den Begriff der Praktischen Philosophie haben.[2]

Es steht von vornherein fest, dass der Begriff der Kultur sich auf Produkte menschlicher Tätigkeit bezieht.[3] Zählen wir daraufhin die Kultur zu den Gegenständen der Praktischen Philosophie, dann haben wir zudem eine Entscheidung getroffen, die auf eine Einsicht von anthropologischer Tragweite hinausläuft: Wir wollen »Kultur« dann nicht nur so verstehen, wie wir es tun, wenn wir vom »Kulturteil« der Zeitung, vom »kulturellen Leben« einer Stadt, vom »Standortfaktor Kultur« als Vorteil für eine Region sprechen. In diesen Formulierungen stellt Kultur einen *spezifischen* Bereich der Artikulation verfeinerter geistiger, vorwiegend ästhetischer Ansprüche auf Kreativität, Kommunikation und Unterhaltung dar, die sich in den hochkulturellen Medien und künstlerischen Spitzenprodukten vergegenständlichen. Wir wollen von »Kultur«

2 Allein Hannah Arendt würde hier widersprechen: Sie legt in systematischem Interesse an der Auszeichnung des Politischen vor Alltag und Privatheit großen Wert darauf, die Zweck-Mittel-Relation allein der *poiesis*, dem Herstellen zuzuordnen – so als wäre das dingliche Produkt der einzige Fall der Realisierung eines Zweckes. Die *praxis*, das Handeln, begreift sie dagegen als selbstzweckhafte prozessorientierte Kommunikation, vgl. H. Arendt, *Vita activa oder Vom tätigen Leben,* München 1960. So verständlich das Interesse an der Dignität des Politischen ist, das darin zum Ausdruck kommt, Arendt versucht durch diese Entscheidung vergeblich, den seit Kant bestehenden handlungstheoretischen Konsens der Moderne zu unterlaufen; siehe Immanuel Kant, *Kritik der Urteilskraft* (1790), hrsg. von G. Lehmann, Stuttgart 1963 [u. ö.], S. 94 f. (§ 10, AA 32–34).

3 Siehe B. Recki, »Kulturphilosophie/Kultur«, in: H. J. Sandkühler (Hrsg.), *Enzyklopädie Philosophie,* Bd. 2, Hamburg 1999, Sp. 1093–1102.

aber auch nicht nur so sprechen wie in der Rede von der »Kultur des Abendlandes«, von der »lateinamerikanischen Kultur«, von der »Vielfalt« oder vom »Kampf der Kulturen« – wo wir darunter einzelne geographische und historisch-nationale Ausprägungen menschlicher Lebensform meinen.

Wir sprechen von Kultur hier vielmehr im so genannten Kollektivsingular: also grundlegend und universalisierend, und wir verstehen unter dem Begriff die produktive Lebensform, welche dem Menschen als Gattungswesen zu eigen ist. Kultur ist nach diesem Verständnis die in alle menschliche Produktivität ausdifferenzierte Funktion der selbständigen Lebensgestaltung in Gesellschaft und Geschichte. Setzt man also bei der Produktivität an, liegt der Akzent auch auf der Gestaltung: Die Kultur entspringt im poietischen Aspekt menschlicher Tätigkeit, das Modell ihrer Leistungen ist das Werk. Der Mensch hat seine Wirklichkeit in der Kultur als der Sphäre selbstgeschaffener Werke aller Art. Die Wirklichkeit des Menschen in der Kultur besteht im Prozess werkhafter Objektivationen aller Art.

Dieses Verständnis hat seinen Rückhalt in der *begriffsgeschichtlichen* Ableitung des Kulturbegriffs vom lateinischen Verb *colere* ›drehen, wenden, bebauen, anbauen‹ und dem Substantiv *cultura* ›Ackerbau, Anbau, Pflege‹. Der Bauer, der das vorgefundene Stück Land bearbeitet, um Früchte zu ernten, es also bearbeitet, um ein Produkt zu erzielen, ist das Modell des kultivierten Menschen. Der Begriff der Kultur steht damit in elementarer Beziehung – in einer Beziehung der Angewiesenheit wie des produktiven Gegensatzes – zur Natur als dem Gegebenen und in unseren Handlungszusammenhängen zwar notwendig Vorausgesetzten, aber nur begrenzt Verfügbaren.

Dieses Verständnis des Kulturbegriffs steht genau besehen nicht im Widerspruch zu den eingangs erwähnten spezifischeren Verwendungen des Begriffs. Der Tatsache, dass es in der Natur des Menschen liegt, Kultur zu haben, widerspricht ja weder jene andere, dass die Menschen dieser Bestimmung in Formen einer im einzelnen nicht aufeinander reduzierbaren Pluralität auch voneinander abgegrenzter Einheitsbildung (Kultur*en*) Ausdruck geben, noch die Spezialisierung des Kulturbegriffs nach dem Verfahren der Konzentration auf ihre herausragenden Produkte. Georg Simmel (1858–1918) hat darauf aufmerksam gemacht, dass sich in jeder Kulturleistung eine eigenartige Einheit von Akten des Verbindens und des Trennens vollzieht.[4] Diese differenzierende Synthesis prägt sich in allen möglichen Formen produktiver menschlicher Aneignung der Welt aus. *Der Begriff der Kultur hat verschiedene Dimensionen.* Er kann *alle* Aspekte des gestaltenden Elementes im menschlichen Selbstverhältnis bezeichnen und damit das Charakteristikum der Menschheit, Wirklichkeit nicht anders als in einer produktiv angeeigneten Welt zu haben, und er kann dabei auf kleinere und größere Einheiten der Sinnstiftung bezogen werden. Von den unscheinbarsten bis zu den anspruchsvollsten Formen, in den kleineren und größeren Einheitsbildungen realisiert sich in der Kultur der Anspruch des Menschen, etwas aus sich selbst zu machen, indem er etwas aus den vorgefundenen Bedingungen macht. Die Leistung der Kultur als des Elementes menschlicher Lebensgestaltung ist in der *produktiven Vermittlung des Weltbezuges* zu sehen: Durch Kultur haben die Menschen eine dauerhafte, aus bedeutsamen und verlässlichen Dingen aufgebaute gemeinsame Welt.

Es ist dieser in der Herstellung von Werken kulminierende Funktionssinn, der die spezifische Differenz der hier investierten Tätigkeit gegen die Leistungen der problembezogenen kommunikativen Praxis und damit den funktiona-

4 Vgl. G. Simmel, »Brücke und Tür«, in: Ders., *Brücke und Tür. Essays des Philosophen zur Geschichte, Religion, Kunst und Gesellschaft*, im Verein mit M. Susman hrsg. von M. Landmann, Stuttgart 1957, S. 1.

len Unterschied von Kultur und Gesellschaft ausmacht. Mit Blick auf die handlungstheoretische Gleichursprünglichkeit der Begriffe (in beiden Typen von Tätigkeit verfolgen wir absichtsvoll mit Sinn und Verstand unsere Zwecke) wie auf die Tatsache, dass Kultur und Gesellschaft sich zwar als Dimensionen der menschlichen Wirklichkeit in analytischen Begriffen, nicht aber in den realen Vollzügen voneinander trennen lassen, sollten wir diese Differenz nicht überbetonen.

Ein weiteres Argument für die Einordnung der Kultur in die Praktische Philosophie darf in ihrer Nähe zur Ethik gesehen werden: Auffällig an unserem Verhältnis zur Kultur ist die permanente Grenzüberschreitung zwischen beschreibenden bzw. deskriptiven und wertenden Regeln, vorgebendem bzw. evaluativ-normativem Urteil. Im gleichen Maße und im gleichen Sinne, wie es zu unserem eigenen Selbstverständnis gehört, dass wir immer schon Ansprüche an uns selbst und Bewertungen unserer selbst haben, scheinen Anspruch und Bewertung auch unserem Begriff von Kultur eingeschrieben zu sein. Ähnlich, wie wir in generalisierender Perspektive nicht sagen können, was wir sind, ohne dabei über das zu sprechen, was wir sein wollen und sein sollen, gehört es zu unserem Begriff von Kultur, dass diese uns nicht gleichgültig sein kann. Wir können sie nicht beschreiben, ohne sie zugleich grundsätzlich in ihrem Bestand zu bejahen – oder zu verneinen.

Suchen wir nach Beispielen für diese evaluative Besetzung der Kultur, so werden wir diese vor aller Theorie in der glücklichen Identifikation ebenso häufig finden wie in der scheiternden oder verwehrten: Wir kennen – unabhängig von historischer und nationaler Nähe – das Gefühl, stolz zu sein auf Errungenschaften der Menschheit als solche, ganz unabhängig also davon, ob diese aus dem antiken Griechenland oder aus der Neuen Welt kommen. Nietzsche bemerkt, dass »die großen Momente eine Kette bilden, daß sie, als Höhenzug, die Menschheit durch Jahrtausende hin verbinden, daß für mich das Größte einer vergangenen Zeit auch groß ist«, und das ist für ihn der Grundgedanke der Kultur.[5] Umgekehrt empfinden wir Scham und Empörung, die beiden wichtigsten Gefühle der moralischen Abgrenzung[6] angesichts großer Rohheiten, Gemeinheiten und Verbrechen, die unter den Bedingungen der Kultur möglich sind – ja, wir bekunden überdies unser intuitives Vertrauen in deren historischen Fortschritt durch die Entgeisterung darüber, dass dies in einer hochentwickelten Kultur *noch* möglich ist. Und – ein Beispiel, dem im Negativen besonderer Aufschlusswert zukommt: So wie wir nach Kant im friedlichen Genuss einer unzerstörten schönen Natur »ein Bedürfniß« haben, »irgend jemand dafür dankbar zu sein«,[7] so verspüren wir selbst angesichts solcher Zerstörung menschlicher Werke, die durch Naturkatastrophen bedingt ist, in unserer Hilflosigkeit das Bedürfnis, irgendwem einen Vorwurf zu machen. Wir können die sinnlose Zerstörung menschlicher Lebenszusammenhänge und Leistungen noch nicht einmal dort als einfache Tatsache hinnehmen, wo niemand dafür verantwortlich zu machen ist. Die Tatsache, dass das Erdbeben von Lissabon 1755 für die Aufklärer in Europa zu einer Erschütterung des Glaubens an einen gerechten Gott geführt hat,[8] markiert von daher etwas, das womöglich auf lange Sicht viel wichtiger ist als die Verwerfungen im theologisch orientierten Bewusstsein. Sie macht exemplarisch, was auch die anderen Beispiele bezeugen, dass *Kul-*

5 F. Nietzsche, *Das Pathos der Wahrheit*, in: Ders., *Kritische Studienausgabe*, hrsg. von G. Colli und M. Montinari, Bd. 1, Berlin / New York, S. 756.
6 Vgl. E. Tugendhat, *Vorlesungen über Ethik*, Frankfurt a. M. 1993, S. 57 ff.
7 Kant, *Kritik der Urteilskraft* (Anm. 2), S. 451 (§ 86, AA 416).
8 Siehe *The Lisbon earthquake of 1755 – British accounts*, eingel. und kommentiert von J. Nozes, Lissabon 1990; W. Breidert, *Die Erschütterung der vollkommenen Welt. Die Wirkung des Erdbebens von Lissabon im Spiegel europäischer Zeitgenossen*, Darmstadt 1994; S. Neiman, *Das Böse denken. Eine andere Geschichte der Philosophie*, Frankfurt a. M. 2004.

tur keine bloße Tatsache ist, die sich im Blick gleichsam von außen notieren ließe. Jedenfalls ist sie es nicht für uns, um deren Sache es geht, wenn von Kultur die Rede ist.

2. Kulturbejahung und Kulturverneinung: Ein erster Zugang

»Wir sind zum Schaffen geboren: Der Tod soll mich mitten in der Arbeit holen«, sagt Michel de Montaigne etwa 1580[9] und gibt damit eine Bewertung ab, mit der er in unserer Kultur nicht allein dasteht. Wenn auch nicht in der Hochschätzung des Werkes, so doch in der Wertschätzung der Tätigkeit würde der Gründer der protestantischen Kirche Martin Luther dem katholischen Humanisten durchaus beipflichten. »Und wenn's köstlich gewesen ist, so ist's Mühe und Arbeit gewesen« – das hatte Luther ein gutes halbes Jahrhundert zuvor in seiner Übersetzung von Psalm 90 des Alten Testaments emphatisch geltend gemacht – und das, während er sich in seiner Lehre von der Rechtfertigung eines Christenmenschen *sola fide* (»allein durch den Glauben«) entschieden gegen die »Werkgerechtigkeit« ausspricht.

Diese beiden Äußerungen, welche die Arbeit als das Medium eines erfüllten Lebens und den Selbstgenuss im Werk als das höchste der Gefühle preisen, stehen exemplarisch für die positive Bewertung der kulturellen Leistung. Nicht zufällig dürfte sich diese Hochschätzung auf die Perspektive des noch direkt erlebten Vollzuges beziehen. Dort, wo dieselbe Leistung uns zu Resultaten verdinglicht entgegentritt, von denen ein Sachzwang auszugehen droht, schlägt die Einstellung gegenüber der Leistung in Ablehnung, Furcht, Verachtung um.

9 M. de Montaigne, »Philosophieren heißt sterben lernen«, in: Ders., *Essais*, ausgew. und übertr. von A. Franz, Stuttgart 1953 [u. ö.], S. 57.

Ein problembewusster Zeitgenosse hat mit Blick auf diesen Komplex geäußert: »Man möchte einwenden, ist es denn nicht ein positiver Lustgewinn, ein unzweideutiger Zuwachs an Glücksgefühl, wenn ich beliebig oft die Stimme des Kindes hören kann, das Hunderte von Kilometern entfernt von mir lebt, wenn ich die kürzeste Zeit nach der Landung des Freundes erfahren kann, daß er die lange, beschwerliche Reise gut bestanden hat?« Bedeutet es nichts, »daß es der Medizin gelungen ist, die Sterblichkeit der kleinen Kinder, die Infektionsgefahr der gebärenden Frauen so außerordentlich herabzusetzen, ja die mittlere Lebensdauer des Kulturmenschen um eine beträchtliche Anzahl von Jahren zu verlängern?« Solcher »Wohltaten, die wir dem vielgeschmähten Zeitalter der wissenschaftlichen und technischen Fortschritte verdanken, können wir noch eine große Reihe anführen.« Aber trotz allem – so fährt der problembewusste Zeitgenosse fort – »läßt sich die Stimme der pessimistischen Kritik vernehmen und mahnt, die meisten dieser Befriedigungen folgten dem Muster jenes *billigen Vergnügens*, das in einer gewissen Anekdote angepriesen wird. *Man verschafft sich diesen Genuß, indem man in kalter Winternacht ein Bein nackt aus der Decke herausstreckt und es dann wieder einzieht.*« Angenommen, es würde gar »keine Eisenbahn, die die Entfernungen überwindet«, geben, »so hätte das Kind die Vaterstadt nie verlassen, man brauchte kein Telephon, um seine Stimme zu hören. Wäre nicht die Schiffahrt über den Ozean eingerichtet, so hätte der Freund nicht die Seereise unternommen, ich brauchte den Telegraphen nicht, um meine Sorge um ihn zu beschwichtigen.« Was nütze uns, so resümiert er, »die Einschränkung der Kindersterblichkeit, wenn gerade sie uns die äußerste Zurückhaltung in der Kinderzeugung aufnötigt, so daß wir im ganzen doch nicht mehr Kinder aufziehen, als in den Zeiten vor der Herrschaft der Hygiene, dabei aber unser Sexualleben in der Ehe unter schwierige Bedingungen gebracht und wahrscheinlich der wohltätigen, natürlichen Auslese entgegengearbeitet haben?« Und was soll uns dann ein langes Leben bringen, »wenn es beschwerlich, arm an Freuden und so leidvoll ist, daß wir den Tod nur als Erlöser bewillkommnen können?«

Das fiktive Streitgespräch, das hier vor uns inszeniert wird, muss nun aber schon vor einer Weile geführt worden sein, da der Kritiker des wissenschaftlich-technischen Fortschritts die Errungenschaften der modernen Verhütungsmittel und auch, wie wir sarkastisch bemerken könnten: der modernen Unterhaltungsmedien noch nicht in den Kalkül der Entwicklungsspirale einbezieht. Der zitierte Text ist schon bald ein Jahrhundert alt, und sein Verfasser ist Sigmund Freud, der hier über *Das Unbehagen in der Kultur* nachdenkt.[10] Er führt uns dabei aber – von der Eingeschränktheit des Spektrums einmal abgesehen – ein nach wie vor aktuelles Szenario der Auseinandersetzung zwischen dem Verächter der Kultur und demjenigen vor, der sich in grundlegender Perspektive klargemacht hat, dass der Mensch ohne Kultur gar nicht wäre, was er ist – nämlich ein humanes Wesen. So oder ganz ähnlich wie in Freuds Inszenierung dessen, was er als eine »befremdliche Kulturfeindlichkeit« angreift, verlaufen bis heute viele Diskurse über das *Unbehagen in der Kultur*.

3. Prometheus oder Die göttlichen Ergänzungen

Kultur ist für Freud »die ganze Summe der Leistungen und Einrichtungen«, »in denen sich unser Leben von dem unserer tierischen Ahnen entfernt und die zwei Zwecken dienen: dem Schutz des Menschen gegen die Natur und

10 S. Freud, *Das Unbehagen in der Kultur* (1930), in: Ders., *Gesammelte Werke*, Bd. 20, S. 447.

der Regelung der Beziehungen der Menschen untereinander.« Und weiter: »Als kulturell anerkennen wir alle Tätigkeiten, die dem Menschen nützen, indem sie ihm die Erde dienstbar machen, ihn gegen die Gewalt der Naturkräfte schützen u. dgl. [...] die ersten kulturellen Taten waren der Gebrauch von Werkzeugen, die Zähmung des Feuers, der Bau von Wohnstätten.«[11]

Diese Gedanken sind nicht originell – und wieso sollten sie auch originell sein? Schließlich bezieht sich jeder Begriff der Kultur, wie er im Rahmen einer Theorie gegeben wird, auf die Kultur, die wir alle kennen und die uns die Theorien deutlicher erkennbar machen sollen. Platon erzählt im *Protagoras*, in dem es um die Lehrbarkeit der Tugend geht, in einem Mythos, wie die Technik zu den Menschen gekommen ist.[12] *Natura noverca*, die stiefmütterliche Natur, und der Mensch als Mängelwesen – diese Motive werden seit Platons Text das Nachdenken über die Stellung des Menschen in der Kultur begleiten: Der Mensch ist bei der Verteilung der natürlichen Güter schlechter weggekommen als alle anderen Lebewesen. Prometheus stiehlt daraufhin den Göttern das Feuer des Hephaistos und die Weisheit der Athene, also die Künste des Schmiedens und der Weberei, um sie den Menschen zu bringen. Zeus fügt den Gaben, die dem Überleben der Menschheit nützen, schließlich noch die Scham und das Recht als politische Tugend hinzu (*aidos*; auch: Hochachtung, Ehrerbietung, und *dike*); ob er dies in der Absicht tut, die unzureichende Fürsorge des Prometheus vorzuführen, oder als durch Prometheus ihm abgenötigte Bestätigung von dessen Werk, mag offen bleiben. In jedem Fall ist im Rekurs auf die Gegenüberstellung von *physis* als dem natürlich Gegebenen und *thesis* als dem von Menschen Gemachten die Kultur als das begriffen, was

11 Ebd., S. 448f.
12 Platon, *Protagoras*, 320c–322d.

ein menschliches Leben in der Gemeinschaft erst ermöglicht – Technik, Religion, Sprache und Politik bilden den Inbegriff dessen, was den Menschen zur *Kompensation* ihrer natürlichen Schwäche von den Göttern zugekommen ist.

Von hier ausgehend hat sich über die Jahrhunderte die wechselvolle Auseinandersetzung mit dem Faktum der Kultur entfaltet, immer wieder neu im Hin und Her zwischen Annahme und Verwerfung der prometheischen Kompensation, zwischen dem Beklagen des menschlichen Schicksals als eines Mängelwesens und der Bestreitung des mangelhaften Charakters in der Umdeutung, die mit dem Mangel einhergehende produktive Offenheit sei das bessere Los. Für ein Urteil über die Berechtigung der Klage über die Kultur dürfen wir hier nicht übersehen, dass nach Platons Verständnis der Geschichte das Geschenk des Prometheus, auf dessen Stiftung die philosophische Auseinandersetzung mit der Kultur immer wieder zurückkommt, erst dann vollständig ist, wenn Zeus den technischen Gaben das elementar bewertende *Gefühl für die Würde des Menschen* und das Recht als die *Institution der politischen Tugend* hinzugefügt hat.

4. Radikale Kulturkritik oder Der gebrannte Prometheus

»Es war eine alte, von den Ägyptern auf die Griechen überkommene Überlieferung, daß ein der Ruhe der Menschen feindlicher Gott der Erfinder der Wissenschaften sei. [Man erkennt leicht die Allegorie der Sage von Prometheus. Die Griechen, die ihn an den Kaukasus anschmieden ließen, scheinen darüber nicht günstiger als die Ägypter über ihren Gott Teut gedacht zu haben. Der Satyr einer alten Fabel, ›wollte das Feuer küssen und umarmen, als er es zum ersten Mal sah, aber Prometheus rief ihm zu: Satyr, du wirst deinen Bart beweinen, denn es brennt, wenn man es berührt.‹]«[13]

An dieser Stelle, die den zweiten Teil des Discours von 1750, der *Abhandlung über die Wissenschaften und Künste* einleitet, zeigt sich die leitende Metapher für Rousseaus kritische Argumentationsabsicht, denn anders als Plutarch, von dem er die mythologische Anekdote unvollständig übernimmt,[14] konzentriert sich Rousseau nach dem Vorbild *seines* Prometheus gänzlich auf die Verluste, auf das Leiden und auf die Schmerzen, die den Menschen durch die Kultur entstehen. *Es brennt, wenn man es berührt,* heißt es über das Feuer des Prometheus. Diese Warnung, mit der konsequent auch eine zwielichtige Sicht auf den Helden der Sage nahegelegt wird, darf man als paradigmatisch für die Kulturfeindlichkeit nehmen, von der die Moderne seither begleitet wird wie von einem Leitmotiv. Die Tatsache, dass das Feuer, von dem Plutarch noch versöhnlich ergänzt, »aber es spendet Licht und Wärme«, laut Rousseau nur brennt, besagt auch nicht allein schmerzhafte Einbußen, sondern die Möglichkeit einer völligen Zerstörung.[15] So beginnt, nachdem in den Jahrhunderten davor die Frage nach der Kultur integriert war in die anderen Disziplinen der Philosophie, die moderne

13 J.-J. Rousseau, *Über Kunst und Wissenschaft* (Abhandlung über die Frage: Hat der Wiederaufstieg der Wissenschaften und Künste zur Läuterung der Sitten beigetragen?; 1750; im Folgenden: *1. Discours*), in: Ders., *Schriften zur Kulturkritik (Die zwei Diskurse von 1750 und 1755)*, eingel., übers. und hrsg. von K. Weigand, Hamburg 1971, Tl. 2, S. 29.

14 Plutarch, *De capienda ex inimicis utilitate*, hrsg. von E. Nestle, Studia Sinaitica, Cambridge 1894, S. 1–18.

15 Nimmt man an, dass Rousseau später in den Auseinandersetzungen um den *1. Discours* von 1750 im lichtspendenden Prometheus sich selbst und im Satyr das gemeine Volk gemeint hat, für das die Beschäftigung mit der Wissenschaft anders als für die großen Geister riskant sei (siehe *Lettre à Lecat*, OCP III,102), dann hat diese Annahme den Vorteil zu zeigen, dass er seine eigene prekäre Stellung im Kontext der radikalen Kulturkritik wenigstens

Disziplin der *Kulturphilosophie* mit einer radikalen *Kulturkritik*. Diese Kritik läutet Rousseau mit dem *1. Discours* von 1750 ein und setzt sie im *2. Discours* 1755 *Über den Ursprung der Ungleichheit unter den Menschen* in den entscheidenden Punkten konsequent und nur noch entschiedener fort.

Dabei nimmt Rousseau von Anfang an eine Umdeutung der seit Platon und bis ins 20. Jahrhundert diskutierten Ausgangslage der Kultur vor: *Der Mensch ist* – für ihn – *kein Mängelwesen. Er wird erst dazu gemacht.* Wenn er ihn betrachte, so Rousseau, »wie er aus den Händen der Natur hervorgegangen sein mußte«, sähe er »ein Tier, weniger stark als die andern, weniger beweglich als die anderen, aber, alles in allem genommen, am vorteilhaftesten von allen ausgerüstet.« (*1. Discours*, S. 85). Der »Wilde« vor dem zivilisatorischen Sündenfall findet überall Nahrung, er eignet sich die Instinktsicherheit der Tiere durch allseitige intuitive Nachahmung von deren Verhalten an, und die Natur, so könnte man gemäß Rousseaus Idealen sagen, verfährt mit ihm *hart aber gerecht*, indem sie mit ihm umgeht »wie das Gesetz von Sparta mit den Kindern der Spartiaten: Sie macht die Gutgebauten stark und robust und läßt die andern untergehen« (S. 89). Der Naturmensch ist zwar »nackt und ohne Waffen«, aber durch die Nötigung zur ständigen Übung seiner körperlichen Kräfte ist er stark, geschickt, schnell und geistesgegenwärtig bzw.

nachträglich reflektiert: Es fällt sofort auf, dass das philosophisch-*wissenschaftliche* Geschäft des Kritikers nicht anders zu denken ist denn als ein Element der so rückhaltlos verworfenen Kultur, und man kann vermuten, dass dem Autor die Falle des performativen Selbstwiderspruchs zumindest nicht entgangen ist. – Die Selbst-Interpretation hat aber zugleich den Nachteil, dass man ihr den Charakter einer nachträglichen Rationalisierung – und damit den Charakter einer Verharmlosung – nur allzu deutlich anmerkt; denn im Text des *1. Discours* fügt sich die Prometheus-Anekdote so konsequent in die fundamentalistische Kulturkritik, wie man dies leider für ihre Ausdeutung im Zuge einer prometheischen Selbststilisierung nicht behaupten kann.

besser: sinnesgegenwärtig, und so dem Kulturmenschen in allem überlegen. Vor allem genießt er den Vorzug, »ständig seine Kräfte zur Verfügung zu halten, stets jedem Ereignis gewachsen zu sein und sozusagen sich selbst immer ganz mit sich zu führen.« (S. 89) Das Ideal stellt zwar der eingeschränkte, aber ganzheitlich in sich selbst ruhende Mensch dar, man darf sich daher »nicht wundern, daß die Hottentotten vom Kap der guten Hoffnung mit bloßem Auge Schiffe auf offenem Meer entdecken, und zwar auf solche Entfernung, wie die Holländer mit dem Fernglas; ebensowenig darüber, daß die amerikanischen Wilden, den besten Hunden gleich, die Spanier an der Spur wittern. Auch nicht, daß alle diese barbarischen Völker ohne Mühe ihre Nacktheit ertragen, ihren Geschmack mit Pfeffer schärfen und die europäischen Spirituosen wie Wasser trinken.« (S. 105)

Der Grundton dieser disparaten Aufzählung wird schnell deutlich. Die *edlen Wilden* können etwas aushalten, von der Nacktheit bis zum Schnaps. Rousseau findet daraufhin auch: »Ein so großes Unglück für diese ersten Menschen, und insbesondere ein so großes Hindernis für ihre Erhaltung, sind also ihre Nacktheit, ihr Mangel an Wohnstätten, das Fehlen all der unnützen, von uns für wichtig gehaltenen Dinge, ganz und gar nicht.« (S. 103)

Die Wilden sind stark und autonom, und sie wissen sich zu helfen. Erst die Kultur schwächt den Menschen (2. *Discours*, S. 99). Der zivilisierte Mensch kann dem Wilden in keiner Weise das Wasser reichen, denn er zeichnet sich durch die Schwächung aller seiner natürlichen Kräfte aus. Er gewöhnt sich zunehmend an die Bequemlichkeiten, die ihm die Kultur gewährt, zunächst etwa an die Erleichterung der Mühen bei der Selbsterhaltung, dann mehr und mehr an den immer größer werdenden Überfluss, den die Entfaltung der Wissenschaften und der Künste erzeugt. Der Begriff der Kunst bezieht sich dabei im Sinne des antiken *technē*-Begriffs unspezifisch auf alle organisierten Fähigkeiten und Fertigkeiten, durch die der Mensch seine Verhältnisse gestaltet. Die schönen Künste werden nur als die Aufgipfelungen der kulturellen Hervorbringung begriffen, ihre pauschale Verwerfung steht ganz im Dienst der fundamentalistischen Kritik, die Rousseau an der Kultur insgesamt entwickelt. Überdies differenziert Rousseau auch nicht zwischen Künsten und Wissenschaften, sondern nimmt sie beide als Instanzen vernunftgeleiteter Erleichterung und Verfeinerung des Lebens, an der er vor allem den schädlichen Effekt der Verweichlichung herausstellt. Kann man mit Recht behaupten, dass an Rousseaus Kulturkritik ein entscheidender Aspekt die mit aller Schärfe vorgetragene Luxusschelte ist, dann muss man als Effekt des Luxus neben dieser körperlichen Schwächung aber auch gleich die moralische Korruption betonen: Der Luxus zieht zu allem anderen Elend auch eine »Lockerung der Sitten« und diese ihrerseits den »Verfall des Geschmacks« nach sich (S. 39). Schon die bloße Nähe der Menschen in der Gesellschaft, dies der Ursprung und erste Makel der Kultur, zieht durch ihre wechselseitige Abhängigkeit Verfälschungen und Verwerfungen der Gesinnung und damit des Handelns nach sich, nämlich Lügen, Heuchelei, Verbiegung des Charakters, Opportunismus, sklavische Gesinnung der einen, herrische Anmaßung der anderen.[16] Durch die Abhängigkeit vom Luxus werden diese korrumpierenden Auswirkungen der Kultur ins Maßlose gesteigert. Rousseau geht sogar soweit, eine historische Gesetzmäßigkeit zu behaupten, die er mit derselben Kraft am Werke sieht wie die Naturgesetze: *In dem Maße, in dem die Künste und Wissenschaften und damit der Luxus aufblühen, liegt die Sittlichkeit darnieder.*

Rousseau hat diese pauschale Kritik an Wissenschaften

16 J. Starobinski liest Rousseaus gesamte Kulturkritik als eine Kritik an der Diskrepanz zwischen Sein und Schein; siehe J. Starobinski, *Rousseau. Eine Welt aus Widerständen*, Frankfurt a. M. 1993.

und Künsten, auch in ihrer aufklärungskritischen Spitze, später für die schönen Künste konkreter ausgeführt: In dem offenen *Lettre à M. d'Alembert sur les spectacles* von 1758[17] entwickelt er – auch mit polemischer Spitze gegen die Theaterleidenschaft Voltaires – quasi eine Anti-Ästhetik.[18] Für Rousseau steht das Schauspiel im Verdacht, frivol zu sein, da es wesentlich »ein Denkmal des Luxus und der Verweichlichung«[19] ist. Es taugt somit – wie es Rousseau generell von den Künsten und Wissenschaften geltend macht – nicht zur Verbesserung der Sitten. Ausdrücklich bezieht er sich hier auf Platons Kunstkritik in der *Politeia* und lässt seine eingehende Auseinandersetzung mit Molière, in dessen Komödien er geradezu »eine Schule der Laster und der schlechten Sitten« sieht, in dem Ausruf gipfeln: »Wie? Platon verbannte Homer aus seiner Republik, und wir sollen Molière in der unseren dulden?« Auch mit dieser Art von Fundamentalismus ist also nicht zu scherzen: Aus der radikalen Kulturkritik, aus dem Gedanken vom verderblichen Einfluss der Wissenschaften und der Künste kann im einzelnen Fall auch die Bereitschaft zu drastischen Konsequenzen hervorgehen. Wohl nirgends wird so deutlich wie in dem folgenden Text aus dem *1. Discours*, wie dramatisch die Folgen eines beim Wort genommenen Rousseauismus sein können:

> »Betrachtet man die schrecklichen Wirren, die der Buchdruck in Europa schon verursacht hat und beurteilt die Zukunft nach dem Fortschritt, den das Übel von einem Tag zum anderen macht, so ist leicht vorauszusehen, dass die Souveräne nicht zaudern werden, ge-

17 Jean-Jacques Rousseau, Brief an d'Alembert über das Schauspiel, in: Ders., *Schriften*, Bd. 1, hrsg. von H. Ritter, Frankfurt a. M. 1988, S. 333–474.

18 Siehe auch B. Recki, »Rousseau«, in: J. Nida-Rümelin / M. Betzler (Hrsg.), *Ästhetik und Kunstphilosophie. Von der Antike bis zur Gegenwart in Einzeldarstellungen*, Stuttgart 1998, S. 673–678.

19 Rousseau, Brief an d'Alembert (Anm. 17), S. 432; die beiden folgenden Zitate ebd., S. 367, 453.

nauso viel Mühe anzuwenden, um diese schreckliche Kunst aus ihren Staaten zu verbannen, wie sie sich gemacht haben, um sie einzuführen. [...] Als man den Kalifen Omar fragte, was man mit der Bibliothek von Alexandria machen solle, soll er in folgenden Worten geantwortet haben: Wenn die Bücher dieser Bibliothek Dinge enthalten, die im Widerspruch zum Koran stehen, sind sie schlecht und man muß sie verbrennen. Wenn sie nicht mehr als die Lehre des Koran enthalten, soll man sie gleichfalls verbrennen, denn sie sind überflüssig. Unsere Gelehrten haben diese Überlegung als den Gipfel der Absurdität zitiert. Setzt indessen an die Stelle von Omar Gregor den Großen und das Evangelium an die Stelle des Korans, so würde die Bibliothek verbrannt worden sein und das wäre vielleicht der schönste Zug in dem Leben dieses berühmten Bischofs.« (*1. Discours*, S. 53)

Zumindest hier scheint der Kulturkritiker seine Einschätzung der prometheischen Errungenschaft aufgeben und das Feuer selbst in Anspruch nehmen zu wollen. Wir werden aber nicht recht froh mit *dieser* Aufweichung seiner Position.

Alles in allem: Für Rousseau steht nach diesem Prospekt die Kultur nicht im Zeichen des Aufstiegs, der Verbesserung, des Fortschritts – sondern im Zeichen des Niedergangs: Die Entwicklung der Menschheit zur Kultur und in der Kultur ist eine *Verfallsgeschichte*. Sie bedeutet für den Menschen im wesentlichen *Entfremdung*. Doch Entfremdung wovon? Wie in den Eingangsüberlegungen dargestellt, geht es um die Entfremdung des Menschen von der Natur. Zwar wird die Kulturkritik durchweg in der Orientierung am Ideal des Nutzens und der Tugend vorgetragen, doch schon im Begriff des Nützlichen geht es im Zusammenhang mit der Beschwörung der elementaren und unverfälschten Bedürfnisse um die Natur. Das, was

Rousseau beanstandet, beklagt und beeifert, behandelt er im Namen einer bestimmten Sichtweise von Natur. Deren Begriff wird freilich ebenso emphatisch genannt, wie er letztlich unklar bleibt. Und insbesondere die Natur des Menschen, so wie Rousseau sie vorstellt, macht das große Problem dieses Ansatzes aus.

Schon die methodisch-systematische Einstiegsreflexion seines späteren, des *2. Discours*, lässt erkennen, dass dem Autor dieses Problem selbst bewusst ist. Die Kritik an der Kultur als *Verfallskritik und Entfremdungskritik*, ausgerichtet am Ideal des natürlichen Lebens (*2. Discours*, S. 31, 41), an der Vision der »Einfalt, Unschuld und Armut« des natürlichen Menschen (S. 53) würde es erforderlich machen, dass man diesen Naturzustand auch zu fassen bekäme, dass man ihn begrifflich festzumachen vermöchte. Aber woher soll man ihn *mitten in der Kultur* nehmen? Rousseau ist sich darüber im Klaren, dass hier eine prinzipielle Grenze der Erkennbarkeit besteht. Später sagt er ausdrücklich, dass es kein einfaches Unternehmen sei, »zu entwirren, was an der jetzigen Natur des Menschen ursprünglich und was künstlich ist, sowie einen Zustand richtig zu erkennen, den es nicht mehr gibt, vielleicht nie gegeben hat und wahrscheinlich nie geben wird, über den man aber dennoch rechte Begriffe nötig hat, um den jetzigen Zustand richtig beurteilen zu können.«[20] Deutlicher kann man es kaum sagen: Wir können uns den natürlichen Menschen lediglich konstruieren – und Rousseau behauptet: Aus der Not der kulturkritischen Argumentation *müssen* wir das tun. Die Natur ist eine Idee, die wir im Rahmen einer derart fundamentalen Kulturkritik in normativer Absicht nötig haben. Die sich daraus ergebende Konstruktion des edlen Wilden ist problematisch genug.

20 J.-J. Rousseau, *Über den Ursprung der Ungleichheit unter den Menschen* (Abhandlung über den Ursprung und die Grundlagen der Ungleichheit unter den Menschen, 1755, im vorliegenden Band zit. als: *2. Discours*) in: Ders., *Schriften zur Kulturkritik* (Anm. 13), Vorwort S. 67; siehe auch S. 79f.

Denn dieser edle Wilde ist zwar nicht auf ein Fernrohr angewiesen, um Schiffe auch in großer Entfernung zu entdecken, dafür meidet er aber andererseits die europäischen Schnäpse nicht, die von diesen Schiffen transportiert werden, wie jedes Pferd es tun würde. Rousseau hatte, wie es nicht anders sein kann, in den Reiseberichten und anthropologischen Studien seiner Zeit immer nur solche »Wilde« vor Augen, von denen man besser sagen sollte, dass ihre Kultur nicht in einem so hochentwickelten Zustand war wie die der europäischen Völker.

Wohl an keinem Merkmal wird die Problematik des beschworenen Naturzustandes so deutlich wie an Rousseaus Option, dass der natürliche Mensch der einsame Mensch ist. Die Gesellschaft – durch die mit der Institution des Eigentums die Herrschaft und die moralisch-politische Ungleichheit unter die Menschen kommt, die Gesellschaft mit ihren Zwängen, mit ihren epidemischen Krankheiten, ihren Verbrechen, ihren sexuellen Verirrungen, ihren Ersatzbefriedigungen – ist für Rousseau widernatürlich. Man bewundere die menschliche Gesellschaft nur soviel man will, »es wird doch nicht weniger wahr bleiben, daß sie mit Notwendigkeit die Menschen dazu führt, sich gegenseitig in dem Maße zu hassen, als ihre Interessen sich kreuzen und sie sich gegenseitig scheinbar Dienste erweisen, in Wirklichkeit aber sich alle nur vorstellbaren Übel zufügen.« (2. *Discours*, S. 111) Die natürliche Bestimmung des Menschen wäre dagegen, »einfach, gleichförmig und allein zu leben« (S. 99).

»Die Menschen sind schlecht«, behauptet Rousseau mit Bezug auf die verderbliche Auswirkung der Gesellschaft, nennt Menschen also dezidiert im Plural, bezieht sich also auf die Pluralität der Menschen. »Jedoch *der* Mensch ist von Natur gut« (S. 111), ein freies Wesen von ursprünglicher Integrität (S. 107) mit der Anlage zu unendlicher Vervollkommnung. Wie kommt es aber vom Menschen in seiner unverdorbenen Güte zu *den* Menschen in ihrer Verdorbenheit? Hier liegt das große Problem dieses Ansatzes. Es ist nicht auszumachen, wodurch sich der Mensch von der Natur entfernt, was das Motiv jenes nur sarkastisch so genannten »Fortschritts« ist, durch den sich der Mensch verändert (vgl. S. 65, 85, 165). Angenommen, dass es die *Bestimmung* des Menschen ist, *einfach, gleichförmig und allein zu leben*, was konnte die Menschen dann – gegen ihre Bestimmung – zueinander getrieben haben? Rousseau umkreist zwar das Problem des Ursprungs der Gesellschaft – und damit des Übels – und beleuchtet es in verschiedenen Stadien der Vergesellschaftung: Ist es der Akt der Aneignung von Land? »Der erste, der ein Stück Land eingezäunt hatte und dreist sagte: ›Das ist mein‹ und so einfältige Leute fand, die das glaubten, wurde zum wahren Gründer der bürgerlichen Gesellschaft« (S. 191). Mit ihm beginnt, so Rousseau, damit eine lange Kette von Verbrechen, Kriegen, Leiden und Schrecken. Ist es also das Eigentum oder nicht eher die Arbeitsteilung oder erst die Gewöhnung an die Bequemlichkeiten der Kultur? Beginnt alles womöglich schon mit der Anerkennung *individueller* Vorzüge im Rahmen anfänglicher Geselligkeit? Diese Möglichkeiten zieht Rousseau in der Frage nach dem Ursprung des Übels allesamt in Erwägung. Aber im Grundsätzlichen bleibt er hilflos, denn er kann den Sündenfall als solchen nicht qualifizieren.

Man sollte meinen, wenn es die Menschen – irgendwann, irgendwo, irgendwie – aus dem Stande der sprachlosen Vereinzelung zur Gesellschaft getrieben hat, dann müsste dies ebenso aus ihrer Natur erklärt werden können, die Gesellschaft also mit zur Natur des Menschen zu zählen sei. Aber mit dieser naheliegenden These will Rousseau nichts zu tun haben. Sie würde seiner radikalen Kritik auch den Boden entziehen. Und so bleibt er die Antwort auf die dringlichste Frage schuldig, die sich im Nachvollzug seiner Überlegungen ergibt. Man erfährt im

Rahmen dieses Ansatzes nicht, wodurch das Böse, also: die Gesellschaft in die Welt gekommen ist.

An diesem Problem können wir uns klarmachen, dass ein Ansatz, der Kultur und Natur in dieser Weise in Opposition bringt, nicht weiterführt. Rousseaus Position trägt einen – nicht begriffenen – Manichäismus in den Begriff des Menschen selbst hinein. Der Mensch ist Teil der Natur nur in der (mythischen) »Vorgeschichte«, in der er sich gerade nicht kennt, sondern auf Konstruktion angewiesen ist; so wie er sich – als stets schon kultivierter Mensch – kennt, ist er von der Natur radikal getrennt, ohne die Chance, auch dies zu (re)konstruieren. Dabei handelt es sich nicht einfach um ein Problem, das sich säuberlich auf den Rahmen einer bloßen Theorie begrenzen ließe; es gab ja etwas, das wir hatten wissen wollen, als wir uns an diese Theorie wandten. Wir wollen uns selbst in unserer Kultur besser verstehen. Das kann aber dann nicht gelingen, wenn Natur und Kultur derart auseinandergerissen werden, dass wir an der offenkundig zweigeteilten Natur des Menschen nur irre werden können. Was uns hier zu schaffen macht, ist einmal nicht Ockhams Rasiermesser, mit dem man nach dem Prinzip der methodischen Sparsamkeit unnötige metaphysische Prinzipien wegschneiden soll; es ist vielmehr Rousseaus breites Schwert, das mitten durch uns hindurch fährt – und den Menschen in zwei Hälften teilt, die nicht mehr miteinander verbunden werden können.

Das entscheidende Problem mit dieser Entzweiung besteht nicht einmal darin, was wir über diese Schwierigkeiten denken, sondern was wir damit anfangen sollen. Was sollen wir tun, vorausgesetzt, diese Zweiteilung zwischen unserer Natürlichkeit und unserer Gesellschaftlichkeit, zwischen Natur und Kultur, wäre die richtige Diagnose: Sollen wir die Dichter vertreiben? Bücher verbrennen? Ganze Bibliotheken anzünden? Die Theater einreißen? (Vgl. *1. Discours*, S. 27) Man kann kaum annehmen, dass darin die Lösung der

Probleme läge, die der kultivierte Mensch mit der Kultur hat. Es sieht ganz so aus, dass Rousseau auf die Frage nach den praktischen Konsequenzen seiner grundstürzenden Kritik auch keine Antwort hatte. Das *Zurück zur Natur*, das sich als Charakterisierung des Rousseauismus in der Rezeptionsgeschichte eingebürgert hat, stammt jedenfalls nicht von ihm – und so sehen wir Rousseau schon kurze Zeit nach seiner radikalen Kritik der Kultur auf dem Wege zu einer vertragstheoretischen Konstruktion, dem *Contrat social* (1762; *Vom Gesellschaftsvertrag*), der es plausibel machen soll, dass und wie die Menschen sich eine Institution schaffen, die ihre ursprüngliche Freiheit und ihr Eigentum unter Bedingungen gesellschaftlicher Gegenseitigkeit zu sichern vermag.

5. Grundlegung mit Kant: Kultur als Ort der Freiheit

So beeindruckt Immanuel Kant von jener egalitären Intuition Rousseaus war, die anscheinend dazu taugen konnte, die Würde und die Rechte des Menschen zu achten,[21] so sehr ihn das Gesetz des kulturellen Verfalls als systematischer Versuch der Vermeidung eines Theodizeeproblems beeindruckt hat[22] – so wenig konnte ihn die fundamenta-

21 »Rousseau hat mich zurecht gebracht«, sagt er mit Blick auf den Bildungsdünkel, der ihn vor seiner Lektüre von dessen Schriften auf die einfachen Leute herabblicken ließ, und: »Ich lerne die Menschen ehren.« I. Kant, *Bemerkungen in den ›Beobachtungen über das Gefühl des Schönen und Erhabenen‹*, neu hrsg. und kommentiert von M. Rischmüller, Hamburg 1991, S. 38; siehe auch B. Recki, *Ästhetik der Sitten. Die Affinität von ästhetischem Gefühl und praktischer Vernunft bei Kant*, Frankfurt a. M. 2001, Kap. I, S. 11–41.

22 Kant setzt Rousseau in diesem Punkt sogar auf dieselbe Stufe mit Newton, weil er »das verstekte Gesetz« entdeckt habe, »nach welchem die Vorsehung […] gerechtfertigt wird«. Nach »Newton und Rousseau ist Gott gerechtfertigt«; Kant, *Bemerkungen* (Anm. 21), S. 48.

listische Kritik an der Kultur und deren vermeintlichem Gegensatz zur Natur überzeugen. In seiner *dritten Kritik*, der *Kritik der Urteilskraft*, macht Immanuel Kant dabei auch eine wenig beachtete Implikation seiner bis dahin entwickelten praktischen Philosophie geltend, indem er »die Hervorbringung der Tauglichkeit eines vernünftigen Wesens zu beliebigen Zwecken überhaupt (folglich in seiner Freiheit)« als »die *Kultur*« bestimmt.[23] Deutlich wird hier an jenem vormoralischen und in diesem Sinne basalen Verständnis von Freiheit (das Kant seit der *Kritik der reinen Vernunft* im Begriff der negativen Freiheit wie der Willkürfreiheit hat) eine kulturelle Implikation: Wenn Freiheit die *Tauglichkeit eines vernünftigen Wesens zu beliebigen Zwecken überhaupt* bedeutet, dann ist sie die grundlegende *Fähigkeit, aus sich selber und seinen Verhältnissen zu machen, was immer man sinnvoll findet*. Damit wird auch deutlich, was Kant unter »Kultur« versteht: Die selbstverständliche Verknüpfung von *Vernunft, Freiheit und Kultur* läuft auf einen Begriff der Kultur hinaus, in dem es um all das geht, was der Mensch unter Nutzung seiner besten Kräfte aus sich selbst in seinen vorgefundenen Verhältnissen macht. Kant fügt damit seiner Vernunftkritik, deren methodische Ausführlichkeit bei der Grundlegung gesicherter Erkenntnis, moralischen Handelns und sinnvollen Fühlens in der Rezeptionsgeschichte zu einer Konzentration auf die hohen und hehren Vernunftleistungen geführt hat, die Dimension des Pragmatischen als den Bereich kultureller Lebensgestaltung hinzu. Es geht hier um die *kulturelle Dimension der Vernunft*, und sie enthält die Freiheit der Bestimmung der eigenen Verhältnisse im Machen und Herstellen. Der damit verbundenen Einsicht entspricht in der Grundlegung der Moral neben dem normativen Geltungsanspruch des kategorischen Imperativs die Anerkennung von *Ratschlägen der Klugheit* und *Regeln*

23 Kant, *Kritik der Urteilskraft* (Anm. 2), S. 429 (§ 83, AA 391).

der Geschicklichkeit als Elementen der Ethik – also von hypothetischen Imperativen. Beachtet man diesen bisher stark vernachlässigten Strang der Kantischen Vernunftkritik, so wird man es kaum überraschend finden, wie Kant der Vernunft des Menschen als eines sinnlichen und bedürftigen Wesens »allerdings einen nicht abzulehnenden Auftrag von Seiten der Sinnlichkeit« zuspricht, »sich um das Interesse derselben zu bekümmern«.[24] Zu rekonstruieren sind diese Überlegungen als eine Rehabilitierung *erstens* der instrumentellen Vernunft aus dem Selbstverständnis der Freiheit: Kants Vernunftbegriff umfasst auch die pragmatische, ja die instrumentelle Vernunft; *zweitens* kann dies als einer der systematischen Ursprünge der modernen Kulturphilosophie verstanden werden. Im Rekurs auf die kantische Grundlegung der Kultur wird somit eine qualifizierte sachliche und methodische Alternative zur rousseauistischen Kulturkritik erkennbar. Das bedeutet auch: In den Gründungsakten der kulturphilosophischen Moderne gibt es eine ernsthafte Alternative zu der unweigerlichen Konsequenz des Rousseauismus, mit der die Kultur durch die Opposition zur Natur metaphysisch in die Defensive gedrängt wird.

Doch es finden sich auch bei Kant kritische Obertöne, die darauf hinauslaufen, die bloße Freiheit des Machens und Herstellens nicht für den höchsten Ausdruck menschlicher Freiheit zu nehmen:

> »Wir sind im hohen Grade durch Kunst und Wissenschaft cultivirt. Wir sind civilisirt bis zum Überlästigen zu allerlei gesellschaftlicher Artigkeit und Anständigkeit. Aber uns für schon moralisirt zu halten, daran fehlt noch sehr viel. Denn *die Idee der Moralität gehört noch zur Cultur*; der Gebrauch dieser Idee aber, wel-

24 I. Kant, *Kritik der praktischen Vernunft*, hrsg. von J. Kopper, Stuttgart 1961 [u. ö.], S. 101 (2. Hauptstück, AA 108).

cher nur auf das Sittenähnliche in der Ehrliebe und der äußeren Anständigkeit hinausläuft, macht blos die Civilisirung aus.«

So hatte er wenige Jahre vor der *Kritik der praktischen Vernunft* geschrieben.[25] Wegen der damit notorischen Diskrepanz zwischen einer bloß scheinbaren, oberflächlichen und einer durchdringenden Sittlichkeit ist, so Kant weiter, zur »inneren Bildung der Denkungsart« der Bürger »eine lange innere Bearbeitung jedes gemeinen Wesens«, d. h. jeder Gesellschaft, erforderlich. Schon 1764 in den *Beobachtungen über das Gefühl des Schönen und Erhabenen* hat Kant jenen erst gegen Ende der 1770er Jahre und in der *Kritik der Urteilskraft* begründeten, systematisch folgenreichen Begriff einer Natur, die absichtsvoll mit den Menschen verfährt und sich dabei der Kultur als Mittel der Entfaltung von dessen Anlagen bedient. Diese Sichtweise der Natur hat die Rousseau'sche Entgegensetzung der guten Natur und der bösen Kultur bereits überwunden. Trotzdem konnte sich in der zitierten Stelle aus der *Idee zu einer allgemeinen Geschichte* noch lange nach der antirousseauistischen Wende der 1760er Jahre etwas wie eine rousseauistische Reminiszenz in der Formulierung halten: *Wir sind civilisirt bis zum Überlästigen zu allerlei gesellschaftlicher Artigkeit und Anständigkeit.*

Doch die *Durchdringung von Moralität und Kultur*, die im gleichen Zuge betont ist,[26] macht die Distanz zu Rousseau so deutlich wie nur irgend möglich. Ordnet Kant die »Idee der Moralität« der Kultur zu, so ist damit keine systematische Alternative, kein Widerspruch zu ihrer geläufigen Zuordnung zur praktischen Vernunft gemeint, son-

25 I. Kant, *Idee zu einer allgemeinen Geschichte in weltbürgerlicher Absicht* (1784), AA VIII,26; H. v. m.

26 Siehe W. Bartuschat, »Kultur als Verbindung von Natur und Sittlichkeit«, in: *Naturplan und Verfallskritik. Zu Begriff und Geschichte der Kultur*, hrsg. von H. Brackert und F. Wefelmeyer, Frankfurt a. M. 1993, S. 69–93.

dern er weist auf eine historische Bedingung von deren empirischer Entwicklung: Er zählt die *Moralisierung* gemeinsam mit Kunst und Wissenschaft zur Kultur als dem Inbegriff von Formen der verfeinernden und verbessernden Bearbeitung der menschlichen Natur. In diesem Sinne kann er in der *Metaphysik der Sitten* mit Bezug auf die eigenen »Naturkräfte (Geistes-, Seelen- und Leibeskräfte)« von deren »Anbau (cultura)« sprechen.[27] Nur in der Kultur hat der Mensch die Möglichkeit, seine Einsichten aus praktischer Vernunft auch zu verwirklichen. Dass damit nicht allein durch die Behauptung eines engen Wirkungszusammenhanges von Kultivierung und Moralität, sondern zusätzlich durch die Abgrenzung einer bloß oberflächlichen von einer durchdringenden, vor den Ansprüchen der praktischen Vernunft bestehenden Sublimierung an der Fassung des normativen Kulturbegriffs gearbeitet wird, bezeugt die Entgegensetzung von Kultivierung und Zivilisierung.[28] Das Entscheidende ist: Kant arbeitet offensichtlich an der völligen Durchdringung von Kultur und Moralität. Wie es für den Transzendentalphilosophen möglich ist, die Moralität unter die Kultur zu subsumieren, lässt sich im Rekurs auf jene Stelle im § 83 der *Kritik der teleologischen Urteilskraft* verdeutlichen, mit der Kant die Kultur als Inbegriff positiver Fertigkeiten bestimmt, nämlich als *Hervorbringung der Tauglichkeit eines vernünftigen Wesens zu beliebigen Zwecken überhaupt (folglich in seiner Freiheit).* Die Kultur kann den Menschen nicht anders in der Entwicklung seiner positiven Fertigkeiten fördern, sie kann seine *Tauglichkeit* […] *zu beliebigen Zwecken überhaupt* nicht anders hervorbringen, als

27 I. Kant, *Die Metaphysik der Sitten* (1796), hrsg. von H. Ebeling, Stuttgart 1990 [u. ö.], S. 331 (AA Bd. A, 110).

28 Diese Entgegensetzung steht hier noch nicht im Dienste jener ideologischen, völkisch-nationalen Verwerfung (tiefe Kultur vs. oberflächliche Zivilisation als Schema der Entgegensetzung von deutschem und romanischem [französischem] »Wesen«), als die sie sich für uns im Umfeld des Ersten Weltkrieges diskreditiert hat.

auf die Weise, dass sie ihn zugleich in seiner Freiheit hervorbringt. Denn es liegt in der Natur dieser Tauglichkeit, dass der Mensch sie selbst, also: selbsttätig entwickeln muss. Da die Entfaltung von Freiheit als Selbstbestimmung gegen die allenthalben mögliche Fremdbestimmung aber nur in der Form einer eigenen Gesetzgebung gesichert werden kann, läuft Kants Verständnis von Freiheit schließlich auf jene Autonomie hinaus, die nur als Moralität möglich ist.

Das Implikationsverhältnis von Kultur *und* Freiheit als Autonomie hat Kant in keinem Sachartikel seiner kritischen Moralphilosophie so entschieden zur Geltung gebracht wie in dem exemplarischen Fall zur Bestimmung einer Pflicht gegen sich selber, den er bei der Exposition seiner Grundbegriffe in der *Grundlegung zur Metaphysik der Sitten* anführt: als die Pflicht des Einzelnen, seine eigenen Möglichkeiten, seine Anlagen und Begabungen, nach besten Kräften auszubilden, also – in der Formulierung der *Metaphysik der Sitten* – den *Anbau (cultura)* der eigenen *Naturkräfte (Geistes-, Seelen- und Leibeskräfte)* zu betreiben.[29] Weil aber die Kultur das Medium zur Entfaltung der eigenen Möglichkeiten, zur Hervorbringung der Tauglichkeit des vernünftigen Wesens nicht nur im Gattungsmaßstab zu beliebigen Zwecken, sondern auch im individuellen Maßstab zu den ganz spezifischen Zwecken der eigenen Befähigung und Begabung ist, *brauchen* wir sie zur Erfüllung dieser Pflicht gegen uns selbst. In diesem Sinne gilt nicht allein die Bestimmung aus der *Idee zu einer allgemeinen Geschichte*, dass *die Idee der Moralität zur Cultur gehört*, sondern auch umgekehrt: Die Idee der Kultur gehört zur Moralität.

29 Siehe I. Kant, *Grundlegung zur Metaphysik der Sitten* (1785), hrsg. von Th. Valentiner, Stuttgart 1984 [u. ö.].

6. Der Gipfel der Entfremdung: Kultur als Tragödie

Rousseaus fundamentale Kritik der Kultur als Entfremdung und Kants Begriff der Kultur als Medium der Freiheit dürfen als klassische Positionen des Kulturpessimismus und des Kulturoptimismus gelten. Die beiden Sichtweisen sind als Exponenten des Misstrauens wie der Hoffnung in das Prometheische Feuer nicht allein exemplarisch; sie haben in der Folgezeit auch gewirkt. Von ihnen ausgehend lassen sich die großen Positionen des 20. Jahrhunderts erschließen. Georg Simmel hat für die eingangs beschriebene intuitive Bewertung, für den immer schon evaluativ-normativen Sinn, der für uns im Begriff von Kultur enthalten ist, ein einfaches anschauliches Beispiel gegeben, um zu illustrieren, dass die Struktur der Zwecktätigkeit menschlicher Handlungen allein den spezifischen Sinn kultureller Leistungen noch nicht trifft: Stellt ein Junge dem anderen ein Bein und bringt ihn zum Stolpern, dann erfüllt dieser Vorgang zwar den Begriff einer zweckgerichteten Tätigkeit, einer *Handlung*; doch wir haben Schwierigkeiten, diese Handlung als einen Beitrag zur Kultur zu begreifen.[30] Simmel bringt auf diese Weise das poietische (d. h. schöpferische) bzw. ergologische, also das produktiv auf den *Werk*charakter ausgerichtete Moment zur Geltung, und er grenzt im selben Zuge alles Destruktive aus dem Begriff der Kultur aus.

Das später entwickelte Theorem von der *Tragödie der Kultur* macht deutlich, dass dies nicht das letzte Wort seiner kulturphilosophischen Position sein kann. Entsprechend dieser Theorie ist eigentlich alles das, was der Mensch hervorbringt, eine Weise seiner Selbstentfaltung. Der Prozess der Kultur ist aber nur auf der Grundlage von Arbeitsteilung möglich, und deren zunehmende Ent-

30 Siehe G. Simmel, »Vom Wesen der Kultur«, in: Ders., *Brücke und Tür* (Anm. 4), S. 87.

faltung führt mit der Spezialisierung der Produkte zwangsläufig zu einer Anhäufung und Verselbständigung der Objekte gegen ihre Urheber, und auf diese Weise zu einem Syndrom der Überforderung durch die eigenen Produkte. Die Menschen haben keine Chance mehr, sich die »objektive Kultur«, wie Simmel in freier Variation der Hegel'schen Unterscheidung von objektivem und subjektivem Geist formuliert, zum Vorteil ihrer »subjektiven Kultur« anzueignen. Von dem Problem, das damit berührt ist, kann uns keine kulturelle Entwicklung befreien, weil es sich aus dem Wesen der kulturellen Entwicklung selber ergibt und mit jeder ihrer Errungenschaften reproduziert. Weil die gegen die Kultur gerichteten vernichtenden Kräfte aus ihrer eigenen Dynamik entspringen und sich mit der so entbundenen Zerstörung ein Schicksal vollzieht, das in ihr selbst angelegt ist, spricht Simmel nicht unprätentiös von Problemen oder von Krise, sondern absichtsvoll von der »*Tragödie* der Kultur«.[31]

Denn als »ein tragisches Verhängnis – im Unterschied gegen ein trauriges oder von außen her zerstörendes – bezeichnen wir doch wohl dies; daß die gegen ein Wesen gerichteten vernichtenden Kräfte aus den tiefsten Schichten eben dieses Wesens selbst entspringen; daß sich mit seiner Zerstörung ein Schicksal vollzieht«, dass sie also »in ihm selbst angelegt und sozusagen die logische Entwicklung eben der Struktur ist, mit der das Wesen seine Positivität aufgebaut hat«. Es sei »der Begriff der Kultur, daß der Geist ein selbständig Objektives schaffe, durch das hin die Entwicklung des Subjektes« also »ihren Weg nehme; aber eben dadurch ist jenes integrierende, kulturbedingende Element zu einer Eigenentwicklung prädestiniert.«[32]

31 Siehe G. Simmel, »Der Begriff und die Tragödie der Kultur«, in: Ders., *Das individuelle Gesetz. Philosophische Exkurse*, hrsg. von M. Landmann, Frankfurt a. M. 1968, S. 116–147.

32 Ebd., S. 142f.

7. Nicht so tragisch oder Das Ethos der Freiheit

Es dürfte in der gesamten Kulturphilosophie der Moderne keinen entschiedeneren Anti-Rousseauisten geben als Ernst Cassirer (1874–1945), der in den 1920er und 1930er Jahren unter dem Titel einer *Philosophie der symbolischen Formen* seine Einsicht zur Geltung gebracht hat, dass der Mensch ein *animal symbolicum*, ein kulturelles Wesen ist, das sich in Werken Bedeutung verschafft. Besonders deutlich wird dies in einem Bericht von einem Abend im Hamburger *Institut für Umweltforschung* in den späten 1920er Jahren, an dem der Leiter des Instituts, der Verhaltensbiologe Jakob von Uexküll einen Vortrag über »Das Duftfeld des Hundes« gehalten hatte: Das Thema des Beitrags war die Markierung des Reviers durch Duftmarken, und Uexküll legte dar, wie alles innerhalb seines Duftfeldes gleichsam zum Eigentum des Hundes wird. Cassirer, dem der Vortrag wichtige Einsichten vermittelt hatte, eröffnete die Diskussion mit der Bemerkung: »Rousseau hat gesagt, den ersten Menschen, der einen Zaun zog und sagte, das ist mein, hätte man erschlagen müssen. Nach dem Vortrag von Professor v. Uexküll wissen wir, dass das nicht genügt hätte. Man hätte den ersten Hund erschlagen müssen.«[33]

Hier spricht ein Theoretiker in anthropologischer Perspektive. Aber nicht nur diese markante Anekdote, sondern vor allem die grundsätzliche Reflexion auf die Unhintergehbarkeit und auf die immer nur in hilflosen Annäherungen überhaupt ermessbare Leistung der Kultur, machen deutlich, dass es nach Cassirers Einsicht die nackte und bloße Natürlichkeit, die Unmittelbarkeit, die Freiheit von aller Vermittlung, auf die es der Rousseauismus seit Rousseau immer wieder sehnsüchtig abgesehen hat,

33 Siehe J. M. Krois, »Ernst Cassirer 1874–1945«, in: *Hamburgische Lebensbilder. Die Wissenschaftler. Ernst Cassirer, Bruno Snell, Siegfried Landshut*, Hamburg 1994, S. 23.

schlechterdings nicht geben kann. Und dass diese Natürlichkeit – hier liegt der entscheidende Punkt des Gegensatzes zu Rousseau und seinen Erben – auch in keiner denkbaren Hinsicht wünschenswert wäre. Denn *Freiheit* – vorausgesetzt wir verstehen unter diesem Begriff das, was wir normalerweise darunter verstehen – kann es nach Cassirers Einsicht gerade *nur in der Vermittlung* geben. Nur die Vermittlung in allen möglichen Formen der vergegenständlichenden Aneignung gewährt uns mit der Distanz von den Zusammenhängen, in denen wir sind, zugleich die Verfügung, ohne die ein Spielraum der Reflexion und damit ein Handlungsspielraum nicht möglich wäre. Ohne Kultur wären wir keineswegs frei, sondern wir wären nichts – nichts, womit wir etwas anfangen könnten, nichts, das uns irgendetwas bedeuten könnte.

In diese Einsicht ist von vornherein die Zurückweisung des Kulturpessimismus eingeschlossen. Mit diesem Pessimismus wird jede tragische Vorstellung der Kultur zurückgewiesen. So hat denn Cassirer Georg Simmel in seiner seither vielgelobten Diagnose der modernen Kultur widersprochen. Simmels Dramatisierung der Schwierigkeiten in der Kultur kommt nach seinem Verständnis der Verkennung jener positiven Arbeitshypothese gleich, die wir im Umgang mit der Kultur haben – und ohne die wir nicht sein können. Für Cassirer offenbart sich Simmel mit seiner Exposition vor allem als ein *Mystiker,* weil er mit seiner tragischen Sicht eine geheime Idealvorstellung zu erkennen gibt, die nach Cassirer theoretisch haltlos ist und praktisch nur zu überspannten Erwartungen führen kann: Es sei das *Ideal der Einheit* von Ich und äußerer Welt, das zu jener Dämonisierung führe, mit der die Verselbständigung der Objekte gegen die Subjekte als das letzte Wort genommen wird, so als käme der Prozess der Kultur in einer bloßen Anhäufung von lauter Dingen an irgendeiner Stelle zum Stillstand. Die Verselbständigung der Werke ist, so Cassirer, vielmehr als eine konstitutive, und das heißt hier: eine immer wieder eintretende und immer wieder zu überwindende Phase des kulturellen Prozesses zu begreifen. Was Simmel als die »Tragödie der Kultur« beschreibt, ist für Cassirer »die *dialektische Struktur des Kulturbewußtseins*«.[34]

Insbesondere bestreitet Cassirer einen Dualismus zwischen objektiver und subjektiver Kultur: Im Werk, so macht Cassirer geltend, ist schließlich nicht mehr zu sehen »als eine menschliche Tat, die sich zum Sein verdichtet hat«,[35] das Werk bleibt bei aller Bedeutsamkeit doch immer nur »ein Durchgangspunkt« – ein »Vermittler zwischen Ich und Du«. Es ist das *kommunikative* und damit zugleich das *soziale* Element aller kulturellen Produktivität, dessen synthetische, grundsätzlich zur Aufhebung des Gegensatzes tendierende Funktion er ins Bewusstsein hebt. Nicht das dualistische Modell der Entgegensetzung von Ich und Werk, sondern erst die Triade von Ich, Werk und Du taugt dazu, den Kulturprozess zu verstehen.

Der entschiedene Einspruch, der mit dieser kommunikativen Vervollständigung des Kulturbegriffs verbunden ist, darf mit einer Verleugnung der Konflikte und Krisen in der Kultur nicht verwechselt werden. Von dem metaphysischen Optimismus, die Kultur als eine prästabilisierte Harmonie zu begreifen, ist Cassirer weit entfernt.[36] Was er allerdings in seinen Reflexionen behauptet, ist ein praktischer Optimismus. Auch für ihn ist die Kultur »kein ruhiger Ablauf, sondern sie ist ein Tun, das stets von neuem einsetzen muß, und das seines Zieles niemals sicher ist«. Alles, »was sie aufgebaut hat, droht ihr immer wieder un-

34 E. Cassirer, »Die ›Tragödie der Kultur‹«, in: Ders., *Zur Logik der Kulturwissenschaften. Fünf Studien* (1942), Darmstadt 1961, S. 105.

35 Ebd., S. 127; die folgenden Zitate ebd., S. 110, 111.

36 Siehe E. W. Orth, »Goethe als Therapeutikum. Zu Ernst Cassirers Pathologie des Symbolischen«, in: B. Naumann / B. Recki (Hrsg.): *Cassirer und Goethe. Neue Aspekte einer philosophisch-literarischen Wahlverwandtschaft*, Berlin 2002, S. 137–156.

ter den Händen zu zerbrechen«.[37] Er markiert damit wie schon in früheren Texten den ausdrücklich so genannten agonalen, auf Auseinandersetzung, ja: auf Konflikt beruhenden Charakter der Kultur.[38] Cassirers Kritik liegt ersichtlich kein harmonistisches Weltbild zu Grunde – wohl aber ein humanistisches Selbstverständnis. Cassirer sieht generell – und gerade im Blick auf die Spannungen, Konflikte und Krisen der Kultur – keinen guten Grund, dieses humanistische Selbstverständnis zur Disposition zu stellen. Im Gegenteil ist ihm bewusst, dass es seine Funktion immer schon und immer wieder bereits allein im Hinblick auf jene Probleme zu erweisen hat. Die erkenntnistheoretische Naivität des unbegriffenen *mimetischen Fehlschlusses*, welcher der zeitgenössischen Kritik so gern unterläuft – so als wäre eine Position des Humanismus gleichsam spiegelbildlich nur so lange vertretbar, wie es die Zustände in der Welt eben zulassen –, verbietet sich durch die Einsicht in das immer schon normative Element eines jeden Humanismus. Diese Einsicht, in welcher der normative Begriff der Kultur kulminiert, bildet den systematischen Hintergrund von Cassirers philosophischem Werk.

Die These, die Cassirer mit dem Hinweis auf die Dialektik und damit auf die Dauerhaftigkeit des Prozesses kultureller Auseinandersetzung vertritt, kommt einer positiven Arbeitshypothese gleich. In seinem Einspruch gegen Simmel lässt sich eine konkrete Art und Weise beobachten, wie sich die Einsicht in die Unverzichtbarkeit der Kultur für die Realisierung menschlicher Freiheit in der beschreibenden Konzeption der Kultur Geltung verschafft. Wir werden uns selbst als kulturellen Wesen nicht gerecht, ja: wir bedrohen uns selbst mit der Gefahr der Lähmung unserer praktisch-poietischen Potenzen, wenn wir die Kultur als eine Tragödie beschreiben – und uns

37 E. Cassirer, *Vom Mythus des Staates* (1946), Hamburg 2002, S. 109.
38 Ebd., S. 113.

damit am Ende selbst womöglich praktisch auf die Rolle von nur noch ergriffenen Zuschauern festlegen. Cassirers gegen Simmel vorgebrachter Einwand, d. h., seine Vervollständigung des bloß dualistischen Modells von Ich und Werk um das kommunikative Ferment einer Vermittlung zwischen Ich und Du, bringt sinngemäß auch die Unabsehbarkeit menschlicher Spontaneität zur Geltung und repräsentiert damit im Medium der Theorie bereits eine praktische Form der Achtung vor der Freiheit der anderen. Dieser Hinweis ist zweifellos eine praxisorientierende, ermutigende Einsicht der Theorie. Es wird damit im Blick auf unsere Fragestellung ein Moment der evaluativ-normativen Besetzung von Kultur als solcher erkennbar. Die Moral von der Geschichte, die hier denkbar unprätentiös artikuliert ist und deshalb leicht übersehen werden kann: Wir haben die Konflikte und Krisen der Kultur ebenso sehr konzeptuell zu entdramatisieren, wie wir sie zu akzeptieren haben, um das Ethos der Freiheit zu bestärken.[39]

8. Beschluss

Die hier untersuchten Positionen von Platon, Rousseau, Kant, Simmel und Cassirer lassen anhand von maßgeblichen Beispielen erkennen, wie die Kultur stets in einem Spannungsfeld bewertender Stellungnahme des Menschen zu sich selbst, zu seinen Möglichkeiten und zu seiner Wirklichkeit steht – in einer bewertenden Stellungnahme, welche die Form der Kulturverneinung ebenso wie der Kulturbejahung annehmen *kann*. Die hier gegebene exemplarische Konstellation präsentiert jedoch die entgegengesetzten Positionen der Bewertung im Sinne der Ausgangsthese nicht unparteilich als gleichwertig. Da Kultur die tä-

39 Siehe B. Recki, *Kultur als Praxis. Eine Einführung in Ernst Cassirers Philosophie der symbolischen Formen*, Berlin 2004, S. 151–188.

tige Selbstauslegung des Menschen ist, für dessen Selbstverständnis normative Ansprüche konstitutiv sind, bilden wir den evaluativ-normativen Charakter des humanen Selbstverständnisses unweigerlich auf das Kulturverständnis ab. Da wir uns nicht durch bloßen Beschluss außerhalb der Kultur stellen können, muss die Einsicht in die unvermeidbare Bewertung der Kultur eine positive Bewertung zur Konsequenz haben, die zu jener uns existentiell unabdingbaren positiven Arbeitshypothese beiträgt, ohne die wir als kulturelle Wesen keine Chance haben, irgend etwas von dem zu verwirklichen, auf das es uns ankommen muss. Die Inkonsistenz der Kulturtheorie Rousseaus zeigt dabei exemplarisch, dass der Kulturpessimismus nicht als eine der Kulturbejahung gleichwertige Option begründet werden kann, sondern nur als defiziente Position, allenfalls als subsidiäre Position möglich ist. Der Umfang der Kulturkritik ist von vornherein begrenzt durch die Tatsache, dass diese (mit Sprache, Wissenschaft, philosophischer Begrifflichkeit) auf solche Instrumente der Artikulation angewiesen ist, die nur im Medium der Kultur überhaupt zu haben sind. Dies begründet den prinzipiellen Vorrang der Bejahung der Kultur vor ihrer Verneinung. Indem Kultur das grundlegende Element der Entfaltung der menschlichen Natur ist, das poietische Medium der Erhaltung, Gestaltung und Steigerung des Lebens, ist sie unhintergehbar. Kultur ist das Medium der Realisierung von Ansprüchen, die nicht aufgehen in der Partikularität des im Einzelnen Bezweckten – sondern sich auf die Verfassung des Ganzen und unsere Stellung in und zu ihm erstrecken.

Es sieht damit so aus, dass wir in einem philosophischen Begriff der Kultur, welcher deren Bindung an das praktische Selbstverständnis angemessen artikulieren wollte, beständig gegen eines der bestgehüteten Dogmen der neuzeitlichen Ethik verstoßen müssten, gegen das Verbot des (»naturalistischen«) Fehlschlusses, dass das, was ist, auch sein soll. Zum Glück ist dieser Verstoß harmlos, weil er sich bereits auf der reflektierten *Ebene des Selbstverhältnisses* abspielt – weil sich mit anderen Worten die implizite Stellungnahme für das Seinsollen nicht auf naturales Sein, sondern auf die bereits vermittelte, »zweite« Natur und damit auf diejenige »Wirklichkeit« bezieht, als die wir unser humanes Selbstverständnis vorfinden – in die also der Anspruch des Sollens als wesentliche Seinsbedingung immer schon eingegangen ist. Da philosophische Theorien sich von einzelwissenschaftlichen Theorien darin unterscheiden, dass in ihnen das Subjekt des Nachdenkens immer auch sein Verhältnis zum Gegenstand und zum Ganzen reflektiert, haben wir uns also nicht allein zu fragen, wie eine wertneutrale, rein deskriptive philosophische Theorie der Kultur möglich ist – sondern auch, ob sie überhaupt wünschenswert wäre.

Wenn mit dem Ausdruck »Rousseauismus« vor allem die fundamentale, aufs Ganze gehende Kritik der Kultur gemeint sein soll, welche diese gegen Natur ausspielt, dann ist damit nach der Absage an den wertneutralen Positivismus einer bloß deskriptiven Bestandsaufnahme ebenso eine Absage an jegliche Spielart von Rousseauismus geboten. Als Konsequenz ergibt sich – insbesondere aus der Einsicht aus Cassirers Argumentation gegen Simmel: Wir haben nicht allein das Recht, sondern im Interesse an einem konsistenten Selbstverständnis geradezu die Pflicht, über die Kultur so zu denken und uns insgesamt so zu ihr zu verhalten, dass ihr Funktionssinn als produktiver Prozess der Entfaltung und Gestaltung menschlicher Möglichkeiten zur Geltung kommt und in Geltung bleiben kann.

Hans Blumenberg (1920–1996) hat in einem metaphorisch an Simmel anknüpfenden Gedankenexperiment die Kultur als Methode der »Umwege« ausgezeichnet. »Nur wenn wir Umwege einschlagen, können wir existieren«, heißt es dort, und weiter: »Gingen alle den kürzesten Weg, würde nur einer ankommen. Von einem Ausgangspunkt zu einem Zielpunkt gibt es nur einen kürzesten

Weg, aber unendlich viele Umwege.« Kultur bestehe »in der Auffindung und Anlage, der Beschreibung und Empfehlung, der Aufwertung und Prämierung der Umwege.« Diese seien es aber, »die der Kultur die Funktion der Humanisierung des Lebens geben. Die vermeintliche ›Lebenskunst‹ der kürzesten Wege ist in der Konsequenz ihrer Ausschlüsse Barbarei.«[40]

Die Metapher des Umwegs scheint auf den ersten Blick die Einsicht in die Unhintergehbarkeit der Kultur zurückzunehmen: legt sie doch nahe, es gäbe die Alternative des direkten Weges. Doch Blumenberg zielt gerade auf die paradoxe Pointe, dass der »kürzeste Weg« gar nicht gangbar ist: Die Alternative läge in der »Barbarei«, und das ist nicht auszudenken. In dem Maße, in dem diese These einleuchtet, werden wir kaum mehr etwas Anstößiges daran finden, uns nicht nur praktisch in der Kultur und für ihren Bestand einzusetzen, sondern – in dem Bewusstsein, dass wir an ihr hängen – auch den evaluativen und normativen Begriff von ihr in unsere Theorien aufzunehmen.

9. Literaturhinweise

Blumenberg, Hans: Die Sorge geht über den Fluß. Frankfurt a. M. 1987.

Cassirer, Ernst: Die ›Tragödie der Kultur‹. In: E. C.: Zur Logik der Kulturwissenschaften. Fünf Studien (1942). Darmstadt 1961.

Freud, Sigmund: Das Unbehagen in der Kultur (1930). In: S. F.: Gesammelte Werke. Hrsg. von Anna Freud [u. a.]. Bd. 20. Frankfurt a. M. 1960.

Rousseau, Jean-Jacques: Schriften zur Kulturkritik (Die zwei Diskurse von 1750 und 1755). Eingel., übers. und hrsg. von K. Weigand. Hamburg 1971.

Simmel, Georg: Der Begriff und die Tragödie der Kultur. In: G. S.: Das individuelle Gesetz. Philosophische Exkurse. Hrsg. von M. Landmann. Frankfurt a. M. 1968.

40 H. Blumenberg, *Die Sorge geht über den Fluß*, Frankfurt a. M. 1987, S. 137.

Zu den Herausgebern und Autoren

Prof. Dr. Friedrich Hermanni lehrt Systematische Theologie und Philosophie an der Universität Tübingen. Wichtigste Veröffentlichungen: *Die letzte Entlastung. Vollendung und Scheitern des abendländischen Theodizee-Projektes in Schellings Philosophie*, 1994; *Das Böse und die Theodizee*, 2002; *Die Wirklichkeit des Bösen*, 1998; *Der freie und der unfreie Wille*, 2004; *Das Leib-Seele-Problem*, 2006; *Wahrheitsansprüche der Weltreligionen*, 2006.

Prof. Dr. Bernulf Kanitscheider lehrte Philosophie der Naturwissenschaft an der Universität Gießen. Wichtigste Veröffentlichungen: *Von der mechanistischen Welt zum kreativen Universum*, 1993; *Auf der Suche nach dem Sinn*, 1995; *Im Innern der Natur*, 1996; *Von Lust und Freude – Gedanken zu einer hedonistischen Lebensorientierung* (zus. mit Bettina Dessau), 2000; *Kosmologie. Geschichte und Systematik in philosophischer Perspektive*, 2002; *Die Materie und ihre Schatten*, 2007.

Prof. Dr. Birgit Recki lehrt Philosophie an der Universität Hamburg. Leiterin der Ernst-Cassirer-Arbeitsstelle. Wichtigste Veröffentlichungen: *Aura und Autonomie. Zur Subjektivität der Kunst bei Walter Benjamin und Theodor W. Adorno*, 1988; *Ästhetik der Sitten. Die Affinität von ästhetischem Gefühl und praktischer Vernunft bei Kant*, 2001; *Kultur als Praxis. Eine Einführung in Ernst Cassirers Philosophie der symbolischen Formen*, 2004; *Die Vernunft, ihre Natur, ihr Gefühl und der Fortschritt. Aufsätze zu Immanuel Kant*, 2006.

Dr. Michael Schmidt-Salomon ist freischaffender Schriftsteller und Philosoph. Vorstandssprecher der Giordano Bruno Stiftung, Mitglied der Forschungsgruppe Weltanschauungen in Deutschland (fowid), Mitherausgeber der Zeitschrift *Aufklärung und Kritik*. Wichtigste Veröffentlichungen: *Erkenntnis aus Engagement*, 1999; *Stollbergs Inferno*, 2003; *Manifest des Evolutionären Humanismus*, 2006; *Aufklärung ist Ärgernis* (zus. mit Hermann Gieselbusch), 2006; *Die Kirche im Kopf* (zus. mit Carsten Frerk), 2007.

Joachim Siebert studierte Germanistik, Philosophie und Politische Wissenschaften. Er arbeitet als Lektor und freier Redakteur in Hannover und ist Verleger der *Zeitschrift für Didaktik der Philosophie und Ethik*.

Prof. Dr. Volker Steenblock lehrt Philosophie an der Ruhr-Universität Bochum. Mitherausgeber der *Zeitschrift für Didaktik der Philosophie und Ethik* und Mitbegründer des gleichnamigen »Forums«. Herausgeber verschiedener Handbücher für Lehrer, Schulbücher, Arbeitsbücher für Studierende, darunter *Praktische Philosophie / Ethik*, 2006. Weitere Veröffentlichungen: *Theorie der Kulturellen Bildung*, 1999; *Kleine Philosophiegeschichte*, 2001; *Kultur oder: Die Abenteuer der Vernunft im Zeitalter des Pop*, 2004; *Philosophische Bildung*, 2006; *Philosophisches Lesebuch*, 2007.

Prof. Dr. Eckart Voland lehrt Philosophie an der Universität Gießen. Fellow am Hanse-Wissenschafts-Kolleg Delmenhorst. Wichtigste Veröffentlichungen: *Grundriss der Soziobiologie*, 2000; *Angeber haben mehr vom Leben* (zus. mit Matthias Uhl); *Evolutionary Aesthetics* (zus. mit Karl Grammer), 2003; *Grandmotherhood – The Evolutionary Significance of the Second Half of Female Life* (zus. mit Athanasios Chasiotis und Wulf Schiefenhövel), 2005; *Die Natur des Menschen*, 2007.

Prof. Dr. Dr. Gerhard Vollmer lehrt Philosophie an der Technischen Universität Braunschweig. Gastprofessor an der Hunan-Universität Changsha / China. Kulturpreis der Eduard-Rhein-Stiftung. Wichtigste Veröffentlichungen: *Wissenschaftstheorie im Einsatz*, 1993; *Auf der Suche nach der Ordnung*, 1995; *Biophilosophie*, 1995; *Evolutionäre Erkenntnistheorie*, 2002; *Was können wir wissen?* 2003 (2 Bde.); *Wieso können wir die Welt erkennen?*, 2003.

PD Dr. Bettina Walde arbeitet als wissenschaftliche Assistentin am Philosophischen Seminar der Universität Mainz und lehrt als Privatdozentin an der Universität München. Wichtigste Veröffentlichungen: *Metaphysik des Bewusstseins*, 2002; *Willensfreiheit und Hirnforschung*, 2006.

Prof. Dr. Franz Josef Wetz lehrt Philosophie und Ethik an der Pädagogischen Hochschule Schwäbisch Gmünd. Wichtigste Veröffentlichungen: *Lebenswelt und Weltall*, 1994; *Edmund Husserl*, 1995; *Schelling zur Einführung*, 1996; *Die Gleichgültigkeit der Welt*, 1994; *Die Kunst der Resignation*, 2003; *Hans Blumenberg zur Einführung*, 2004; *Magie der Musik. Warum uns Töne trösten*, 2004; *Illusion Menschenwürde. Aufstieg und Fall eines Grundwerts*, 2005.

Deutsche Philosophie der Gegenwart

IN RECLAMS UNIVERSAL-BIBLIOTHEK

G. W. Bertram, Kunst. Eine philosophische Einführung. 309 S. UB 18379

F. Fellmann, Die Angst des Ethiklehrers vor der Klasse. Ist Moral lehrbar? 163 S. UB 18033

G. Figal, Der Sinn des Verstehens. 157 S. UB 9492

B. Gesang, Eine Verteidigung des Utilitarismus. 142 S. UB 18276

V. Gerhardt, Pathos und Distanz. Studien zur Philosophie Friedrich Nietzsches. 221 S. UB 8504 – Selbstbestimmung. Das Prinzip der Individualität. 471 S. UB 9761

J. Habermas, Kommunikatives Handeln und detranszendentalisierte Vernunft. 87 S. UB 18164 – Politik, Kunst, Religion. 151 S. UB 9902

D. Henrich, Bewußtes Leben. 223 S. UB 18010 – Selbstverhältnisse. 213 S. UB 7852

N. Hoerster, Ethik des Embryonenschutzes. 144 S. UB 18186 – Ethik und Interesse. 239 S. UB 18278

A. Honneth, Leiden an Unbestimmtheit. 128 S. UB 18144

H. Jonas, Leben, Wissenschaft, Verantwortung. 268 S. UB 18340

H. Kelsen, Was ist Gerechtigkeit? 88 S. UB 18076

N. Luhmann, Aufsätze und Reden. 336 S. UB 18149

O. Marquard, Abschied vom Prinzipiellen, 152 S. UB 7724 – Apologie des Zufälligen. 144 S. UB 8351 – Individuum und Gewaltenteilung. 172 S. UB 18306 – Philosophie des Stattdessen. 144 S. UB 18049 – Skepsis und Zustimmung. 137 S. UB 9334 – Skepsis in der Moderne. 128 S. UB 18524 – Zukunft braucht Herkunft. 293 S. Gebunden

E. Martens, Philosophieren mit Kindern. 202 S. UB 9778 – Zwischen Gut und Böse. 222 S. UB 9635

J. Nida-Rümelin, Strukturelle Rationalität. 176 S. UB 18150 – Über menschliche Freiheit. 172 S. UB 18365

W. Pfannkuche, Wer verdient schon, was er verdient? Fünf Gespräche über Markt und Moral. 208 S. UB 18253

H. Plessner, Mit anderen Augen. Aspekte einer philosophischen Anthropologie. 215 S. UB 7886

W. Schweidler, Der gute Staat. 396 S. UB 18289

R. Simon-Schaefer, Kleine Philosophie für Berenike. 263 S. UB 9466

R. Spaemann, Philosophische Essays. 264 S. UB 7961

H. Tetens, Geist, Gehirn, Maschine. 175 S. UB 8999

E. Tugendhat, Probleme der Ethik. 181 S. UB 8250

E. Tugendhat / U. Wolf, Logisch-semantische Propädeutik. 268 S. UB 8206

E. Tugendhat u. a., Wie sollen wir handeln? Schülergespräche über Moral. 176 S. UB 18089

G. Vollmer, Biophilosophie. 204 S. UB 9386

W. Welsch, Ästhetisches Denken. 240 S. UB 8681 – Grenzgänge der Ästhetik. 350 S. UB 9612

Philipp Reclam jun. Stuttgart